Wolfgang Schmidbauer

Mythos und Psychologie

2., aktualisierte und erweiterte Auflage

Ernst Reinhardt Verlag München Basel

Dr. *Wolfgang Schmidbauer*, Studium der Psychologie, Pädagogik, Kulturanthropologie und Psychopathologie; von 1976 bis 1982 Lehrbeauftragter für Klinische Psychologie an der Ludwig-Maximilians-Universität München; 1986 Gastprofessor für Psychoanalyse an der Gesamthochschule Kassel; arbeitet gegenwärtig als Schriftsteller, Psychotherapeut, Lehranalytiker und Supervisor in München.

Titelabbildung: Ödipus und die Sphinx (attische Schale, Vatikanisches Museum)

Frontispiz: Apollon und Herakles im Streit um den Dreifuß des Delphischen Orakels (Andokides)

Deutsche Bibliothek – CIP-Einheitsaufnahme

Schmidbauer, Wolfgang:
Mythos und Psychologie / Wolfgang Schmidbauer. - 2., aktualisierte und erw. Aufl. - München ; Basel : E. Reinhardt, 1999
   Zugl.: München, Univ., Diss.
   ISBN 3-497-01481-8

© 1999 by Ernst Reinhardt, GmbH & Co, Verlag, München

Dieses Werk, einschließlich aller seiner Teile, ist urheberrechtlich geschützt. Jede Verwertung außerhalb der engen Grenzen des Urheberrechtsgesetzes ist ohne schriftliche Zustimmung der Ernst Reinhardt, GmbH & Co, München, unzulässig und strafbar. Das gilt insbesondere für Vervielfältigungen, Übersetzungen in andere Sprachen, Mikroverfilmungen und für die Einspeicherung und Verarbeitung in elektronischen Systemen.

Printed in Germany

Inhalt

Zur Neuauflage 1999 9

Abriß der Problemstellung 21

I Einführung in die Problematik der Mythenforschung 25

A Die Definition des Mythos 25
1 Vorbemerkungen 25
2 Zur Etymologie 27
3 Eine Definition des Mythos 28
4 Der Ursprung der Mythen 28
5 Die Überlieferung von Mythen 29
6 Mythos und Ritus 29
7 Die Einzigartigkeit der griechischen Mythologie ... 32
8 Die Klassifizierung von Mythen 33

B Die Methoden der Mythendeutung 35
1 Die naturalistische Methode 35
2 Die rationalistische Methode 36
3 Allegorische Methoden 37
4 Die symbolische Methode 38
5 Die ritualistische Methode 38
6 Die kritisch-philologische Methode 39

C Die Geschichte der Mythendeutung 41
1 Die Mythendeutung der Antike 41
2 Die Mythendeutung der Patristik 44
3 Die Mythendeutung des Mittelalters 48
4 Die Mythendeutung vom 15. bis 18. Jahrhundert 53
5 Die Mythendeutung des 19. Jahrhunderts 59

II Die Entwicklung der psychologischen Mythendeutung.... 65

A Die Konzeption Wilhelm Wundts...................... 65
1 Wundts Auffassung des Verhältnisses von Psychologie und Geschichte.. 65
2 Wundts methodische Konzeption 66
3 Zur Kritik von Wundts Methodenlehre 68
4 Wundts Theorie des Mythos 69
5 Von Wundt zu Freud 73

B Die Konzeption Sigmund Freuds und seiner Schüler 75
1 Ödipus-Mythos und Ödipus-Komplex 75
2 Traum, Mythos und ihre psychoanalytische Deutung 79
3 Die Regressionstheorie von Traum und Mythos 99
4 Psychoanalytische Methode und Mythendeutung............ 105
5 „Ödipus hat geträumt" – Die Mythendeutung von Rolf Vogt.... 111
6 Thedore Lidz' Lösung des Rätsels der Sphinx 115

C Mythendeutung bei C. G. Jung und seinen Schülern 118
1 Vorbemerkungen 118
2 Der Begriff des Archetypus 118
3 Der Mythos als Äußerung archetypischer Vorstellungen 121
4 Zur Kritik des Archetypus-Begriffes 126
5 Der Ödipus-Mythos bei Jung und seinen Schülern............ 128
   a) C. G. Jung...................................... 128
   b) W. M. Kranefeldt................................ 130
   c) Erich Neumann 132
6 Mythendeutung der analytischen Psychologie: Kritik.......... 135

D Weitere psychologische Deutungsversuche des Ödipus-Mythos 140
1 P. R. Hofstätter 140
   a) Eine sozialpsychologische Interpretation 140
   b) Kritik... 141
2 Die Ödipus-Deutungen von Pellegrino und Speer 142

3 Der Ödipus-Mythos in der Individualpsychologie A. Adlers 145
   a) Vorbemerkungen 145
   *b) Die Methode der individualpsychologischen Mythendeutung
   bei E. Fromm* 146
   c) Fromms Deutung des Ödipus-Mythos 149
   d) Zur Kritik der individualpsychologischen Mythendeutung 154
4 Die Ödipus-Deutung Paul Diels 157
   a) Ödipus in der Pan-Psychologie 157
   b) Kritik 159
5 Ein Biologe auf Exkursion in die Mythologie: Norbert Bischof .. 160

III Der Ödipus-Mythos 163

A Die Überlieferung des Ödipus-Mythos 163
1 Die Quellen 163
2 Das Fortleben des Ödipus-Stoffes 176
3 Das Inzestmotiv in der antiken Traumdeutung und Literatur 184

B Das Inzestmotiv in der vergleichenden Anthropologie 190

C Der Ödipus-Mythos: Versuch einer Deutung 195

IV Der Beitrag der Psychologie zu einer wissenschaftlichen
   Mythendeutung 209

A Die Zukunft der psychologischen Mythendeutung 209
1 Künftige Aufgaben 209
2 Mythos und Traum 214
3 Mythos und Gerücht 215

B Idealistische und realistische Mythendeutung 220

C Aspekte des Mythos 228
1 Erlebnis-Aspekt 229
2 Verhaltens-Aspekt 231
3 Darstellungs-Aspekt 234

4	Die strukturalistische De-Konstruktion der psychoanalytischen Mythendeutung	240
D	Auf dem Weg zu einer historisch-analytischen Mythendeutung	245
E	Psychologie und Geschichte	250
F	Metaphernanalyse und Mythendeutung	255
G	Mythensuche als Methode der Institutionsanalyse	259
1.	Rituale, die ihren Mythos noch nicht gefunden haben	265
2.	Vitaminmangel in Organisationen	273

Literatur 278

Namenregister 291

Sachregister 296

Zur Neuauflage 1999

Obwohl wir den Mythos als Fundament unserer Weltsicht verloren haben, begegnen wir ihm fast jeden Tag. Das beginnt mit den Namen für die Sternbilder, für die Tierkreiszeichen, mit denen wir uns und unsere Nahestehenden ernsthaft oder spielerisch identifizieren. Der Mythos ist die Urform der Überlieferung; er ist ernster, verbindlicher als das Märchen und anschaulicher, gewissermaßen handlicher als die Geschichte; er ist näher am Leben als die geoffenbarte Religion, überhöht aber doch das persönliche Schicksal zum gültigen Typus. Im Grunde läßt er uns eine Zeit ahnen, in der Kunst und Wissenschaft, Heiliges und Profanes noch nicht ausdifferenziert waren, in der alles Wissen und alles Schöne auch Magie enthielt.

Eine erste Ahnung der Deutungsschwierigkeiten des Mythos läßt sich aus der dem Psychoanalytiker durchaus vertrauten Situation ableiten, daß es dem Kind unmöglich ist, den Erwachsenen zu verstehen, daß es aber auch für den Erwachsenen sehr schwierig ist, das Kind zu verstehen. Es fällt ihm nicht leicht, sich der kindlichen Unbefangenheit, dem fließenden Übergang von Emotion, Wahrnehmung und Kontaktaufnahme wieder anzunähern, in und mit denen er doch noch vor einigen Jahrzehnten selbst gelebt hat und deren Spuren er in alten Fotografien, Texten oder Zeichnungen seines früheren Selbst begegnet.

Ähnliches gilt für die Annäherung an die mythenschöpfende Phase unserer eigenen Vergangenheit. Vergleiche von Kindern und „Wilden", „Primitiven" oder „Urmenschen" tragen nicht weit, denn die schriftlosen Kulturen sind komplexe und bestens an ihre Umwelt angepaßte Gebilde, haben also gar nichts „Kindliches". Man könnte sogar sagen, daß unsere Konsumgesellschaft weit mehr infantile Züge ihrer Angehörigen fördert als die urtümlichen Kulturen mit ihrer eindeutigen Absage an jede Verwöhnung.

Die Mythen, die wir kennen, sind Teil unserer Sprachkultur und unserer Möglichkeiten, mit schwierigen Situationen umzugehen. Sie helfen uns, eine Metapher zu finden, ein Urmodell, eine Szene, die uns durch drastische Übertreibung hilft, Distanz zu gewinnen, zu unserem Humor zurückzufinden. Beispiel: Eine der ersten „mythischen" Situationen, denen ich als Kind begegnete, war das Schicksal einer Nachbarsfrau, die sich in der Nachkriegszeit mit einem neuen Partner liiert hatte und nun den aus dem Krieg heimkehrenden Ehemann wegschicken mußte. Das kannte ich doch, das waren doch die Szenen aus Ithaka oder Mykene, so war das Leben. Der arme Herr Niedermayer durfte froh sein, daß ihn seine Frau nicht, wie Klytemnestra den Agamemmnon, in das warme Badewasser lockte, ihm ein Netz überwarf und ihn dann von ihrem Geliebten erschlagen ließ. Und umgekehrt durfte der neue Mann von Frau Niedermayer erleichtert sein, daß ihn der Heimkehrer in Ruhe ließ und nicht, wie Odysseus die Freier seiner Penelope, gnadenlos abschlachtete.

Solche Verknüpfungen sind spielerisch und situativ. Die Bedeutung der Mythen für unser Leben geht weiter. Wenn ein Autor gerne farbig schreibt und seine Leser unterhält, braucht er Metaphern; die Mythologie war und ist für die Schriftsteller ebenso wie für ihre namenlosen Vorläufer, die Märchenerzähler, immer ein Brunnen, aus dem sie ihre Bilder schöpfen. Ein wesentlicher Unterschied zwischen Mythos und Märchen ist dabei, daß der Mythos sozusagen die Grundcharaktere der handelnden Figuren formuliert, während das Märchen ihre Auftritte schildert. Im Märchen treten Riesen, Zwerge, Elfen, Trolle, Hexen auf; der Mythos sagt uns, wie Riesen, Zwerge usw. entstanden sind und welche Merkmale sich aus ihrer Entstehungsgeschichte ergeben.

Thomas Mann hat für „Joseph und seine Brüder" mit dem Mythenforscher Karl Kerényi zusammengearbeitet; J. R. R. Tolkien, einer der Meistererzähler der Moderne, schuf für seinen Roman „Der Herr der Ringe" in vielen Vorstudien eine eigene Mythologie, bis hin zu einigen von ihm ausgearbeiteten Sprachen (der Elben, der Zwerge). Tolkien stellt im Vorwort zu seinem Hauptwerk fest, er habe – seit er klug genug geworden sei, sie zu erkennen – immer ein tiefes Mißtrauen gegen Allegorie empfunden; was er vorziehe, sei Geschichte, erlebte wie erfundene. Allegorie besteht darin, eine vorgefaßte Moral in passende Bilder zu kleiden; eine Geschichte hingegen überläßt dem Leser oder Hörer, welche Schlußfolgerungen er aus ihr zieht. In einer ausgearbeiteten Mythologie wie der griechischen ist natürlich die Allegorie ebenso präsent wie die Geschichte; aber im Umgang mit diesen Mythen scheinen mir gerade Psychologen immer wieder einer sozusagen retrograden Allegorisierung zugeneigt: Sie unterstellen den alten Geschichten, diese würden gerade das beweisen und belegen, was sie sich soeben ausgedacht haben. Ich würde das nicht so schreiben, wenn ich nicht überzeugt wäre, daß dieses Vorgehen Mißtrauen verdient. Durch solche Neigungen zur Allegorie bzw. zur allegorisch aufgefaßten Bestätigung des eigenen Theoretisierens durch den Mythos wird uns die bereichernde Begegnung mit einer Geschichte nicht erleichtert, sondern erschwert. Wir bemerken die Moral und sind verstimmt; wir fühlen uns manipuliert oder zu Zuschauern besserwisserischer Interpretationskunststücke gemacht.

Freud hat von „wilder Analyse" gesprochen, um solche taktlosen und nicht auf die Situation abgestimmten Deutungen anzuprangern (Freud, 1910, 118). Er hätte auch von *allegorischer Analyse* sprechen können: Der Analytiker hört nicht auf die Geschichte des Analysanden und deutet sie durch eine eigene Geschichte – also etwas, das sich ausschließlich in dieser Begegnung so ereignen kann –, sondern er reduziert das, was die Analysandin sagt, zu einer Bestätigung seiner vorgefaßten Ansicht. Freud war – anders als der chaotische Groddeck – auch ein Machtmensch und daher verführbar für die Allegorie, die sich so gut eignet, wenigstens die Sehnsucht nach geistiger Bemächtigung zu befriedigen.

Wie Lévi-Strauss in seiner Kritik an der psychoanalytischen Deutungslehre anmerkt, gibt Freud in der lexikalischen Übersetzung von Traum„symbolen"(nach dem Beispiel Gießkanne = Penis, Treppensteigen = Geschlechtsverkehr) die eigene kritische Position wieder auf, wonach es sich beim Traum um eine höchst persönliche, nur aus der Geschichte des Träumers verständliche Inszenierung handelt. Diese angemaßte Deutungsmacht[1] hat für die Psychoanalyse Suchtqualität: Kurzfristig hilft sie, den eigenen Geltungsbereich zu erweitern und Menschheitsrätsel ähnlich zu lösen wie Alexander der Große das Rätsel des gordischen Knotens.[2] Langfristig aber schwächt jegliche Form einer Verleugnung der Realität die Fähigkeiten, sich in ihr zu orientieren.

Daher scheint mir das Anliegen, das ich 1968 in meiner Dissertation verfolgte, aus der später die erste Ausgabe des vorliegenden Buches wurde, sozusagen psychoanalytischer, als ich es damals, noch ohne die Erfahrungen der eigenen analytischen Praxis, sehen konnte. Es ging mir darum, die Relativität der psychologischen Mythendeutungen kritisch zu zeigen; sozusagen ein dekonstruktivistischer Ansatz, ehe die Dekonstruktion zur argumentativen Mode wurde. Ich kritisierte die Deutungstechniken als geistige Machtausübung, als Versuch, dort zu unterwerfen, wo das Verständnis noch nicht gewachsen ist. Angesichts des Unbewußten und der großen Unsicherheit, mit der diese Begegnung jeden erfüllt, übt die Allegorie eine große Versuchung aus: Sie macht aus dem Unbekannten Bekanntes, aus Unwissenheit Gewißheit. Sie verführt den Psychoanalytiker, so zu tun, als ob er etwas von vornherein wüßte, und leitet ihn dadurch in eine schwer rückgängig zu machende Voreiligkeit.

In Wahrheit weiß der Analytiker nicht mehr über das Unbewußte, als der Durchschnittsmensch; er hat nur gelernt, dieses Nichtwissen zu ertragen und abzuwarten, bis sich ein wenig Klarheit ergibt. Immer da, wo der Analytiker eine Voraussagekraft in der Art des Naturwissenschaftlers beansprucht, sucht er sich Privilegien zu verschaffen, die ihm nicht zustehen. Die genaue Beschäftigung mit all dem, was anderen Menschen – vor allem den Menschen der Vergangenheit, die dem Mythos noch näher standen – zu einem Mythos

1 Die polemische Energie, mit der z.B. Manfred Pohlen und Margarethe Bautz-Holzherr diese Machtansprüche der Psychoanalyse bekämpfen, erweist auch wiederum deren Lebenskraft (Pohlen, M. et al. 1995).
2 Alexanders Leben hat sich in der Geschichte abgespielt, gewinnt aber durch die Anekdoten, die sich um ihn ranken, auch mythische Qualitäten.

eingefallen ist, was sie in diesem Zusammenhang bewegte, kann „psychoanalytischer" sein als die Anwendung allegorischer Instrumente und die Übertragung fertiger Konzepte, durch die das Rätsel der Sphinx zur Fragestellung eines Forschers wird, die er mit Auswendiggelerntem beantwortet. Dieses Problem läßt sich nicht nur an den Mythendeutungen demonstrieren, die ich aus der Zeit bis 1968 sammelte. Mein Einspruch hat spätere Autoren nicht daran gehindert, in ihrem naiven Bemächtigungsanspruch fortzufahren. Die griechischen Mythen sind Teil meiner Kindheitsgeschichte. Das wurde mir schmerzlich klar, als meine Mutter starb. Sie hatte ebenso in der Welt der griechischen Götter- und Heldengeschichten gelebt wie in Deutschland, wo sie im Jahr vor dem Ersten Weltkrieg geboren wurde, Hunger, Unruhe, Diktatur und einen neuen Krieg erlebte, in dem mein Vater fiel und sie gezwungen war, mit der Tatkraft so vieler ihrer Zeitgenossinnen die Realität anzupacken. (In der 1996 erschienenen Erzählung „Die Kentaurin" habe ich ihre Geschichte verarbeitet.) 1944, nach dem Tod meines Vaters, begann sie wieder, Homer im Orginal zu lesen und erzählte meinem Bruder und mir die griechischen Mythen, wie anderen Kindern vor dem Anbruch des Fernsehzeitalters (das für mich 1957, im Alter von sechzehn Jahren, begann), Märchen erzählt wurden. Humanistische Bildung war selbstverständlich, aber in diesem feminin dominierten Haushalt war uns die Wahl der eigenen Studieninhalte ganz freigestellt. Ich wählte die Psychologie, weil sie mir als Brotberuf meiner heimlichen Leidenschaft zur Schriftstellerei am nächsten zu liegen schien.

Mit dem Thema der Dissertation, die Kindheitserfahrung und Studieninteresse verknüpfte, wurde ich bei Albert Görres fündig, der damals (um 1966) auf den ersten Lehrstuhl für klinische Psychologie in München berufen worden war. Viel beschäftigt mit großer Familie, einer Therapie-Praxis und dem Aufbau eines Instituts, das versuchte, die Spaltung zwischen Tiefenpsychologie und Lerntheorie zu überbrücken, ließ Görres seinem ersten Münchner Doktoranden völlig freie Hand; ich habe ihn praktisch nur dreimal während der ganzen Zeit meiner Dissertation gesprochen. Es ging dabei vor allem um das Promotionsstipendium der Stiftung Volkswagenwerk, die meine Arbeit zwei Jahre lang unterstützt hat. Später bin ich manchmal als „Schüler von Albert Görres" zitiert worden; ich hätte das selbst nicht so gesagt, dementierte es aber auch nicht.

Inhalte ließen sich in diesem lockeren Kontakt kaum vermitteln, wohl aber etwas wie eine Haltung. Hier habe ich Görres durchaus vorbildhaft erlebt: freundlich und skeptisch, neugierig, frei von Konventionen und bereit, neue Wege einzuschlagen. Ich lebte damals vom Schreiben, die eine Hälfte des Jahres in Italien, die andere in München und hatte mit einer akademischen Karriere nichts im Sinn. Meine Haltung zur Wissenschaft war, wie mir heute klar geworden ist, so stark von meiner Mutter geprägt wie vieles andere: Wissenschaft und Kunst sind idealistisch zu sehen; man verdient nicht Geld mit ihnen, sondern pflegt sie neben einem Brotberuf. Ich habe das später bedauert, vor allem, weil der Privatgelehrte soviel mehr Mühe hat, an dem exquisit geselligen Unternehmen der Forschung teilzuhaben. Aber die einmal eingeschlagene Richtung ließ sich nur noch wenig abändern. Mein Kontakt zum universitären Betrieb ist auf Lehraufträge und eine Gastprofessur beschränkt geblieben.

Die Lehrtätigkeit in einem psychoanalytischen Ausbildungsinstitut hat für einen gewissen Ausgleich gesorgt, aber Forschungsaktivitäten müssen in solchen Milieus während der Freizeit koordiniert werden, sind nicht selbstverständlicher Teil des Arbeitsalltags.

Als Freud den von C. G. Jung vorgegebenen Begriff des „Komplexes", der im Unbewußten gebildeten, dynamisch wirkenden „Vorstellungszusammensetzung", mit einem Helden der thebanischen Sage zum „Ödipuskomplex" verband, hat er zweierlei getan: Er hat den Komplex archaisiert[3] ihn zu einem Geschehen gemacht, das in vorgeschichtliche Tiefen der menschlichen Existenz zurückreicht, und er hat Ödipus modernisiert, hat ihn zu einer Gestalt ge-

---

3 In einem materialreichen Buch hat Peter L. Rudnytsky (1987) viele Parallelen zwischen Freud und Sophokles gezogen, dessen Ödipus-Drama er als „Tragödie der Selbsterkenntnis" interpretiert. Lévi-Strauss (1987) nennt Freud einen großen Mythenschaffer; das trifft die Sache jedenfalls genauer als die Rede vom „Mythenforscher".

macht, die in zeitgenössischen „Familienromanen" auftreten kann. Beide Unternehmungen sind interessant und fragwürdig zugleich. Das ist eine Seite der Psychoanalyse, die ihre Freunde lieben und ihre Feinde verachten: Daß sie auch dort anregt, wo sie irrt.

Darüber hinaus bietet die Beschäftigung mit der Mythologie auch den Anreiz, über die Rolle des Psychotherapeuten und die Funktion der Psychotherapie in einer radikaleren Weise nachzudenken, als das ohne diesen Anstoß möglich wäre. Der Mythos steht für ein Weltbild, in dem das subjektive Deuten der Realität durchaus objektive Macht über diese gewinnen kann. Dieses Weltbild ist durch spätere Weltdeutungen abgelöst worden, durch die theologische Sicht der Dinge und noch später durch die uns heute beherrschende naturwissenschaftliche. Aber erst durch die Entstehung der Psychotherapie, die sich in ihren Anfängen mehrmals als Naturwissenschaft selbstmißverstanden hat (schon vor Freud war das eindrucksvoll bei Mesmer[4] der Fall, der seine subjektiven, empfindungsgesättigten Beobachtungen über den animalischen Magnetismus als Naturgesetz in den wissenschaftlichen Akademien seiner Zeit vertrat), haben wir ein neues Verständnis für die Dimensionen der archaischen Kulturen gewonnen. Es ist kein Zufall, daß der Griff Freuds in die mythologische Terminologie keine einseitige Sache blieb. Vielleicht läßt sich die Situation mit der frühchristlichen Architektur[5] vergleichen: Auch hier mögen die christlichen Baumeister gedacht haben, daß es ihre Basiliken nicht verändern würde, wenn sie Säulen, Kapitäle und Reliefstücke aus antiken Gebäuden als Spolien verwendeten. Aber das war nicht der Fall; die fremden Elemente weckten Neugier und

---

4 Eine der Folgearbeiten meiner mythologischen Studien war ein Buch über die Geschichte der Psychotherapie, das 1971 im Nymphenburger Verlag erschien („Psychotherapie – Ihr Weg von der Magie zur Wissenschaft") und 1998 unter dem Titel „Vom Umgang mit der Seele" neubearbeitet wurde; dort ist das „szientistische Selbstmißverständnis" Mesmers beschrieben.

5 Eine wesentliche Gemeinsamkeit dieser Architektur und der Mythologie ist die Grundhaltung der „Bastelei" (bricolage), in der Lévi-Strauss eine zentrale Qualität des „wilden Denkens" erkennt (1979, 29).

trugen dazu bei, in dieser frommen Welt etwas zu erhalten, das irgendwann die Wiedergeburt der heidnischen Kultur in anderer Form einleitete.

So hat nicht nur Freud zur Mythologie gegriffen, um seine Funde zu benamsen, sondern die Mythen griffen auch nach ihm; die archaischen Kulturen wurden zu einem wichtigen Forschungsthema der Psychoanalyse, und die Psychoanalytiker organisierten sich wie Stammeskulturen mit ihren eigenen Mythologien (etwa der von Melanie Klein, von Lacan, von Kohut), Ritualen, Ausgrenzungen und Dialekten. Während Freud zunächst noch durchaus im Geist des Kolonialismus vorging und in den Primitivkulturen nur das fand, was er mitgebracht hatte (etwa die „Urhorde" und den „Urvater" in „Totem und Tabu"), haben sich spätere Analytiker zu sensiblen Beobachtern der verschiedenen modernen Tabus entwickelt, welche unsere Möglichkeiten einschränken, andere Kulturen zu erkennen und ihre Mythen zu verstehen. Vertreter dieser modernen Strömung sind Autoren wie Georges Devereux oder Paul Parin.

Ein Thema nach fast dreißig Jahren neu zu bearbeiten heißt auch, der eigenen Vergangenheit zu begegnen und Anstöße zu erhalten, sich mit dem Wandel der Zeiten auseinanderzusetzen. Das beginnt damit, daß ich in den sechziger Jahren in den Karteikästen der Bayerischen Staatsbibliothek blätterte und 1998 mit Mausbefehlen einen Bildschirm dazu bringen muß, mir zu zeigen, was im Internet über mein Thema zirkuliert. Während ich mich damals in die Verzweigungen der Literatur vergrub und schließlich glaubte, das meiste über den Ödipus-Mythos und seine Deuter zu wissen, was es 1967 in Europa zu wissen gab, habe ich heute eher den Eindruck, aus einem großen, unübersichtlichen Strom das eine oder andere zu fischen, mit dem ich etwas anfangen kann. Diesen Strom zu kanalisieren und eine Struktur aus all dem zu bauen, was sich in einem Sperrnetz der Schlagworte „Mythos", „Psychologie" und „Ödipus" fangen könnte, übersteigt meine Konzentration und Ausdauer. Das liegt vielleicht am Alter, sicher aber auch an der Publikationsfreude unserer Zeit und an den gewachsenen Möglichkeiten, sich in unübersichtlichen, ständig anwachsenden Datenmengen zu verirren. Ob auch dadurch die Faszination durch den Mythos und die Sehnsucht nach ihm wächst – nach einem weitgehend geschlossenen, zyklisch-rituell geordneten Weltbild, das Kulturen über viele Jahrhunderte hin relativ konstant erhalten hat? Ausdruck dieser Sehnsucht ist auch die Faszination durch Museen, Ausstellungen, Antiquitäten, Volkskunst und die Kunst der sogenannten „Primitiven", die sich von der „modernen" Kunst durch das langsame Tempo ihrer Veränderungen unterscheiden. In den Medien, vor allem den Kindersendungen und den Comics, dominieren Themen der Mythen – von Superman bis zu Thor und Herkules, den Helden des „Wilden Westens" und den Kampfkünstlern des fernen Ostens. Eine Untersuchung über mögliche Bedeutungen dieser „trivialen " Gestalten findet sich in W. Schmidbauer „Die Ohnmacht des Helden. Unser alltäglicher Narzißmus" (1982).

Auch Mythen und Riten sind plastisch, sie passen sich historischen und sozialen Veränderungen an, formulieren diese immer wieder neu, aber es geschieht doch in einem organischen Tempo.

In der Psychoanalyse haben heute die klinischen Arbeiten die kulturwissenschaftlichen Untersuchungen stark in den Hintergrund gedrängt. Ihr Schwerpunkt liegt heute eher im Bereich der „Frühstörungen". Als ich die psychoanalytische Literatur nach Erwähnungen des Ödipus-Mythos durchblätterte, wurde er meist kurz im Zusammenhang mit der fälligen Überwindung oder Ergänzung einer um den Ödipuskomplex zentrierten Neurosenlehre erwähnt. Das durch die Psychoanalytiker unter der Führung Freuds eroberte Terrain in der Kulturforschung ist weitgehend kampflos den Spezialdisziplinen wieder überlassen worden. Die Kooperation zwischen Psychoanalytikern und Historikern, die mir 1968 eine wichtige Zukunftsaufgabe erschien, hat sich in dieser Form nicht entwickelt. Wohl aber sind psychoanalytische Kenntnisse Teil der Allgemeinbildung geworden, so daß sie in verdünnter, teilweise trivialisierter Form auch in den Kulturwissenschaften verfügbar sind.

Man hat den Mythos als irrationale Vorstufe der Wissenschaft zu erklären gesucht. Das ist durchaus richtig, solange man sich bei dieser Erklärung bewußt bleibt, daß sie nur einen Aspekt erfaßt. Denn nur von der Wissenschaft aus gesehen, ist der Mythos eine „Vorstufe".

Wenn man an das Mythologem vom Donnerkeil des Olympiers Zeus denkt, dann kann man die primitive Naturwissenschaft in diesem Bild nicht leugnen. Doch ist die mythische Erklärung eben nur als Naturwissenschaft in jenem abschätzigen Sinn „primitiv", den das 19. Jahrhundert dem Wort gegeben hat. Weniger fortschrittsgläubige Ethnologen wie Bronislaw Malinowski oder Claude Lévi-Strauss haben beobachtet, daß die „primitiven" Gesellschaften (oder doch mindestens manche von ihnen) mit ihrem mythischen Weltbild in vieler Hinsicht besser „funktionieren" (etwa was die Integration des Gefühlslebens oder die Harmonie mit ihrer Umwelt angeht) und andrerseits eine den modernen Zivilisationen durchaus vergleichbare strukturelle Differenzierung erreichen können. Seitdem ist uns der Dünkel einer fortschrittsgläubigen Überlegenheit verloren gegangen, mit der noch James Frazer Riten und Mythen der „Wilden" betrachtete.

Der Mythos ist aber nicht nur eine Vorstufe, sondern auch ein Begleiter der Wissenschaft. Überall dort, wo diese in soziales Handeln umgesetzt werden soll, ja bereits von dem Augenblick an, in dem die Ergebnisse spezialisierter Forschung einem breiten Publikum zugänglich gemacht werden, nimmt die wissenschaftliche Theorie mythische Elemente auf. Das geschieht freilich selten mit so unmittelbarer Deutlichkeit wie bei der Psychoanalyse, deren Deutung des Ödipus-Mythos nicht nur bekannter wurde als wohl jede andere Mythendeutung unserer Zeit, sondern zugleich ein Beleg für die ungebrochene Anziehungskraft mythischer Modelle ist.

Täuschen wir uns nicht! Was viele Laien von der Wissenschaft erwarten (und nicht selten Wissenschaftler unbewußt geben), ist nicht Wissen – bildlich gesprochen, ein Haus ohne Fundamente und Dach –, sondern das Gehäuse des Mythos. Wenn wir die demokratische Lebensform wirklich ernst nehmen, dann sollte keinen Wissenschaftler die Tatsache unberührt lassen, daß es für die meisten seiner Mitmenschen nicht möglich ist, die Differenzierungen und das vorsichtige Urteil der Forschung zu akzeptieren. Sie sehnen sich nach Gewißheit, nach Bildern, nach anschaulichen Geschichten, kurz nach dem, was in den traditionellen Gesellschaften Mythos und Religion befriedigt haben, was aber in der Gegenwart wahrscheinlich am ehesten durch Waren und Werbung für Waren befriedigt wird. Es scheint illusionär, vom Fortschritt der Wissenschaft eine Abhilfe zu erwarten: Dieser Fortschritt führt in die Spezialisierung und damit dazu, den Bereich des eigenen Bescheidwissens (und oft auch der eigenen Kritikfähigkeit) eher einzuengen als zu erweitern.

Dieses Problem ist in der Psychologie besonders deutlich. Wenn nämlich die Seelenkunde über die Sammlung und Ordnung von Erkenntnissen hinaus psychisch Kranke heilen will, dann wird sie fast notgedrungen zur Mythologie. Sie muß sich vorzeitig „schließen" – das „geschlossene Weltbild" bezeichnet ja im Gegensatz zum „offenen" der Wissenschaft den Mythos –, und ihre eigene Erfahrung läßt sie daran zweifeln, ob sie recht daran täte, sich dieser Verfälschung zu verweigern, ja sich nur ihrer bewußt zu bleiben. Nur wer überzeugt ist, kann überzeugen. Wer als Psychotherapeut an seine Methode glaubt, wird bessere Erfolge erzielen als jener, der sich von wissenschaftlich berechtigten Vorbehalten nicht freimachen kann. Während ich hier 1970 feststellte: „Fast jeder praktisch tätige Psychologe hat die Diskrepanz zwischen den Rollen des Helfers und des Wissenschaftlers schon gespürt; sicherlich nicht die schlechtesten haben sich für den Mythos entschieden", suche ich heute eher nach Kriterien einer therapiespezifischen Erkenntnistheorie. Sie ist auf jeden Fall nicht deduktiv und systematisch; kein professionell arbeitender Praktiker subsumiert die Aufgaben, vor die er gestellt ist, unter die theoretischen Grundsätze, die er gelernt hat, und wendet diese so an, daß seine Lösungsvorschläge lückenlos aus diesen Prämissen abgeleitet werden können. Sein Vorgehen läßt sich eher so beschreiben, daß er wenige, bewährte Prinzipien einsetzt, um die Singularität jeder Aufgabe möglichst genau zu erkennen, und daß er dann aus diesen Erkenntnissen über die Spezifität des Einzelfalls und aus seinem theoretischen wie methodischen Basiswissen die jeweils optimale Lösung schrittweise entwickelt, in engem Kontakt zur Problemsituation (in der Klinik: zu dem Patienten, den er behandelt). Jeder Profi nimmt die Rückmeldungen des Gegenstands wichtiger als die Voraussagen seiner Theorie – denn nur diese Sensibilität erlaubt es ihm überhaupt, im Arbeitsfeld konstruktiv zu bleiben und nicht nach dem Motto

„Operation gelungen – Patient tot" theoriegeleitet zu handeln. Das bedeutet, daß die „bricolage", wie sie Lévi-Strauss als Grundlage des mythischen Denkens beschreibt, und die klinische Tätigkeit eines Psychologen zahlreiche Gemeinsamkeiten aufweisen. Wahrscheinlich hat Lévi-Strauss die Bastelei etwa in den Ingenieurswissenschaften und selbst in der naturwissenschaftlichen Forschung erheblich unterschätzt: Auch dort wird außerordentlich viel gespielt, probiert, mit Bruchstücken, die man aufgehoben hat, in den verschiedensten Kombinationen nach brauchbaren Mustern gesucht. Sherry Turkle (1998, 76f) unterscheidet in ihren Untersuchungen über den „Stil" des Umgangs mit Computern die Systematiker und die Bastler. Beide haben ihre Erfolge, und es scheint nicht sinnvoll, die Bastler durch den Mangel an „wissenschaftlichen" Qualitäten zu definieren; sie suchen ihre Lösungen nur mit anderen Mitteln und erreichen sie geradeso. Turkle plädiert dafür, von einem „Triumph des Bastelns" zu sprechen und die Vorstellung des einen, richtigen, deduktiven Forschungsstiles aufzugeben. Meine Darstellung ist in vier Teile gegliedert: Einführung in die Mythenforschung mit einer historischen Darstellung der Deutungsansätze (I), psychologische Deutungsmodelle, kritisch betrachtet (II), Quellen und thematische Entwicklungen des Ödipus-Mythos mit einer ausführlichen Deutung (III) und psychologische Beiträge zur Mythenforschung (IV).

Wesentliche Ergänzungen gegenüber der Erstausgabe betreffen neben dem Vorwort vor allem die Teile zwei und vier. Einer meiner praktischen Arbeitsschwerpunkte – Die Supervision angehender Therapeuten und die psychoanalytische Qualifikation von Supervision – haben mich zur Beschäftigung mit der Institutionsanalyse geführt, die im letzten Unterkapitel von Teil vier beschrieben wird: Rituale, die ihren Mythos noch nicht gefunden haben. Damit gewinnt die Mythenforschung Kontakt zur Untersuchung von Institutionskulturen (Bauer/Gröning 1995) und zu den sozialanalytischen Modellen der „lebenden Organisation" (Senge 1996, Argyris 1997).

Wolfgang Schmidbauer

Abriss der Problemstellung

Während die moderne Psychologie ihre Beziehung zu den Naturwissenschaften präzisiert und sich in vielen Gebieten deren exakter Methodik angeglichen hat, fehlt es heute fast völlig an Arbeiten, welche ihre Beziehungen zur Geisteswissenschaft kritisch und methodisch untersuchen. Die Fortschritte und Differenzierungen sowohl der psychologischen wie auch der geisteswissenschaftlichen Methodik seit W. Diltheys „Ideen über eine beschreibende und zergliedernde Psychologie" (1894) fordern auch eine neue Definition der Beziehungen zwischen beiden Forschungsgebieten, vor allem jener zwischen den Disziplinen der Psychologie und der Geschichtsschreibung. Von der letzteren sind es wieder drei Aufgabenkreise, denen an einer Klärung ihres Verhältnisses zur Psychologie (das heißt auch an einer Bewußtmachung der ihrer Arbeitsweise zugrundeliegenden psychologischen Voraussetzungen) gelegen sein müßte: Die Kunstgeschichte, die Religionswissenschaft und die Mythenforschung, welche beiden angehört, und darüber hinaus noch die Literaturwissenschaft, Ethnologie und Philologie interessiert.

Gerade sie scheint für einen ersten Versuch, das Verhältnis der Psychologie zu einer geisteswissenschaftlichen Disziplin zu klären, besonders geeignet. Bisher war das Verhältnis zwischen Autoren, die von der Ethnologie, der Geschichts- oder Religionswissenschaft her kamen, und solchen, die von psychologischen Gesichtspunkten ausgingen, gerade auf diesem Feld selten ungetrübt, falls sie überhaupt einander zur Kenntnis nahmen. Mißverständnissen und Argwohn von seiten der Historiker begegneten verfrühte Verallgemeinerungen und übereilte Deutungen auf Seiten der Psychologen. Die Ansätze zu einer echten Zusammenarbeit sind gering, Aufgabengebiete und Methoden wenig abgeklärt. Meist machen die von der

Altertumswissenschaft oder Ethnologie ausgehenden Mythenforscher ihre Psychologie selbst, während die Psychologen Ergebnisse der historischen Forschung nur so weit berücksichtigen, als es ihnen gelegen ist und sie ihren Theorien entgegenkommen.

Einer der für eine erste Untersuchung dieser Problematik geeigneten Punkte ist ein Motiv der thebanischen Heldensage, der Mythos von Ödipus[6], welcher dem Kernkomplex der Neurosen (Sigmund Freud) den Namen lassen mußte. An diesem Mythos sollen nun die Möglichkeiten und die Grenzen einer rein psychologischen Interpretation demonstriert werden. In der hier vorgelegten Interpretation des Ödipus-Mythos wird der heutige Stand der Altertumswissenschaften soweit als möglich einbezogen und ausführlich auf die Quellen zurückgegriffen. Freud und die meisten psychologischen Autoren stützen sich ausschließlich auf den späten, in manchen Einzelheiten eigenwilligen Text der Tragödie des Sophokles. Um diese Betrachtung abzurunden, soll auch dem späteren Schicksal des Ödipus-Motivs in Märchen und Sage Aufmerksamkeit geschenkt werden.

Eine Untersuchung der methodischen Probleme einer Psychologie des Mythos kann an diesem Punkt nicht stehen bleiben. Sie kann sich nicht damit begnügen, Freud, C. G. Jung oder anderen Autoren methodische Fehler in ihren Mytheninterpretationen nachzuweisen. Sondern sie muß auch prüfen, inwieweit ihre Kritik die tiefenpsychologischen Interpretationen tatsächlich betrifft, das heißt, ob der Maßstab historischer Richtigkeit für diese Deutungen überhaupt allein ausschlaggebend war.

Diese Frage wird vor allem in jenen (näher zu untersuchenden) Fällen zu verneinen sein, in denen die Deutung des Mythos vornehmlich dazu diente, wieder einen Zugang zu ihm zu eröffnen, oder wo sie aus praktischen Zwecken unternommen wird, wie zum Beispiel in der Psychotherapie. Hier ergibt sich gelegentlich das paradoxe Bild, daß man gerade deshalb unkritisch interpretieren, einen

---

6 Diese Schreibweise wird statt des richtigeren Oidipus verwendet, weil sie sich in der psychologischen Literatur eingebürgert hat.

Kompromiß zwischen der Sprache des Mythos und der Sprache der modernen Psychologie finden, kurz unwissenschaftlich arbeiten zu müssen glaubt, um eben den Mythos dem wissenschaftsgläubigen Menschen unserer Zeit zugänglich zu machen. So tritt ein neuer Mythos an die Stelle des alten; er ist nur deshalb schwerer zu erkennen, weil er in eine scheinbar wissenschaftliche Sprache gekleidet ist. Es wird weniger die Aufgabe einer Betrachtung methodischer Fragen sein, diese Entwicklung zeitgeschichtlich zu deuten, als ihre Konsequenz für eine Psychologie des Mythos aufzuzeigen, die ja nicht selten vor der Wahl steht, entweder einen neuen Mythos zu konstituieren, oder sich mit der bescheideneren Rolle einer Hilfswissenschaft der Geschichtsschreibung oder der Ethnologie zufriedenzugeben.

Was also bleibt der Psychologie innerhalb der Mythenforschung zu tun? Für eine wirklich umfassende Interpretation ist sie nicht weniger wichtig als die Erforschung der geschichtlichen Tatsachen, solange sie selbstkritisch vorgeht und sich immer des Unterschieds zwischen dem bewußt bleibt, was sie beweisen kann, und dem, was sie vermutet. Es wird somit noch die Aufgabe dieser Untersuchung sein, sich mit den Möglichkeiten einer Verwertung empirisch ermittelter Daten für eine Psychologie des Mythos zu befassen und die bisherigen methodischen Ansätze systematisch zu ordnen.

I Einführung in die Problematik der Mythenforschung

A Die Definition des Mythos

1 Vorbemerkungen

Eine klare Unterscheidung von Mythos, Märchen, Sage, Legende, Anekdote, realistischer Dichtung u. a. ist nur dann möglich, wenn der Mythos in einer Gesellschaft noch lebt. Sie wird deshalb auch von Ethnologen weit schärfer formuliert als von Historikern. Baumann (1959) legt den definitorischen Unterschied zwischen Märchen und Mythen (der praktisch wichtigsten Differenzierung) viel strenger fest, als etwa Nilsson, der den Einfluß der folktale-motivs auf griechische Mythen oft betont hat, übrigens auch für den Ödipus-Mythos (Nilsson 1951).

Baumann definiert den Mythos zunächst als anschauliche Darstellung des Weltbildes von Gemeinschaften und erweitert diese Definition später um folgende Punkte:

1. Für wahr gehaltener Bericht;
2. Seine Akteure stehen über der Menschengesellschaft;
3. Die Zeit der Handlung ist eine „Gestaltende Vorzeit", in der alles Wesentliche begründet wurde;
4. Der Ort der Handlung ist Urzeit-Erde, Himmel oder Unterwelt;
5. Die wichtigsten Funktionen des Mythos sind: zu erklären (ätiologischer Mythos) und zu beglaubigen.

Das Märchen, welches Naturvölker nach Baumanns Überzeugung sehr wohl vom Mythos zu trennen wissen, wird demgegenüber für nicht wahr gehalten. Es soll unterhalten, belehren, das Wunschdenken befriedigen und Angst abwehren, schildert nicht einen einmaligen Urzeit-Vorgang, sondern ein typisches Geschehen, und verwendet „Wunderelemente" zum Aufbau einer dramatisch gesteigerten Handlung. Nicht ganz unähnlich definiert etwa Pfister (1930) den (griechischen) Mythos als eine religiöse Erzählung, deren Helden Götter, göttliche Wesen und Heroen sind und deren Taten sich in der fernen Vergangenheit (für die Griechen: die Zeit vor der dorischen Wanderung) abspielen.

Das Grimmsche Wörterbuch gibt für Mythos noch „Sage, unbeglaubigte Erzählung" an. Heute trennt man Mythos und Sage: Der Mythos handelt von historisch nicht oder nur sehr unscharf bestimmbaren Personen; die Sage hingegen ist ein ausgeschmückter Bericht über eine historische Persönlichkeit. Die Unterscheidung ist freilich alles andere als einfach; die Sage nimmt bald märchenhafte (Wunder, Verwandlungen), bald mythische Elemente in sich auf.

Sage, Märchen und Mythos lassen sich in Europa jedenfalls nur akzentuierend, nicht aber mit strengen Grenzziehungen trennen, wobei allerdings die von ethnologischer Seite erarbeiteten Kriterien gute Dienste leisten können. Spätantike Mythographen (Hyginus) faßten den Mythos als „fabula" auf; die Gebrüder Grimm haben als erste gezeigt, daß viele Märchen „abgesunkene" Mythologie enthalten; eine ähnliche Untersuchung zur Beziehung griechischer Mythen zu Volksmärchen im heutigen Hellas stammt von Bernhard Schmidt (1877). Auch in der Ethnologie ist man sich über die von Baumann vorgeschlagene scharfe Trennung zwischen Märchen und Mythos keineswegs einig; A. E. Jensen etwa teilt die Grimmsche Überzeugung, Märchen seien oft abgesunkene Mythen, und glaubt, daß sie auch für Naturvölker gilt (Jensen 1951). Susanne Langer (1984) stellt als typische Merkmale des Märchens den Mangel an Verantwortlichkeit, den ungehemmten Ausdruck der Phantasie und das Wunschdenken zusammen; demgegenüber sei der Mythos stärker auf die Realität bezogen, sein Grundgefühl eher tragisch; mythische Helden treten in verschiedenen Geschichten auf, die untereinander zusammenhängen und sozusagen ein Netz bilden, in dem sich weit mehr symbolische und soziale Bedeutungen „fangen" als in den Märchen, die in der Regel keine Beziehungen untereinander aufnehmen. Ob allerdings Langers Evolutionslinie von Traum – Fabel – Märchen – Mythos zutrifft, scheint fragwürdig; es gibt zahlreiche Hinweise, daß mythische Erzählstrukturen älter sind als Märchen und Fabeln. Gerade die Qualitäten des „Ursprünglichen" und des „Ernsten" sind es auch, die alle Deuter fesseln, welche ihre Mutmaßungen über Aspekte der Realität mit höheren Weihen versehen wollen. Insofern wiederholen viele Mythendeuter im Kleinen, was Religionsstifter im Großen leisten: gleichzeitig Verkünder von etwas gänzlich Neuem und Vollender einer ehrwürdigen Tradition zu sein. Diese rhetorische Struktur gilt für Jesus und für Mohammed – beide schufen etwas Neues und vollendeten gleichzeitig etwas Uraltes. Sie trifft auch für bestimmte Aspekte des Faschismus zu: Die Rhetorik der Faschisten stellt die neue „sozialistische Bewegung" in den Dienst uralter nationaler Mythen; daher auch die Schwierigkeit, spezifisch faschistische Inhalte zu finden (vgl. Brockhaus 1997).

2 Zur Etymologie

Es gibt im Griechischen drei Wörter, welche die Bedeutung „Wort" haben:

1. **Mythos** – das Wort als definitive und autoritative Aussage des als Tatsache Gegebenen, Offenbargewordenen, Geheiligten. Die Sophisten stellten es als erste in einen Gegensatz zu

2. **Logos** – dem verstandesmäßig bewiesenen „Wort", dessen Ursprung auf sammeln, lesen, auslesen hinweist: Wort als das richtig Gedachte, Überzeugende, Beweiskräftige (das im Hellenismus einen weiteren Bedeutungswandel durchmacht, der im Johannesevangelium deutlich wird).

3. **Epos** – das Wort als Verlautbarung der Stimme (vox). (Otto 1962).

3 Eine Definition des Mythos

In Anlehnung an Fox (1964) und Baumann (1959) definieren wir den Mythos als eine Erzählung oder eine in Symbolen, Epitheta und Attributen implizierte Feststellung über die Eigenschaften der Natur oder Lebewesen von übermenschlichen Kräften und Eigenschaften, über das Wirken von Gottheiten an den Menschen und das Schicksal der Götter selbst. Sie wird von ihren Schöpfern und Hörern für wahr gehalten und drückt Weltanschauung wie Geschichtsauffassung einer Gemeinschaft aus, scheint aber, an einem rationalen, kausal-erklärenden Weltbild gemessen, unwahrscheinlich und unsinnig. Es gibt fließende Übergänge zwischen Mythos und Geschichte; selbst dokumentierte Geschichte kann sich wieder in einen Mythos zurückverwandeln; ein bekanntes Beispiel aus jüngerer Zeit ist die „Dolchstoßlegende". Bei Herodot, dem „Vater der Geschichtsschreibung", gehen immer wieder Mythos, Bericht, Beobachtung und Dichtung ineinander über.

Eine sehr ausgearbeitete und differenzierte Mythos-Definition, welche auch „The Possible Nature of a ‚Mythology' to come" untersucht, gibt Murray (1960, 318ff).

4 Der Ursprung der Mythen

Wenn wir eine Antwort auf diese Frage suchen, finden wir uns leicht in einer ähnlichen Lage wie die Alten, welche die Quellen des Nils zu erkunden suchten: Wie von selbst wurde daraus ein neuer Mythos. Ein erster Schritt zur Antwort wäre, daß jeder Mythos die Reaktion auf ein „Staunen" ist, dem Platon den ersten Impuls zur Philosophie zuschrieb. Fox spricht hier, wohl schon zu einseitig, von einem „Fragen". Freilich sagt diese erste Feststellung nichts über die Natur, den spezifischen, eben mythischen Charakter der Antwort auf das „Staunen". Da hier die Mythenforschung unweigerlich auf (sozial)psychologische oder theologische Hypothesen zurückgreifen muß, können wir diese Frage vorläufig abschließen. Ihren psychologischen Aspekt genauer zu betrachten, ist ja gerade unsere Aufgabe.

5 Die Überlieferung von Mythen

Wieder ganz allgemein läßt sich hier sagen, daß ein Mythos, der überliefert worden ist, „einem Bedürfnis nach ihm entspricht (...) oder das Interesse der Mehrheit (oder entscheidenden Minderheit – W. S.) einer sozialen Gruppe erregt" (Fox 1964, XLVI). Das erklärt freilich, wie Fox selbst zugibt, „really nothing". Der Mythos muß wenigstens für eine bestimmte Zeit den Bedürfnissen, Wünschen oder Befürchtungen der Gläubigen entsprechen, er muß sie unterstützen, Herr ihrer Ängste zu werden. Für diese Fragestellung ist es dabei gleichgültig, ob er das auf dem Weg über magische, animistische oder spezifisch religiöse Vorstellungen erreicht. Die Forderung nach einem „religious appeal" (Fox 1964) oder einem „Offenbarungs- oder Wahrheitscharakter" (Jensen 1956) ist also schon etwas zu eng. Warum der Mythos dann über Jahrhunderte tradiert wird, ist leichter zu erklären. Kenntnis der und Glaube an die Mythologie einer bestimmten sozialen Gruppe werden Teil des Sozialisierungsprozesses; was sich über ihn sagen läßt, gilt auch für sie (Malinowski 1926 und 1963, Hofstätter 1959)

6 Mythos und Ritus

Den engen Zusammenhang zwischen Mythos und kultischem Spiel betonen unter anderem J. Frazer, R. Graves, J. Harrison und A. E. Jensen. Die Ansicht, daß nur eine konvergente Betrachtung beider Phänomene die Mythenforschung weiterbringt, hat sich in der Ethnologie ziemlich durchgesetzt; Graves sucht sie auch auf die griechische Mythologie zu übertragen, indem er den Mythos als „erzählerische Kurzschrift kultischer Spiele, wie sie bei öffentlichen Festen aufgeführt wurden" (Graves 1960, I, 10) definiert. Graves erklärt auch viele scheinbar absurde griechische Überlieferungen aus Mißverständnissen, denen vorgriechische Riten von Seiten der einwandernden Achäer und Dorer ausgesetzt waren.

Jensen, dessen Ausführungen über die Mythen und Kulte von Naturvölkern auch für die Betrachtung der griechischen Mythologie wertvoll sind, streitet den „Spiel"-Charakter der Riten (im Sinne Johan Huizingas) energisch ab. Ebenso widersetzt er sich der einseitig magischen Deutung, die man am ausgeprägtesten bei Frazer verkörpert findet. Für Jensen sind die Riten feierliche Erinnerung an das Ur-Ereignis, das der Mythos schildert.

Die Frage, ob Ritus oder Mythos primär seien – Clyde Kluckhohn vergleicht sie mit dem Streit um die Priorität von Henne oder Ei (Kluckhohn 1942) – kann keinesfalls grundsätzlich, sondern immer nur an einem konkreten Einzelfall diskutiert werden. Wir wollen hier einige Möglichkeiten besprechen:

1. Der Mythos soll einen Ritus erklären, dessen Sinn einer (z. B. durch Einwanderungen) veränderten Gesellschaft nicht mehr zugänglich ist. Bei den athenischen Thesmophorien etwa wurden Schweine und Kuchen in eine Schlucht geworfen und später die verfaulten Reste gesammelt und auf die Felder verteilt. Als Erläuterung erzählte man, der Schweinehirt Eubuleus hätte dort seine Herde geweidet, als Persephone entführt wurde. Eine Schlucht tat sich plötzlich auf und die Herde versank in dem Schlund, in den Hades die Tochter Demeters zog. Dieser Mythos ist wohl ätiologisch, d. h. erfunden, um den Ritus zu erklären, über dessen ursprünglichen Sinn man sich freilich nicht einig ist. Frazer hat Parallelen zu Bräuchen in ganz Europa untersucht und ist zu dem Ergebnis gekommen, daß die Schweine früher weniger eine Begleitung von Persephones Abstieg in die Unterwelt gewesen seien, als eine Verkörperung der Göttin selbst. Später, als Persephone (und die von ihr oft kaum zu trennende Demeter) nicht mehr als Tiere aufgefaßt wurden, mußte eine Erklärung für den Kultbrauch gefunden werden; „die Kluft zwischen der alten Konzeption des Korngeistes als Schwein und der

neuen Konzeption als einer Göttin in Menschengestalt" (Frazer 1922, 617) wird durch die Geschichte von Eubuleus überbrückt. Frazers Interpretation ist auf Skepsis gestoßen; es ist für unsere Betrachtung aber weniger wichtig, ob diese Rekonstruktion zutrifft, da sie uns nur zur Illustration eines spezifischen methodischen Problems diente, dessen Tragweite auch für die psychologische Mythendeutung leicht zu erkennen ist: Ein ätiologischer Mythos verlangt eine ganz andere Interpretation als ein eng mit „seinem" Ritus verschwisterter.

2. Damit sind wir bei der zweiten Möglichkeit: Der Mythos gibt den Inhalt und den ursprünglichen Sinn des Ritus genau wieder. Das gilt beispielsweise für die meisten Mythen, die Jensen in seinem Werk über „Die getötete Gottheit" (1966) erwähnt.

3. Der Mythos wird noch überliefert, obschon der zugrundeliegende Ritus verschollen ist. Das gilt nach Ansicht von Raglan (1958), Hyman (1958) und auch Graves (1960) für die meisten griechischen Mythen, oft schon in klassischer Zeit, in der in Griechenland die Versuche beginnen, Mythen allegorisch zu deuten. Diese Deutungsnotwendigkeit signalisiert immer einen Riß in einer Ganzheit; in der Psychoanalyse z. B. zwischen Ich und Es bzw. Über-Ich; in der Mythenforschung zwischen Ritus und mythischem Bericht.

4. Der Ritus wird noch vollzogen; der zugrundeliegende Mythos aber ist verschollen. Jensen nennt einige Beispiele bei Naturvölkern (wobei aber durchaus möglich ist, daß sich die Feldforscher nicht genügend um den zugehörigen Mythos gekümmert haben); Frazer hat viele europäische Volksbräuche unter diesem Gesichtspunkt untersucht.

5. Dem Mythos lag nie ein Ritus zugrunde, bzw. er war nie mit einem Ritus verbunden. Das gilt wohl für viele stammesgeschichtliche Mythen, die den Anspruch auf ein bestimmtes Territorium begründen, ein politisches Bündnis religiös festigen (die zwölf Stämme Israels als Söhne Jakobs – Graves und Patai 1964). Es gilt ebenso

für zahlreiche geographische, moralisierende oder auch „philosophische" Mythen, wie etwa das Höhlengleichnis Platons.

Je komplexer eine Kultur und je länger die Spanne der Überlieferung ist, desto schwerer wird es fallen, das Verhältnis von Ritus und Mythos zu bestimmen.

7 Die Einzigartigkeit der griechischen Mythologie

Die griechische Mythologie ist neben der indischen die reichste, die wir kennen: reich an Themen, reich an (oft widersprüchlichen) Überlieferungen, reich an Einfluß auf Dichtkunst und bildende Kunst. Sie stellt vor viel schwerer zu lösende Probleme als etwa die Untersuchung „primitiver" Mythen. Widersprüche finden sich dort immer im „Querschnitt" – verschiedene Versionen einzelner Informanten der Feldforscher –, während sie in der griechischen Mythologie im Querschnitt und im Längsschnitt auftreten (verschiedene Autoren aus verschiedenen Epochen). Zudem haben wir im Gegensatz zu den Ethnologen keine wissenschaftlich zuverlässigen, direkten Beobachtungen griechischer Kulte.

Trotzdem hat die griechische Mythologie immer wieder die Menschen fasziniert – Dichter wie Wissenschaftler. Die Kunst des Abendlandes ist ohne die Kenntnis dieser Mythologie nicht zu verstehen (viele Hinweise bei Panofsky 1955). Sie geht aber weit über das ikonographische und literaturgeschichtliche Interesse hinaus und scheint einen Kosmos natürlicher und übernatürlicher Erfahrungen des Menschen vorwegzunehmen und schon zu vollenden, jedes Leben, jeden Typus menschlichen Schicksals in seinen Wandlungsmöglichkeiten schon durchgespielt zu haben. Dafür spricht letzten Endes auch die „mythologische" Benennung von „Komplexen" im Sinne der Psychoanalyse (Ödipus-, Elektra- usw.).

Die griechischen Mythen sind nach einem schönen Wort Gruppes das, was der Natur fehlt, um Kunst zu werden (zit. n. Fox 1964, L).

8 Die Klassifizierung von Mythen

Die geläufige, freilich sehr grobe Einteilung der griechischen Mythen, nach der etwa K. Kerényi (1951 und 1958) vorgeht, ist jene in Götter- und Heldensagen. Eine sehr viel detailliertere Liste stellt Graves (1960, I) zusammen. Er trennt den von ihm ausschließlich ritualistisch gesehenen „echten" Mythos von:

---

1. Philosophischer Allegorie,
2. Ätiologischer Erläuterung heute nicht mehr verstandener Riten,
3. Satire und Parodie (Silens Bericht über Atlantis),
4. Sentimentaler Fabel (Narkissos und Echo),
5. Ausgeschmückter Erzählung (Arion und der Delphin),
6. Minstrelromanze (Kephalos und Prokris),
7. Politischer Propaganda (Theseus' Einigung Attikas),
8. Moralisierender Legende,
9. Anekdote,
10. Theatralischem Melodrama,
11. Heldenepos (Ilias),
12. Realistischer Dichtung (Odysseus bei den Phäaken).

Graves wird seinem Schema öfters untreu, indem er z. B. zahlreiche Elemente des „echten" Mythos in der Theseus-Sage nachweist. Problematisch ist der Begriff eines „echten Mythos" ohnedies; er fordert als Pendant einen unechten Mythos, ein Widersinn, der jede Mythologie mehr oder weniger willkürlich in zwei Hälften teilt. Die Einseitigkeit Graves', der man einen genialen Zug nicht absprechen darf, wird in seinem Werk über „The White Goddess" noch deutlicher, in dem er alle „echte" Poesie und jeden „echten" Mythos praktisch auf ein Thema zurückführt (Graves 1962).

Fox bietet zwei grundsätzliche Klassifikationsmöglichkeiten an: nach äußeren Elementen (A) und nach Inhalten (B), während Graves, wie wir gesehen haben, formale und inhaltliche Gesichtspunkte kombiniert. Hier die Gruppierung von Fox:

Die Definition des Mythos

A.
1. Mythen der verschiedenen Perioden von Stammes- oder nationaler Entwicklung;
2. Mythen bestimmter Rassen;
3. Lokalsagen (von Altären, Dörfern, Städten, Landschaften, Inseln);
4. Volkstümliche und offizielle Mythen;
5. In Dichtung oder in Prosa überlieferte Mythen.

B.
1. Göttermythen;
2. Naturmythen;
3. Ursprungsmythen (der Welt, der Götter, Menschen, Künste, von Sternen, sozialen Organisationen, politischen Bündnissen);
4. Philosophische Mythen;
5. Allegorische Mythen;
6. Mythen vom Leben nach dem Tod.

Keines der hier aufgeführten Schemata ist wirklich umfassend; die einzelnen Mythen sind viel zu sehr jeweils Individualitäten, als daß eine über das Allgemeinste hinausgehende Klassifikation möglich wäre. Aber jedes dieser Schemata kann uns zeigen, wie vorsichtig und differenziert eine wissenschaftliche Untersuchung von Mythen vorgehen muß. Das gilt keineswegs nur für die bisherigen Ansätze zu einer psychologischen Mythendeutung, aber es gilt auch für sie. Das völlige oder teilweise Scheitern aller Versuche, eine gültige Deutungsmethode zu finden, redet eine unmißverständliche Sprache. Mit diesen Versuchen wollen wir uns jetzt befassen.

B Die Methoden der Mythendeutung

1 Die naturalistische Methode

Die „natural method" (Fox 1964) sucht jeden Mythos auf die „primitive" Erklärung eines Naturgeschehens zurückzuführen. Mythen sind ihrzufolge solar, lunar, astral oder meteorologisch, sie sind Reaktionen der Phantasie auf Blitz, Donner, Wolken und Regen, auf Wachstum und Niedergang der Vegetation.

Man kann eine ältere und eine neuere Form der in dieser Methode implizierten Theorie unterscheiden, die schon Wundt scharf kritisierte (siehe Kap. II, A.). Die naturalistische Theorie erweitert die in vielen Mythen berichtete Macht der Götter über die Naturkräfte zu der (im Grunde allegorischen) Auffassung, die Götter seien mit diesen Naturkräften identisch: Zeus mit dem Himmel (oder dem Gewitter), Hera mit der Luft, Aphrodite mit dem Tau, Hephaistos mit dem Feuer. „Personifizierte physikalische Kräfte", sagt Rose hierzu, „sind bei einem Volk undenkbar, das nicht schon seit Jahrhunderten weiß, daß solche Kräfte existieren" (Rose 1955, 5).

Trotzdem lassen sich manche Mythen weniger als Personifikationen bekannter, denn als Spekulationen über unbekannte Naturkräfte deuten (wobei dahingestellt bleibt, ob diese Spekulation erst zu einem Ritus oder zu einem Mythos führte), so etwa, wenn ein Flußgott als mächtiges, stierköpfiges Ungeheuer gesehen wird. Rose vermutet etwa auch, daß die Griechen die (scheinbare) Bewegung der Sonne als sehr schnell erkannten und deshalb den vierspännigen Sonnenwagen erfanden, das schnellste Fortbewegungsmittel ihrer Zeit. Herodot sagt von den Massageten: Sie opfern der Sonne, dem schnellsten Gott, Pferde, das schnellste Tier (I, 216). Allerdings ist damit noch keineswegs erklärt, wieso Kräfte, die man auf diese Weise personifiziert hatte, verehrt wurden.

Diese Klippe der naturalistischen Theorie hat Max Müller zu überwinden gesucht, dessen Methode Fox als „philologisch", Rose als „naturalistisch" einstuft. Müller glaubte, daß der primitive

Mensch zunächst kein Wort für sein unbestimmtes religiöses Gefühl fand; das Wort „Himmel" schien ihm schließlich noch am besten geeignet, zu kennzeichnen, was er als verehrungswürdig empfand. Einige der Hörer dieses urtümlichen Theologen aber konkretisierten diesen Himmel entweder als Aufenthaltsort der Götter oder als Gott selbst.

Müllers längere Zeit sehr populäre Theorie hat viele Schüler gefunden; eine ausgezeichnete Schilderung ihrer Entwicklung, ihrer ersten Kritiker – der prominenteste von ihnen war Andrew Lang – und ihres Endes hat Richard M. Dorson in einem Aufsatz über „The Eclipse of Solar Mythology" gegeben (Dorson 1958; siehe auch „Theories of Myth and the Folklorist", 1960 vom selben Autor). Heute wird Müllers Lehre allgemein abgelehnt; sein Bild des „primitiven Theologen" ist „dem wirklichen Primitiven so unähnlich (...) wie möglich", bemerkt Rose (1955, 6). Zudem haben sich viele der etymologischen Ableitungen Müllers als haltlos erwiesen (Fox 1964).

2 Die rationalistische Methode

„Es gibt eine Geisteshaltung, die auch schon im Altertum existierte. Sie ist völlig unfähig zu begreifen, wie ,das Volk' denkt. Ihre Anhänger sind daher überzeugt, daß niemand, der überhaupt gedacht hat, jemals geglaubt haben kann, es hätte z. B. ein Ungeheuer, halb Pferd, halb Mensch gegeben, oder es sei ein Weib in einen Stein oder Baum verwandelt worden. Wenn daher solche Geschichten erzählt werden, müssen sie entweder auf einem Mißverständnis beruhen oder Schwindel sein" (Rose 1955, 4).

Ein Beispiel für die Mythendeutung nach dieser rationalistischen Auffassung ist schon aus der Antike bekannt: In einer Schrift „über unglaubwürdige Geschichten" berichtet Palaiphatos über die Entstehung der Sage von den Kentauren, wie ein Rationalist sie sieht: Als Ixion König von Thessalien war, wurden seine Felder von wilden Stieren (tauroi) verwüstet. Eine Gruppe mutiger Bogenschützen aus dem Dorf Nephele tötete diese Stiere; daraus erwuchs die Sage, Ixion sei Vater eines Geschlechts von Kentauren (Stierstechern) geworden, deren Mutter Nephele war, – Mischwesen aus Mensch und Pferd. Auch die Naturvölker, bemerkt Rose, sind nicht so töricht, „daß sie etwas, was klar sichtbar ist, derart mißverstehen" (Rose 1955, 5), eine Auffassung, die Malinowski (1963), Jensen (1951) und Lévi-Strauss (1967) bestätigen. Der Kentaurenmythos kann nicht durch den angeblich neuartigen Anblick von berittenen Männern entstanden sein. Verwandt mit der rationalistischen Haltung ist der sogenannte Euhemerismus. Euhemeros war ein Schriftsteller des Frühhellenismus; in seinem (verlorenen) Hauptwerk führte er die Göttergestalten der Mythen auf Menschen zurück, die sich vergöttern ließen, oder von dankbaren Untertanen zu Göttern erhoben wurden. Die christlichen Apologeten stützten sich vielfach auf die in einen Roman gekleideten Argumente von Euhemeros; seine Konzeption wird allerdings mindestens in einem Punkt durch die einfache Überlegung entkräftet, daß man bereits an Götter glauben muß, um aus einem toten Menschen einen Gott machen zu können. Euhemeros erklärt also weder den Ursprung der Götter noch den der Mythen (Rose 1955, 5).

3 Allegorische Methoden

Hierbei werden die Mythen als Weisheitslehre aufgefaßt, die durch die Vorsicht kluger Priester verhüllt wurden, um profaner Ehrfurchtslosigkeit entzogen zu sein und durch anschauliche Schilderung Hörer anzulocken, die trockener philosophischer Theorie nicht folgen würden (Beispiele Kap. I, C, 1 und 2). Die allegorische Methode setzt voraus, daß die Zeit, in der die Mythen entstanden, eine Art systematischer Philosophie besaß, welche sich mit der Natur der Welt und den sittlichen Forderungen an die Menschen befaßte. Tatsächlich besaßen die Griechen so wenig wie irgendein anderes Volk zu der Zeit, in der ihre Mythen entstanden, eine systematische Philosophie; „der Mythos kann also ursprünglich keine Allegorie sein, weil seine Urheber wenig oder nichts zu allegorisieren hatten" (Rose 1955, 2). Diese historische Argumentation kann man durch einfachen formalen Vergleich nachweisbar „allegorischer" Mythen – etwa der Gleichnisse Platons – mit anderen, etwa den homerischen Mythen, unterstützen.

4 Die symbolische Methode

Verwandt mit der allegorischen Auffassung ist die symbolische Deutung des Mythos. Ihr Hauptvertreter ist Friederich Creuzer (1771 bis 1858), der den Unterschied von Symbol und Allegorie ähnlich sieht wie C. G. Jung (1960, Anhang). Nach Creuzers Überzeugung besaßen die alten Völker – Ägypter, Inder, Römer, Griechen – „eine unbestimmte und doch großartige Vorstellung von gewissen religiösen Grundwahrheiten" (Rose 1955, 3). Diese Wahrheiten verkündeten die Priester durch für alle Völker sehr ähnliche Symbole, die später entstellt und mißverstanden wurden. Creuzer, vermerkt Rose kritisch, hat sich ein Bild von etwas gemacht, „was niemals in der Vorstellung der Kreter oder anderer Völker, sondern nur in seiner eigenen Vorstellung bestand" (Rose 1955, 4) – ein Vorwurf, der für viele allegorische und symbolische Mythendeutungen gilt. Er ist freilich erheblich leichter zu begründen, wenn in den Mythen der allegorische oder symbolische Ausdruck prinzipiell bewußter Vorstellungen gesehen wird. C. G. Jung, in mancher Beziehung geradezu als Nachfolger Creuzers anzusprechen, hat an die Stelle von Creuzers Geheimlehre das „kollektive Unbewußte" gesetzt. Diese Hypothese wird unten (Kap. II, C) ausführlich diskutiert.

5 Die ritualistische Methode

Die „ritual method" gehört nach Ansätzen im 19. ganz dem 20. Jahrhundert. Sie erhebt nicht mehr den Totalitätsanspruch der früheren Methoden. Zur Frage „warum gerade dieser Mythos und kein anderer" gesellt sich die Frage „warum gerade dieser Ritus, und kein anderer". Das große Verdienst der ritualistischen Methode ist ihr pragmatischer Ansatz, der den Vergleich zwischen Mythen und Bräuchen – wobei einmal zu einem Brauch der zugehörige Mythos verschollen sein kann, ein anderes Mal der zum Mythos gehörige Ritus – zu einem höchst fruchtbaren Mittel der Forschung entwickelt hat. Freilich ist es nötig, die Beweiskraft von Vergleichen nicht zu überspannen und sorgfältig darauf zu achten, daß nur wirklich Vergleichbares verglichen wird. Diese Vorsicht hat Frazer, der Kronzeuge der vergleichend-ritualistischen Methode, nicht immer walten lassen.

Prinzip der ritualistisch-vergleichenden Methode ist es, nach Parallelen Ausschau zu halten, die z. B. ein offensichtlich verstümmeltes Ritual noch in voller Blüte zeigen, und daraus auf die ursprüngliche Gestalt dieses Ritus zu schließen. Oder es wird ein scheinbar widersinniger Mythos dadurch verständlich gemacht, daß man einen Ritus aufspürt, den er erklären sollte und zu dem vielleicht sogar noch der ursprüngliche Mythos erzählt wird. Freilich, „nichts ist irreführender als eine plausible, aber falsche Analogie", warnt hier zu Recht Rose (1955, 10).

Die ritualistische Methode hat viele Anhänger gefunden (Hooke 1935, Hocart 1952, Raglan 1958, Hyman 1958); sie steht in enger Beziehung zur „funktionalistischen" Betrachtung des Mythos (siehe Kap. IV, C, 2). Manche ihrer Anhänger (etwa Graves 1960, I) nehmen die ritualistische Deutbarkeit als conditio sine qua non des „echten Mythos" an. Das läßt freilich die Frage nach den vielen „unechten Mythen" offen, die man dann findet, und ist als Prinzip kaum zu begründen.

6 Die kritisch-philologische Methode

Sie ist keine eigentliche Deutungsmethode, liefert aber die Grundlage zu stichhaltigen Interpretationen. Zunächst wird das Alter der Quellen zu einem Mythos bestimmt. Das ist nicht so einfach, wie es scheint, denn es genügt nicht, festzustellen, daß sich eine Version z. B. bei Euripides, eine andere bei dem mehrere Jahrhunderte jüngeren Plutarch findet. Es kann sich herausstellen, daß der Tragödiendichter einen Teil seiner Fassung des Mythos frei erfand, während der spätere Schriftsteller aus einer Quelle schöpfte, die älter ist als Euripides, aber nicht mehr erhalten. Der erste Vertreter dieser Forschungsrichtung war C. A. Lobeck (1781–1860), ein Gegner Creuzers.

An die Betrachtung der Quellen schließen sich Überlegungen, welche griechische Landschaft diesen Mythos geprägt hat, welche lokalen Überlieferungen er wiedergibt, und welchem Volksstamm der sehr gemischten Bevölkerung Griechenlands er angehört (vorgriechisch, ionisch, achäisch, dorisch, Import aus Kreta, Asien, oder Thrakien). Hier war Karl Otfried Müller (1797–1840) bahnbrechend. Weitere wichtige Ergänzungen bieten antike Darstellungen von Szenen aus dem betreffenden Mythos, archäologische Funde, Ausgrabungen von in Sagen erwähnten Plätzen (Schliemanns Troia), deren Fruchtbarkeit für Mythologie und Religionsgeschichte vor allem M. P. Nilsson erwiesen hat (1932, 1950).

C Die Geschichte der Mythendeutung

1 Die Mythendeutung der Antike

Entgegen der Auffassung E. Fromms, daß die Menschen der Antike die „Symbolsprache" (siehe Kap. II, D, 3) des Mythos noch unmittelbar verstanden, hat es vor allem in der Spätantike durchaus systematische Versuche gegeben, Mythen zu deuten; einen von ihnen haben wir bei der Besprechung der rationalistischen Methode schon erwähnt. Es ist sehr schwierig, sich ein zutreffendes Bild davon zu machen, wie die Griechen selbst ihre Mythologie erlebten. Die Gegensätze zwischen Freigeisterei und Buchstabenglauben, kühner metaphysischer Spekulation und frommer Einfalt, die in jeder Religion eine Rolle spielen, wurden im Griechenland der Antike durch das Fehlen verbindlicher Lehrmeinungen und durch die Widersprüche in den Überlieferungen noch kompliziert. Mit welcher Erbitterung solche Gegensätze ausgetragen wurden, zeigt die Hinrichtung des Sokrates.

Die literarischen Zeugnisse scheinen dafür zu sprechen, daß man von Homer bis noch zu Herodot die mythischen Berichte für geschichtlich-genealogische Überlieferung hielt. Bei Herodot muß man aber hier schon gewisse Einschränkungen machen. Er diskutiert gelegentlich verschiedene Versionen eines Mythos und bekennt sich beispielsweise zu der Überzeugung, Helena könne nicht während des Troianischen Krieges in Troia gelebt haben, denn sonst hätten die Troianer sie unweigerlich ausgeliefert. Sie wären schließlich nicht so unvernünftig gewesen, „sich selbst, ihre Kinder, ihre Vaterstadt aufs Spiel zu setzen, nur damit Alexandros (= Paris) mit Helena schlafen konnte" (Herodot II, 120). Der ionische Geschichtsschreiber widerspricht also Homer, dessen Bericht er aber prinzipiell historisch bewertet. An Göttermythen zu zweifeln erklärt er für Frevel, selbst an den Mythen fremder Völker, zum Beispiel der Ägypter. Oft findet sich in seinem Werk die Formel: Hier darf ich nicht weitererzählen; wer in die Mysterien dieser Gottheit eingeweiht ist, weiß, was ich meine. Für die undogmatische Frömmigkeit Herodots spricht auch, daß er etwa Kambyses für verrückt erklärt, weil der Perser einen Gott der Ägypter, nämlich den Apis-Stier, mit einem Dolchstich verwundet hatte. Eine Deutung von Mythen gibt es bei Herodot nicht; sie sind eben „heilige Geschichten", auch wenn sie widersprüchlich sind.

Wie Herodot faßten auch die attischen Tragödiendichter den Mythos im großen Ganzen als realistische Geschichtserklärung, die freilich, wie fast alle antike Historiographie (es gibt Ausnahmen, etwa Thukydides) keinem Wissenschaftsideal in unserem Sinne dient. In der Behandlung der mythischen Vorwürfe zeigt sich schon damals ein großer persönlicher Spielraum, der bei Euripides gelegentlich als Willkür erscheint, aber eine Freiheit des Denkens und Glaubens belegt, die z. B. unter der Herrschaft der Inquisition wieder verloren ging. Auch in den Satyrdramen wird die vielfältige Auffassung, die ganz undogmatische Freiheit des Griechen gegenüber seinen Mythen deutlich. Wahrscheinlich hat es auch eine satirische Fassung des Ödipus-Stoffes gegeben (siehe Kap. III, A, 1).

Sicher wird der im Mythos vorgelegte Stoff durch den Tragödiendichter implizit gedeutet: durch die Auswahl bestimmter Themen oder Versionen eines Themas, durch die Argumente, welche der Dichter den handelnden Personen in den Mund legt, durch Auslassungen oder durch die Hinzufügung neuer Motivierungen. Aber zu expliziten Mythendeutungen kommt es erst später. Sie setzen eine Lockerung religiöser Bindungen voraus, die in klassischer Zeit noch mit allen Mitteln – darunter, wie nicht nur Sokrates erfahren mußte, auch mit dem Giftbecher – hintangehalten wurde. Die Spanne zwischen der Entstehung vieler griechischer Mythen, die Nilsson in manchen Zügen bis in die minoisch-mykenische Kultur zurückverfolgen konnte (Nilsson 1932 und 1950), und den alexandrinischen Gelehrten, deren Werke leider zum größten Teil verschollen sind, ist kaum kürzer als die Spanne zwischen der Entstehung der christlichen Glaubenslehre und ihrer „Entmythologisierung" in diesem Jahrhundert.

Neben Rationalismus und Euhemerismus, die wir schon oben kurz besprochen haben, war die wichtigste der schon in der Antike angewendeten Deutungsmethoden die Allegorie. Allegorische Auslegungen von Mythen soll schon der etwa 525 v. Chr. wirkende Theagenes gegeben haben, für den der Kampf der Götter bei Homer ein Kampf der Elemente war, – 2000 Jahre vor den meteorologischen Mythendeutungen der Schule Max Müllers. Auch Heraklit faßte Mythen gelegentlich als Allegorien zu natürlichen Vorgängen auf. Im Hellenismus schließlich glaubten viele Schüler Platons (die Gründe dafür siehe unten, Kap. I, C, 2), in den Dichtungen Homers auf das Universum bezogene Wahrheiten zu finden.

„Das ist insofern richtig, als die Themen der Mythen öfters allgemein gültige Beispiele für die Triebkräfte und das Verhalten der Menschen geben, falsch ist jedoch die Vermutung, daß dies zu zeigen bereits in der Absicht der Schöpfer der Mythen lag. Die frühen Allegoristen zogen den zwar verständlichen, aber ganz unwissenschaftlichen Schluß, die Mythenschreiber hätten absichtlich die Form des Gleichnisses gewählt, um so abstrakte Wahrheiten deutlich zu machen, eine Auffassung, die von den Denkern des 5. Jahrhunderts weiter entwickelt wurde" (Grant 1964, 537).

Bei Platon selbst vermengen sich mythische und allegorische Elemente; typisches Beispiel einer echten Allegorie ist das Höhlengleichnis im „Staat". Hier soll tatsächlich eine abstrakte Weisheit bildlich verdeutlicht werden. In hellenistischer Zeit diente die Allegorie den Platonikern als Waffe gegen den Widerstand der traditionellen Religion (Grant 1964). Ihre höchste Blüte erlebte die allegorische Mythendeutung aber erst durch Plotin. Mit ihm war „das Zeitalter der Allegorie angebrochen. Von jetzt an konnten auch die schärfsten Geister in allen Literaturgattungen Zusammenhänge zwischen Tatsachen und Ideen sehen, die uns völlig sinnlos scheinen" (Grant 1964, 540).

2 Die Mythendeutung der Patristik

Zur Zeit der religionsgeschichtlichen Auseinandersetzung, also in den ersten nachchristlichen Jahrhunderten, galt die Aufmerksamkeit der Kirchenväter vor allem der praktizierten Religion der Heiden, die in dieser Zeit mit der klassischen Mythologie nurmehr wenig zu schaffen hatte. Ein Blick in die Schriften Senecas oder in die Metamorphosen Ovids, in Plutarchs orakelkundige und mythologische Arbeiten oder in Philostrats Leben des Apollonius von Tyana zeigt deutlich, daß den Dichtern und philosophisch geschulten Rhetoren die Götter des Olymp und die Heroen Griechenlands wenig mehr als poetische Gestalten waren. Vom absoluten Abbild der Welt war die Mythologie längst zu ihrer dichterischen oder allegorischen Widerspiegelung geworden. Neue Göttergestalten hoben sich ab, mit synkretistischem Schmuck bereichert und erhöht: Sol invictus etwa, der unbesiegliche Sonnengott der späten Kaiserzeit, den manche Heiden gelegentlich mit dem Christengott verwechselten[7], oder als Summe aller Göttinnen die Isis der Mysterien, die Apuleius in seinem Goldenen Esel hymnisch preist, nachdem er Gezänk und Intrigen der Olympier in dem eingeschobenen (allegorischen) Märchen von Amor und Psyche schilderte.

Die Mythen waren, weniger formal als im Bewußtsein ihrer Hörer, längst zu Märchen geworden, zu einem Fabelschatz, aus dem man anschauliche Belege für philosophische oder theologische Lehrmeinungen gewinnen konnte. Und so haben sie auch manche Kirchenväter verwendet – sowohl apologetisch, um die Lehren der Heiden zu entkräften, als auch katechetisch, um den neuen Glauben zu verdeutlichen.

---

[7] „Andere sind in ihrer Meinung von uns etwas humaner und halten den Sol für den christlichen Gott, weil bekannt geworden ist, daß wir in der Richtung der aufgehenden Sonne beten und weil wir am Tag des Sol uns der Freude hingeben", sagt Tertullian („Ad nationes" 1,13; zit. n. Rahner 1945, 145).

„Komm, du Betörter, nicht auf den Thyrsos gestützt, nicht mehr mit Epheu bekränzt. Wirf weg die Stirnbinde, wirf weg das Hirschfell, werde nüchtern! Ich will dir den Logos zeigen, und die Mysterien des Logos, und ich will sie dir deuten in Bildern, die dir vertraut sind. Hier ist der von Gott geliebte Berg, nicht mehr wie der Kithairon ein Schauplatz von Tragödien, sondern geweiht den Dramen der Wahrheit. – O wie wahrhaft heilig sind diese Mysterien, wie lauter ist dieses Licht! Der Herr enthüllt die heiligen Zeichen, denn er selbst ist der Hierophant!" (Clemens, Protreptikos XII, 119; zit. n. Rahner 1945, 49).

Die patristische Mythendeutung steht somit durchaus in einer spätantiken Tradition, die etwa Clemens von Alexandrien so formulierte:

„Die Alten lehren ihre Weisheit durch andeutende Gleichnisse, und ich denke da an Orpheus, an Linos, Musaios, Homeros, Hesiodos und all die Wissenden dieser Art. Für die Menge der Vielen war ihnen ihre dichterische Psychagogie wie ein verhüllender Teppich" (Clemens, Stromata V, 4, 24, 1. 2., zit. n. Rahner 1945, 12).

Damit knüpft Clemens unmittelbar an die allegorische Auffassung des Mythos als Weisheitslehre an, wie sie auch Stoiker und Neu-Platoniker vertraten.

Die Auseinandersetzung der Kirchenväter mit dem griechischen Mythos läßt sich besonders gut an ihrer Betrachtung Homers ablesen, des Kronzeugen der antiken Mythologie. Der mit diesem komplexen Thema am besten vertraute Autor ist wohl Hugo Rahner, der dem „heiligen Homer" mehrere Aufsätze gewidmet hat (gesammelt in Rahner 1945).

Es ist bekannt, daß Platon aus seinem nicht gerade liberalen „Staat" Homer kurzerhand verbannt wissen wollte, schien ihm z.B. das Verhalten des Odysseus doch äußerst zweifelhaft, ja „jugendgefährdend". Diese Kluft zwischen dem Dichterfürsten und dem Fürsten der Philosophen schmerzte viele hellenistische Autoren, und sie suchten beide miteinander zu versöhnen. Mit Hilfe der Aufdeckung von „Untergedanken" (Hyponoia) wies man nach, daß Homer trotz allem ein weiser Verkünder philosophischer Gotteslehren gewesen sei, „man glaubte, Homer führe uns durch den Chor der Musen empor zur Schau des höchsten Gottes, den man nur in poetischer Verzückung ahnen könne – so, wie es Archelaos von Priene auf seiner marmornen Apotheose des Homer darstellte" (Rahner 1945, 431). Mit der Interpretation von Homers „Geheimnissen" beschäftigen sich Herakleitos in seinen Homerallegorien, der unbekannte Verfasser der „Odysseusfahrten", Porphyrios in den „Homerischen Fragen" und im Buch von der „Höhle der Nymphen", schließlich der griechische Bischof Eustathios von Thessalonike, „der die weite und wirre Welt dieser Allegorien mit byzantinischem Fleiß zusammenfaßt" (Rahner 1945, 421).

Doch ist der Übergang von der hellenistischen zur christlichen Mythendeutung nicht ganz so glatt, wie ihn etwa das eingangs zitierte Clemens-Wort hinstellt. Ganz im Geist Platons kritisierten manche Kirchenväter die weltliche, verwirrende Mythologie Homers; Minucius Felix bemerkte, Platon habe mit Fug und Recht den berühmten Dichter aus seinem auf dem Papier konstruierten Staat ausgewiesen. Den Apologeten des zweiten Jahrhunderts schien die reine Gotteslehre Platons der Inbegriff einer Vorausahnung christlichen Glaubens; Homers Mythologie hingegen eine typische Verkörperung heidnischer Irrtümer. Justinos läßt Platon geradezu dank des schon in ihm wirkenden Gottesgeistes Homer verbannen; Tertullian nennt den Dichter einen dedecorator deorum, einen Ehrabschneider der Götter, ist aber mit dem griechischen Bildungsideal noch so verwachsen, daß er ihn anderswo den princeps poetarum und den Urquell aller Poesie preist (Rahner 1945, 422). „Je offener mit dem dritten Jahrhundert die Kirchenväter den humanistischen Geist der neuplatonischen Homerdeutung in sich aufnahmen, um so begeisterter ertönt jetzt das Lob des Dichterfürsten" (Rahner 1945, 423).

Während im Mittelalter kaum ein westeuropäischer Gelehrter mehr Griechisch konnte, Homer und mit ihm die griechische Mythologie somit fast völlig gegenüber Vergil zurücktraten, ist die griechische Kultur um diese Zeit den Kirchenvätern noch vollkommen geläufig. Allerdings muß sich Clemens von Alexandrien gegen nörgelnde Christen seiner Zeit verteidigen, weil er allzu weitherzig die griechische Kultur in das Christentum eingliedern will:

„Mir scheint, daß die meisten derer, die sich dem Namen der Christen verschrieben haben, den Gefährten des Odysseus gleichen, indem sie ohne den Sinn für eine feinere Bildung an die Lehre sich heranmachen: sie fahren vorbei, nicht an den Sirenen, sondern an dem Rhythmus und der Melodie (der griechischen Kultur, ergänzt Rahner), sie verstopfen ihre Ohren durch Ablehnung des Lernens, weil sie genau wissen, daß sie den Weg nach Hause nicht mehr finden würden, wenn sie nur einmal die Ohren der griechischen Weisheit geöffnet hätten. Wer aber daraus das Brauchbare auswählt zum Nutzen der in der Katechese zu Unterrichtenden – zumal diese doch auch Griechen sind –, der darf sich nicht abkehren von der Liebe zur Weisheit wie ein vernunftloses Tier. Im Gegenteil, er muß für seine Hörer eine möglichst große Fülle von helfenden Gedanken zusammenbringen. Nur darf man dabei nicht verweilen und stehenbleiben, sondern muß nach Hause heimkehren zu der wahren Philosophie" (Clemens, Stromata VI, 11, 89, 1; zit. n. Rahner 1945, 426).

Für den Psychologen interessant ist, daß Clemens hier der in einem bewußten, personalen Akt vollzogenen Verurteilung heidnischer Komponenten der griechischen Bildung das Wort redet und ihre pauschale „Verdrängung" ablehnt – eine Forderung, die einer Grunderkenntnis der Psychoanalyse entspricht.

Odysseus ist also hörend und wissend den Sirenen entgegengefahren, ohne ihrer Versuchung zu erliegen. Dieses Motiv hat Rahner durch wohl tausend Jahre frommer christlicher Interpretation verfolgt, deren Hauptzüge wir hier nur andeuten können. Der Mastbaum wird darin zum Kreuzesholz, der griechische Held, dessen moralische Zweideutigkeiten Platon so störten, zum Vorbild des Weisen, ja des Christen schlechthin.[8] Die Sirenen erscheinen als

---

8 Der Kirchenvater ist somit ein Vorläufer von T. W. Adorno und M. Horkheimer, die Odysseus den „ersten modernen Menschen" nennen, weil er sich angesichts der Sirenen, sowohl um seine Verführbarkeit wissend wie vom Wunsch bewogen, seine Neugier zu befriedigen, an den Mastbaum binden läßt und seinen Gefährten die Ohren verstopft. (Vgl. Horkheimer, Adorno, 1969)

Symbol irdischer Lust und weltlicher Verlockung, ja endlich aller Frauen, die einen Mönch in seiner einsamen Kontemplation stören (Rahner 1945, 467ff). Zu dieser Deutung hat die an sich falsche, aber höchst einprägsame Übersetzung des (auch heute in seiner Bedeutung nicht ganz geklärten) hebräischen tannim und benot ya 'anah (Schakale? Straußenweibchen? Dämonen?) mit „Sirenen" durch die Septuaginta viel beigetragen. Schließlich sind die Sirenen noch die verführerischen Lehren der Ketzer, gegen deren Stimmen sich der schlichte Christ seine Ohren mit Wachs verstopfen soll, während nur der geistig reife Gläubige die Irrlehren ohne Gefährdung hören kann (Rahner 1945, 457).

Dieses Beispiel mag uns genügen. Es zeigt die Grundtendenzen der patristischen Mythendeutung, die an Reichtum der aufgespürten Allegorien der hellenistischen nicht nachsteht, die des Mittelalters aber übertrifft, da ihr weit mehr Quellenmaterial zur Verfügung steht. Freilich, um Wissenschaftlichkeit in unserem Sinn bemüht sich diese Mythendeutung nicht, sie gibt ihre Parteilichkeit offen zu erkennen. Das berührt jedoch den modernen Leser nur angenehm, findet er doch hier nicht die leidige Vermengung von psychagogisch und wissenschaftlich gemeinter Deutung, die etwa eine Untersuchung der Lehre von C. G. Jung so erschwert.

3 Die Mythendeutung des Mittelalters

Schon gegen das Ende des Altertums gehen die großen Sammelwerke unter, in denen antike Mythen dargestellt und erläutert wurden. Einfache, teilweise entstellte Kompendien ersetzen sie. Im Mittelalter kennt man praktisch nur ein mythologisches Handbuch, den Hyginus. Auch ihn liest man teilweise nur in Exzerpten. Dazu treten Vergil-Kommentare. Sie bilden nach dem Untergang der eigentlich mythologischen Literatur die Hauptquelle, aus der das Mittelalter seine Kenntnisse über antike Mythen schöpft.

Die Mythendeutung des Mittelalters 49

„Eine eigentliche mythologische Wissenschaft, d. h. eine ohne fremdartige Voraussetzungen und Zwecke betriebene Feststellung und Erklärung der mythischen Überlieferungen kann es während des ganzen Mittelalters nicht geben, denn auch diejenigen, welche sich der Autorität der Kirche widersetzten, konnten sich dem Bann der von ihr überlieferten Voraussetzungen nicht entziehen, und der Zweck, aus dem man sich mit den Sagen des Altertums beschäftigte, war ebenfalls gewöhnlich von der Kirche diktiert: man wollte dem Klosterschüler durch den mythologischen Unterricht das sachliche Verständnis der antiken Schriftsteller erleichtern und gleichzeitig die vermeintlich von den Mythen drohende Gefahr durch allegorische Umdeutung abschwächen" (Gruppe 1921, 3).

Von den vorkarolingischen Autoren hat sich der spanische Theologe Isidor von Sevilla wohl am eingehendsten mit Mythen beschäftigt. In „De diis gentium" deutet er:

1. **Physikalisch:** Janus ist die Himmelstür, Neptunus (in falscher Etymologie „nube tonans") himmlisches Wasser, Vulkanus himmlisches Feuer, Liber (römischer Fruchtbarkeitsgott, später mit Bacchus identifiziert) die Befreiung des Mannes von seinem Samen.

2. **Euhemeristisch:** Die Mythen sind Geschichten von Menschen, deren Ruhm durch Dichter vergrößert wurde. Allerdings sieht Isidor in den Wundern, die er den heidnischen Göttern durchaus zutraut, die Hilfe gefallener Engel wirken, die sich an die Stelle der in Göttergestalten verwandelten Menschen zu setzen wußten.

3. **Rationalistisch:** Prometheus, der Menschen aus Ton formte und ihnen durch Athene Leben einhauchen ließ, ist der erste Bildhauer; Zeus, der sich in einen Schwan verwandelt, um Leda zu verführen, ein Sänger, der die Frau mit seinem Schwanengesang betört, wie er Danae (mit der er sich als goldener Regen vereinigte) durch Gold verführt hat.

Neben den von Isidor vertretenen Prinzipien der mittelalterlichen Mythenauslegung wird in der karolingischen „Renaissance" die christlich-allegorische Deutung wieder aktuell, welche von nun an über fast acht Jahrhunderte hin das Feld beherrschen wird.

Ihre ersten Vertreter sind der im 9. Jahrhundert wirkende Remigius von Auxerre und der dritte Mythographus Vaticanus.[9] Johannes von Salisbury, ein Freund Thomas Beckets, deutet antike Sagen konsequent allegorisch. Er begründet dieses Vorgehen damit, daß die Dichter der Alten ihre tiefsinnigen Gedanken hätten verkleiden müssen, weil die Veröffentlichung der heiligen Geheimnisse verboten war. Dieses Argument unterscheidet sich in manchen Zügen kaum von der Konzeption einer „Zensur", deren „Entstellungen" die psychoanalytische Mythendeutung rückgängig zu machen sucht. Auch einzelne Deutungen des Johannes von Salisbury muten wie rohe Tiefenpsychologie an. Seine Auffassung der Äneis Vergils erinnert mutatis mutandis an die von C. G. Jung in Märchen entdeckte Symbolik eines Individuationsprozesses (Jung 1957, 92ff). Laut Johannes nämlich ist die Äneis Darstellung einer „praktischen Philosophie". Der dem Körper innewohnende „Geist" Äneas wird im Verlauf der Dichtung „erzogen"; der Schiffbruch im ersten Buch etwa symbolisiert die Gefahren der Kindheit. Auch Bernhard Sylvester von Tours sieht in der Äneis eine verkappte Darstellung des menschlichen Lebens. Den Helden macht er durch eine kühne Etymologie zur „im Leib eingeschlossenen Seele" (die Vorstellung Platons aufgreifend); das erste Buch enthält die Kindheit, mit der Ankunft in Karthago beginnt der Eintritt in das „Reich der Begierde".

Seit der vor allem durch irische Mönche ermöglichten Wiederbelebung der antiken Tradition unter Karl dem Großen und seinen Nachfolgern tritt dem Vergil ein Werk zur Seite, das ihn an Beliebtheit vor allem bei Künstlern und Dichtern bald übertrifft: Ovids Metamorphosen, ein schier unerschöpfliches Kompendium mythologischer Überlieferungen. Die „Verwandlungen" finden bald eine allegorische Umdeutung in Versen, die zusammen mit einer metrischen Übersetzung wohl im Auftrag der 1305 verstorbenen Jeanne de Champagne, der Gattin Philipps V., verfaßt wurde und als „Ovid moralisé" große Verbreitung fand.

9 Die bibliographischen Angaben aller hier nicht ausdrücklich zitierten Werke finden sich in der grundlegenden Arbeit Gruppes (1921).

Die Mythenerläuterungen dieses Werkes sind teils historisch, gelegentlich naturalistisch, meist aber moralisch; häufig werden mehrere Auslegungen gegeben, ein in der gleichzeitigen Legenden-Schriftstellerei („Legenda Aurea", Benz 1964) sehr beliebtes Verfahren, das Keime eines pluralistischen Ansatzes enthält, von denen auch die moderne Hermeneutik durchaus noch lernen kann.
Ein Beispiel: Apoll verfolgt Daphne, die Tochter des thessalischen Flusses Peneios. Im letzten Augenblick verwandelt sich Daphne in einen Lorbeerbaum, aus dem sich Apoll zum Trost einen Kranz windet. Der Ovid moralisé deutet:

1. Apoll, die Sonne, läßt zusammen mit der Feuchtigkeit des Peneios Lorbeerbäume entstehen;
2. Daphne, ein junges Mädchen, stirbt erschöpft auf der Flucht vor einem Liebhaber unter einem Lorbeerbaum;
3. Daphne, die Keuschheit, bleibt immer kühl, darum heißt sie Tochter eines Flusses – sie wird in Lorbeer verwandelt, der immer blüht, aber nie Früchte trägt;
4. Daphne ist Maria, Apoll Gott, der sich mit dem Lorbeer umhüllt, das heißt in den Leib Mariä eingeht.

Fast noch wagemutiger als der Ovid moralisé deutet Petrus Berchorius, ein französischer Mönch, der alle für Predigten brauchbaren allegorischen Vergleichungen in sechs Foliobänden zusammenfaßt, einem für das Verständnis mittelalterlicher Rhetorik (und Psychologie) sehr wichtigen Labyrinth mythischer Parallelen. Auch seine Erklärungen fahnden teils nach der geschichtlichen Wahrheit (Gorgos Kopf, den Perseus abschneidet[10], bedeutet den Reichtum des Ungeheuers), teils nach der moralitas (Apoll, der den pestkranken Römern seinen Sohn Asklepios schickt, ist Gottvater, der den Menschen Christum sendet; Io, die von Hera in eine weiße Kuh verwandelte Geliebte des Zeus, ist die christliche Seele – durch Sünden entstellt, findet sie am Nil, den Tränen der Reue, durch Gottes

---

10 Freud sah darin das weibliche Genitale; die Angst vor Gorgo sei Kastrationsangst (GW XVII, „Das Medusenhaupt").

Gnade in ihre frühere Gestalt zurück; Hera ist Gottes Gemahlin, die Kirche).

Auch in den Ovid-Allegorien des Johannes Virgilius überschneiden sich Rationalisierung und moralisch-theologische Übersetzung. Die Verwandlung der Prokne in eine Schwalbe bezeichnet nur die Schnelligkeit ihrer Flucht, die Verwandlung des Poseidon in ein Pferd (für ein Liebesabenteuer mit Demeter) das Wappen seines Schiffes. Doch auch Virgilius bevorzugt die moralische Allegorie: Eurydike, das vernünftige Urteil, wandelt durch die Wiesen (erfreut sich weltlicher Dinge), flieht vor Aristaios (dem göttlichen Geist) und wird zur Strafe von der Schlange (dem höllischen Geist) gebissen; Orpheus, der das vernünftige Urteil auf sein Gebet wieder zurückerhalten hat, verliert es erneut, als er sich zu den Dämonen umwendet. Details der Überlieferung, die nicht in diese Interpretation passen, übergeht Virgilius (etwa, daß Aristaios Eurydike vergewaltigen wollte).

Mit Petrarca und Dante tritt die mittelalterliche Mythenkunde in ein neues Stadium. Die Renaissance kündigt sich an. Der Dichter der Divina Commedia selbst kennt, in enger Anlehnung an den Interpretationskanon der klassischen Rhetorik (s.a. Schmid 1934), vier Stufen der Deutung eines literarischen Werkes, also auch eines Mythos (zit. n. Gruppe 1921, 22): Die Erkenntnis der verità

1. literale;
2. allegorica;
3. morale und
4. anagogica.

Wichtiger für die Entwicklung der Mythendeutung ist die „Genealogia deorum" des Gelehrten Boccaccio (1313–1375), der durch seinen Decamerone viel berühmter wurde als durch seine humanistischen Arbeiten, auf die er viel mehr Zeit und Mühe verwendete, – auch indem er als wohl der erste mittelalterliche Mythenforscher wieder Griechisch lernte (Gruppe 1921, 23). Boccaccio macht auch den ersten Versuch, die religiöse Seite der antiken Mythen zu erklären, verfängt sich dann allerdings in astrologische Spekulationen.

Er hält die Heidengötter für Gestirne, die zwar in das Schicksal der Menschen eingreifen können, aber doch unterwürfige Diener des wahren Gottes sind.

Beispiele für Boccaccios Mythendeutung finden sich bei Gruppe (1921, 24): Juno ist die Göttin des Reichtums; weil Reiche gern prunken und laut schreien, ist ihr der Pfau heilig – mythologisch gesehen „nichts weniger als tiefsinnig" (Gruppe 1921, 24), aber psychologisch recht interessant, deutet es doch auf das Wiedererwachen des charakterologischen Interesses unter den Vorläufern der Renaissance. Boccaccio kennt auch die später von Jung so genannte „Deutung auf der Subjektstufe" (die handelnden Personen des Traums oder Mythos sind Seelenteile, „Archetypen" des Träumers oder des kollektiven Unbewußten). Er sieht danach in Admetos die vernünftige Seele, welche Alkestis, die Tapferkeit, dadurch erringt, daß sie Löwe und Eber (die Affekte des Zorns und der Begierde) bändigt und vor den Lebenswagen spannt. (Nach Apollodoros III, 10, 4 machte der Vater von Alkestis, Pelias, die Hand seiner Tochter von der Aufgabe abhängig, ein Wildschwein und einen Löwen vor einen Wagen zu spannen und um den Rennplatz zu fahren.)

Ganz ähnlich deutet Boccaccio auch das Märchen von Amor und Psyche: Durch den heiligen Geist (Zephyr) wird die vernünftige Seele (Psyche) zu Gott (Amor) getragen, den sie aber nicht schauen darf. Ihre Schwestern, die vegetative und die sensitive Seele, besuchen sie gelegentlich. Solange sich die vernünftige Seele (Psyche) nicht zu sehr von ihnen beeinflussen läßt, ist es gut; wird ihr Einfluß aber zu stark, dann entfremdet sich die Seele Gott.

4 Die Mythendeutung vom 15. bis 18. Jahrhundert

Was sich schon bei Boccaccio angekündigt hat: die poetische Wiederbelebung des Mythos unter Verzicht auf eine eigentliche Mythologie, verstärkt und akzentuiert sich im späten 15. Jahrhundert. So kommt es zu dem auch von Gruppe (1921) herausgestellten Phänomen, daß sich zwar kaum eine Periode so intensiv mit den antiken

Mythen beschäftigt hat wie die Frührenaissance, daß aber eine wissenschaftliche Mythologie auch im beschränkten Sinn des Mittelalters fehlte. Die mythologisch oft hochgebildeten Menschen dieser Zeit – dafür legt die Kunst von Pollaiuolo bis Botticelli, von Piero di Cosimo bis Mantegna Zeugnis ab – identifizierten sich mit mythischen Gestalten (Lorenzo Medici etwa ließ sich als Herakles portraitieren). Jede Deutung sucht eine Distanz zwischen Gedeutetem und Deuter zu überwinden; diese Distanz zu den wiederbelebten Gestalten der Mythologie fehlte in der Frührenaissance. Daraus wird man das Fehlen einer eigentlichen Mythologie im 15. Jahrhundert besser erklären können als dadurch, daß „die großen Humanisten in ihrem Bestreben, aus den Schlupfwinkeln der Klöster möglichst viele Manuskripte zu sammeln", nicht immer Zeit fanden, „die Schätze, über deren nicht immer redlich erworbenen Besitz sie frohlockten, auch zu studieren" (Gruppe 1921, 34).

Die Entwicklung der Mythenforschung in der Neuzeit ist wie jene vieler anderer Disziplinen eng an die Verbreitung des Buchdrucks geknüpft. Der wissenschaftliche Fortschritt scheint zunächst nicht groß; aber die Zahl der Bücher und Autoren mehrt sich rasch, nicht anders als die Vielfalt der untersuchten Aspekte bei den Autoren selbst. Der erste bedeutende Nachfolger Boccaccios, Giglio Gregorio Giraldi (Gyraldus) – er lebte von 1479 bis 1552 – glaubt, daß Söhne unbekannter Eltern Söhne der Erde, die Klügsten Söhne des Zeus, die Wildesten Söhne des Poseidon heißen müßten. Aber er unterscheidet kaum zwischen griechischen und römischen Gottheiten, zwischen angebeteten Göttern und philosophisch-allegorischen Konstruktionen.

Eine ganz neuartige Auffassung der Mythen entwickelte Natalis Comes, der um 1682 starb: Die antike Mythologie sei in vielen Zügen nichts anderes als verkleidete ägyptische Philosophie[11], „damit

---

11 Vielleicht danken die Hieroglyphica des Horapollo, eine in griechischer Sprache verfaßte, angeblich aus dem Ägyptischen übersetzte „Deutung" der ägyptischen Schrift – in Wirklichkeit nichts anderes als eine komplexe Symbolik – ihre Existenz einer ähnlichen Geisteshaltung. Die Parallelen

sie nicht verstanden werde und das Volk von der alten Religion abbringe, teils auch damit sie selbst gegen Verfälschungen geschützt sei" (Gruppe 1921, 35). Laut Comes ließen die alten „Philosophen" (denen er die Gestaltung der Mythen zuschreibt) Helios deshalb auf einem Wagen fahren, um anzudeuten, daß Übersinnliches nur von Sinnlichem getragen verstanden werden kann. Die Vielheit der Götter sei nur eine Anspielung auf Allmacht und Allgegenwart des einen Gottes. Auch physikalische Deutungen, wie sie später im 19. Jahrhundert so beliebt wurden, finden sich bei Comes: So ist Aphrodite aus dem Meer geboren, weil Salz die Zeugungskraft stärkt; die Dioskuren sind Elmsfeuer, das auf den Mastspitzen erscheint.

Noch Torquato Tasso sah in Homers und Ovids Werken fortlaufende Allegorien. Die Renaissance hatte zwar die Einschätzung der Mythen verändert; wirklich neue Deutungen entwickelten sich aber erst in der Zeit, welche die Stilgeschichte als Manierismus kennzeichnet. Immerhin setzt, zunächst weitgehend unbeachtet, mit dem Werk „De perenni philosophia" des Augustinus Stenchus, der 1559 als Leiter der Vatikanischen Bibliotheken starb, eine Entwicklung ein, die für längere Zeit die Mythendeutung bestimmen wird. Die griechisch-römische Mythologie erscheint als verfälschte und entstellte Äußerung der biblischen Überlieferung, und gelehrte Abhandlungen werden verfaßt, die begründen, warum Zeus eigentlich der wahre Gott sei.

Den Spuren der philosophia perennis folgt auch der Brabanter Arzt Johannes Gropius Becanus (Jan Becan van Gorp, 1518–1572). Abgesehen von seinen phantastischen Versuchen, das Flämische als die Sprache des Paradieses auszugeben (er beweist das „etymologisch"), vertritt er die bis in die jüngste Ethnologie und Religions-

---

zu Comes liegen auf der Hand. Horapollo hat Ikonologie, Allegorik und Emblematik der Renaissance und des Barock stark beeinflußt; vgl. Boas 1950, Volkmann 1923. Die Bedeutung dieser Bilderschriften für die von C. G. Jung untersuchte Symbolik der Alchemie kann kaum überschätzt werden.

wissenschaft spürbare Annahme einer Uroffenbarung (P. W. Schmidt 1912), die auch dem Heidentum zugrunde liege. So wird Kakos, den Herakles erwürgte, zum Satan, der die Menschen (Rinder) in die Hölle (seine Höhle) lockt und von Christus (Herakles) besiegt wird. Das z. B. für die barocke Malerei so wichtige Thema des Hercules Christianus klingt hier zum ersten Mal an. In anderen Deutungen greift Becan auf die Dämonologie des frühen Mittelalters zurück: Böse Geister haben aus dem Freitag, an dem Christus starb und die Menschheit neu zeugte, den Tag der Zeugungsgöttin Venus gemacht (weitere Beispiele bei Gruppe 1921).

Der Protestantismus hätte im 16. Jahrhundert einen neuen Ansatz geboten, doch standen die Altertumswissenschaften in zu enger Beziehung mit Italien, und auch auf dem neutralen Boden der Philologie war eine Verständigung lange Zeit kaum möglich. Luther forderte (wohl in Abhängigkeit von Melanchthon) „besonnenes Urteil" in der Mythenauslegung und nannte die Allegorie „eine schmeichlerische Buhlerin, Erfindung des Satans und fauler Mönche" (Gruppe 1921, 38); aber die Entwicklung der Mythendeutung beeinflußte dieses Machtwort nicht.

In seinem Werk „De theologia Gentili sive de origine ac progressu idololatriae" bietet Gerhard Johann Voss (1577–1649) „keine prinzipiellen Gedanken" (Gruppe 1921, 48), sondern kombiniert euhemeristische Auffassungen mit der Identifizierung phönizischer, griechischer und ägyptischer Götter als biblischer Gestalten. Die Mythen enthalten einerseits die verstümmelte Uroffenbarung, andrerseits Geschichten über böse Geister, gefallene Engel, die sich als Götter verehren ließen. Diese Rückkehr zu einer an sich mittelalterlichen Auffassung wird verständlicher, wenn wir bedenken, daß das 16. Jahrhundert den historischen Höhepunkt des Hexenglaubens (und der Hexenverbrennungen) darstellt.

Einen ähnlichen Weg wie Comes in seiner „Mythologia" (1581) schlägt im 17. Jahrhundert der Jesuitenpater Athanasius Kircher ein. Er glaubt, in einer mehr durch Phantasie als durch methodische Überlegung ermittelten „Entschlüsselung" der ägyptischen Hieroglyphen die Quintessenz aller Mythologie gefunden zu haben. Sein

Oedipus Aegyptiacus gibt zwar vor, weit schwierigere Rätsel zu lösen als es der thebanische Heros tat; die Sphinx aber hätte den waghalsigen Autor wohl gnadenlos verspeist. Während wir Kircher heute wohl kaum ohne Vergnügen als Bereicherung unseres kulturgeschichtlichen Wissens lesen und auch in den verstiegensten Hypothesen weniger das Versagen des Autors als vielmehr den Geschmack seiner Zeit sehen, richtet ihn Gruppe am Wissenschaftsideal des 19. Jahrhunderts:

„Die Mythen, die er erklären wollte, kannte er so wenig, daß die darin vorkommenden Namen in entsetzlichen Verstümmelungen erscheinen _ Während er die schwierigsten neuplatonischen Texte erläutern will, zeigt er auf Schritt und Tritt sich unbekannt selbst mit den Elementen des Griechischen. Und dann fehlt ihm nicht allein der höhere Wirklichkeitssinn, die Klarheit des Genius, welche die Phantasie begleiten und zügeln muß, wenn wirklich neue Erkenntnis gewonnen werden soll, sondern selbst der einfache Wirklichkeitssinn, das unbestechliche Streben, dem objektiven Tatbestand näherzukommen, das die Voraussetzung aller wissenschaftlichen Arbeit ist" (Gruppe 1921, 52).

Gegen Ende des 17. Jahrhunderts waren praktisch alle Altertumsforscher und Theologen der Überzeugung, die Mythen enthielten in erster Linie Entstellungen der biblischen Überlieferung. Diese Lehre wird „in unzähligen Schriften vorausgesetzt oder durch vermeintlich neue Gründe gestützt", bemerkt Gruppe (1921, 53). Die Gelehrten der Aufklärung schließen sich im Wesentlichen dieser Auffassung an, bringen sie jedoch in eine geschlossenere, systematisch begründete Form. Einige der von René Joseph Tournemine (1661–1739) in seiner Theorie der „Verfälschungen" der Uroffenbarungen aufgestellten Hypothesen sind heute noch mutatis mutandis der Diskussion wert:

1. Unbegreifliche Naturerscheinungen werden auf göttliche Wesen zurückgeführt: Geschöpfe treten an die Stelle des Schöpfers.
2. Mißverständnisse entstellen ursprüngliche Wahrheiten (aus dem von Gott erschaffenen Logos wird der Mythos von der Geburt der Athene).

3. Erfindungen von Dichtern entstellen die Überlieferung und lösen Götzenverehrung aus.
4. Furcht entstellt den Gottesbegriff (sie ist zuerst von Tournemine als religionsstiftender Faktor genannt worden).
5. Die menschliche Lasterhaftigkeit erfindet zu ihrer eigenen Entschuldigung Gottheiten wie Aphrodite oder Mylitta (bei Herodot die kleinasiatische Liebesgöttin, die durch rituelle Prostitution verehrt wird).

Gerade die letzte Hypothese – religiöse Vorstellungen als illusionäre Wunscherfüllung – hat Freud wieder aufgegriffen, freilich um sie zu einem ganz anderen Ziel zu führen. Sonst entwickelt Tournemine bald rationalistische (Hyakinthos wurde, weil er gut lernte, Sohn Apollos genannt), bald dämonologische Gedanken (Prometheus ist der Satan, der zeitweilig am Kaukasus angeschmiedet war).

Ein Vorläufer der vergleichenden Mythenforschung ist Tournemines bemerkenswerter Zeitgenosse Joseph François Lafitau, der als erster ethnographische Daten (Mythen amerikanischer Indianer) zur Erklärung antiker Sagen heranzieht. Seine aus deutlichen Parallelen entwickelte Theorie (Besiedelung Amerikas durch die griechische Urbevölkerung) ist allerdings ebenso unbefriedigend wie die Hypothese einer unmittelbar den Pelasgern mitgeteilten, symbolisch verschlüsselten Uroffenbarung. Trotzdem ist Lafiteaus Gedankengang revolutionär; er sollte erst hundert Jahre später Nachfolger finden. Zur gleichen Zeit findet ein anderer Gelehrter, Gerhard Croeses, in der Ilias die Eroberung Kanaans, in der Odyssee die Schicksale der Patriarchen wieder (Gruppe 1921, 60f).

Im späten 18. Jahrhundert finden sich auch die ersten Vorläufer einer sexuellen Interpretation von Mythen: Pierre François Hugues d'Ancorville, der von bestimmten Erscheinungen der griechischen Kunst ausging, und Payne Knight, der sich mit dem Fortleben von Priapus-Kulten im süditalienischen Brauchtum beschäftigte (Literatur bei Gruppe 1921).

Das Mittelalter und die beginnende Neuzeit haben die Mythen gedeutet; in der Aufklärung und vor allem im 19. Jahrhundert tritt neben dieses Ziel ein zweites: Man will den Ursprung der Mythen erklären. Beide Ziele vermischen sich und sind nur selten klar zu trennen. Wie später Freud, ließ der französische Politiker und Religionsgeschichtler Charles de Brosses (1709-1777) Unwissenheit und Furcht die Triebkräfte der primitiven religiösen Begriffe sein, als die er im rationalistischen Geschmack der Zeit die Mythen erkennt. Für die erste Stufe der religiösen Erfahrung, als die er die Verehrung sinnlicher Gegenstände ansieht, prägt er den Begriff des Fetischismus; er habe auch bei den Griechen geherrscht, wie er jetzt noch bei den afrikanischen „Wilden" herrsche. Die Allegorie als religionsgeschichtliches Erklärungsprinzip lehnt Brosses ab, denn von ihr führe keine Brücke zum Kultus – ein durchaus moderner Gedanke. Auch sein Argument gegen den Euhemerismus kann man noch in modernen Lehrbüchern der Mythologie (z. B. bei Rose 1955) wiederfinden, ohne daß an seinen Schöpfer erinnert wird. Gegen Euhemerus und seine Nachfolger wendet der französische Gelehrte ein, es gebe keine Vergötterung Sterblicher ohne den Glauben an Götter.

Einen wichtigen Aspekt des Mythos erkennt Brosses' Zeitgenosse Nicolas Fréret in einer Allegorie historischer Ereignisse (Bacchus als Weinkultur); er ist auch der erste, der eindringlich darauf hinweist, daß ein Mythos kein einheitliches Gebilde, sondern eine Legierung aus „Trümmern philosophischer Lehren, (...) willkürlichen Gebilden der freischaffenden Phantasie (...) und oft ganz entstellten Erinnerungen an wirkliche Begebenheiten ist" (zit. n. Gruppe 1921, 70).

5 Die Mythendeutung des 19. Jahrhunderts

Fast alle noch heute aktuellen Probleme der Mythologie klingen schon im 19. Jahrhundert an. Hamann, der „Magus des Nordens" (1730-1788), gehört zwar chronologisch noch dem 18. Jahrhundert an, aber seine Gedanken nehmen in manchen Punkten die „romantische" Auffassung des Mythos vorweg, die auch bei C. G. Jung noch zu finden ist. Hamanns Bedeutung ist weit größer als sein Einfluß; hierin hat ihn sein Zeitgenosse Herder weit übertroffen. Hamann greift Bacons Vergleich auf: Wie die Hieroglyphe älter ist als die Schrift, so ist die Parabel älter als das Argument. Sein Satz: „Sinne und Leidenschaften reden nichts als Bilder und verstehen nichts als Bilder" (zit. n. Gruppe 1921, 150) könnte ebensogut bei Jung stehen. Die von Hamann hergestellte Beziehung zwischen Mythos, Poesie und Religion untersucht Herder eingehender. Er brachte die Verbindungen zwischen Kunst und Mythos wieder in die Diskussion, im Gegensatz zu dem barocken Rationalismus, der nach Gruppes Meinung in der Kunst nur das Vergnügen suchte, ästhetische und religiöse Gefühle also streng schied.

Herders Betrachtungen über die Volkspoesie („Muttersprache des Menschengeschlechtes") regten die Erforschung und den Vergleich der verschiedenen Volkssagen ebenso an, wie sie die Dichter seiner Zeit wieder mit ihnen in Verbindung brachte. Ihre Mythologie hielt Herder für die höchste poetische Leistung der Griechen. Von Hamann, Herder und Schiller gelernt hat der Begründer der „symbolischen" Mythendeutung, Friederich Creuzer (1771–1858). Die von ihm genannten Hauptzüge des Symbols entsprechen ziemlich genau der Bestimmung des Kunstwerks durch Schiller: Verkörperung einer Idee, Fähigkeit, momentan eine Ganzheit herzustellen, Zusammengehen von Inhalt und Form. Creuzer unterscheidet scharf zwischen Symbol und Allegorie; auch hier ist ihm C. G. Jung gefolgt (vgl. Kap. I, B, 4).

> „Später als die ästhetische und die religiöse Wirkung wurde die dritte der bei Herder potentiell vorhandenen Auffassungen des Mythos durchgeführt: der Gedanke, daß er alle auf einen Volksstamm einwirkenden und ihn als solchen schaffenden Bedingungen widerspiegle, ja gewissermaßen den Geist des mit ihm zusammen organisch entstehenden Volkes enthalte" (Gruppe 1921, 153).

Der erste, welcher diesen Gedanken – Mythos als primitive Stammesgeschichte – vertrat, war der Philosoph Karl W. F. Solger. Um der historischen Bedeutung Athens zu entsprechen, muß die Stadtgöttin Athene eine „kluge Sinnerin" werden, die Kunst und Wissenschaft fördert.

Eine Verbindung von Hamanns und Creuzers Symbolismus mit dem von Herder begründeten nationalen Gedanken bieten die weit bedeutenderen Nachfolger des 1819 nur 39jährig gestorbenen Solger, Jakob und Wilhelm Grimm. Sie entwickeln den in der ersten Hälfte des 19. Jahrhunderts revolutionären psychologischen Gedanken, nur was lebhaft empfunden worden sei, könne Inhalt eines Mythos werden. Namentlich Jakob Grimm hält an Herders Trennung von Natur- und Kunstpoesie fest. Nur auf dem Substrat einer Volksseele (ein Begriff, den Lazarus und Steinthal auch in die Sozialpsychologie einführten, und dem erst Durkheim 1901 und 1912 den Todesstoß versetzte) könnten Mythen und Sagen entstehen; andererseits kann das Volk nichts anderes dichten als Mythen und Sagen. Jakob Grimm bestimmte dieses irrationale Substrat nicht näher; seine Andeutungen – die Volkspoesie dichtet sich selbst, ihr Wesen ist die Bevorzugung des Unbewußten – scheinen Gruppe „unfaßbar" (1921, 155). Die bei vielen Mythenforschern des 19. Jahrhunderts unzutreffende und auch von Wundt noch nicht ganz überwundene Auffassung einer Volksseele finden wir verändert in dem „kollektiven Unbewußten" der Jung-Schule wieder; auch Freud greift in „Totem und Tabu" auf sie zurück, konzediert aber ihren fragwürdigen Wert.

Um 1850 hatte sich die Ansicht der Brüder Grimm, ihrer Freunde und Schüler durchgesetzt: Die Mythen galten als volkstümlich idealisierte Heldentaten vergangener Geschlechter. Nun aber lenkte ein ebenfalls von den Grimms entscheidend geforderter Wissenschaftszweig, die vergleichende Sprachforschung, auch die Entwicklung der Mythenforschung in eine neue Bahn. Ähnlich wie manche Autoren des 17. und 18. Jahrhunderts eine Uroffenbarung, so konzipierte die zweite Hälfte des 19. Jahrhunderts eine urindogermanische Sprache und Mythologie. Wie Tournemine geglaubt hatte, nur die Bibel enthalte diese Uroffenbarung weitgehend unverfälscht, so setzte der als junger Gelehrter nach England ausgewanderte

Sanskritforscher Friederich Max Müller die vedischen Mythen mit den religiösen Vorstellungen der noch ungeteilten Indogermanen gleich. Das scheint für die Entwicklung der Mythenforschung zunächst nicht so wichtig. Doch waren nach der Überzeugung des Sanskritforschers die vedischen Götter vermenschlichte Naturerscheinungen. Lebten sie in den Sagen der anderen indogermanischen Völker fort, dann mußte auch deren Gehalt „natursymbolisch" sein. So wird Apollons Sieg über Python der Sieg der Sonne über den Winter (Schwartz), die Züge des Kadmos, Jason und Odin sind Symbole des Weges der Sonne (Kuhn; weitere Beispiele bei Gruppe 1921, 181ff und Dorson 1958 und 1960). Wie in Wolken oder Flecken auf einer Wand jene Gestalten erkannt werden, die der Betrachter in sich trägt, so formt sich die Bedeutung der Mythen nach dem „Zeitgeist": Der technisch-naturwissenschaftliche Optimismus des späteren 19. Jahrhunderts, dessen Gelehrte alle „Welträtsel" (Haeckel) plausiblen Lösungen zuzuführen versprachen, legte den Grund zu einer Auffassung, die im Mythos hauptsächlich eine primitive Naturwissenschaft sah.

Die psychologischen Prozesse, mit denen man das Zustandekommen der Mythen zu erklären suchte, machten den Forschern in der zweiten Hälfte des 19. Jahrhunderts nicht weniger Kopfzerbrechen als die Widersprüche in den Mythen selbst (so hält in den Veden ein Dämon einmal die Sonne zurück – er müßte also eine Wolke verkörpern – das andere Mal den Regen). Gelehrte wie Albert Réville und Moritz Corriere nahmen daher an, daß die „Primitiven" nicht zwischen Vergleich und Verglichenem – etwa zwischen Pferd und Sonne – unterscheiden könnten. Die analogische Anschauung wäre dann eine eigene Fähigkeit, dank derer Mythen überall dort entstehen könnten, wo die Unwissenheit nur groß genug ist. Dem kann man mit entwicklungspsychologischen Argumenten beggnen: Das Kind hat (wie der Erwachsene im Kino) durchaus die Fähigkeit, im Rollenspiel „das im Augenblick abgeblendete Bewußtsein (...) der Nichtwirklichkeit jederzeit wieder hell werden zu lassen" – eine Tatsache, auf die schon Gruppe (1921, 181) hinwies.

Man muß noch anmerken, daß Forscher wie Réville und Corriere, aber auch noch Frazer und Lévy-Bruhl, die dem „Primitiven" so großzügig analogisches, magisches oder schlechthin „primitives" Denken bescheinigten, selbst nie eine „primitive" Gesellschaft untersucht haben. Seit Feldforschung zu den wichtigsten Materialquellen der Ethnologie zählt, ist man sehr vorsichtig geworden, den Naturvölkern intellektuelle Minderwertigkeit oder urtümliche Denkweisen zuzuschreiben (Malinowski 1963, Jensen 1951). Die wohl gültigste Fassung des Unterschiedes zwischen „mythischem" und „positivem" Denken findet sich bei C. Lévi-Strauss. Er sieht den Unterschied weniger in der Qualität der intellektuellen Operationen als in der Natur der Dinge, auf die sie sich richten: Eine Axt aus Eisen ist nicht „besser gemacht" als eine Axt aus Stein – aber Eisen ist nicht dasselbe wie Stein. „Vielleicht werden wir eines Tages entdecken (...) daß der Mensch allezeit gleich gut gedacht hat" (Lévi-Strauss 1967, 254).

Paul Parin hat eine Anekdote beigesteuert, in der nicht die Primitivität des Afrikaners, sondern die Borniertheit des Europäers beleuchtet wird. Der Weiße fragt einen Dogon, der zwei verkrüppelte Zehen hat, wie das geschehen sei. Der Schwarze erzählt von einem magischen Angriff, dem er die linke Verletzung zuschreibt. „Und wer hat die andere Zehe verzaubert", erkundigt sich der Weiße. „Niemand", sagt der Dogon. „Es ist Schmutz unter den Nagel gekommen, eine Entzündung ist entstanden, kennst du solche Krankheiten nicht?" (Zit. n. Duerr 1987.)

II Die Entwicklung der psychologischen Mythendeutung

A Die Konzeption Wilhelm Wundts

1 Wundts Auffassung des Verhältnisses von Psychologie und Geschichte

In Wundts vielbändiger „Völkerpsychologie" sammeln sich alle Tendenzen und Hypothesen der Mythendeutung des 19. Jahrhunderts. Sie werden kritisiert, verändert, verworfen oder als Bausteine in eine psychologische Theorie eingefügt. Alle mythologischen Erscheinungen, beginnt Wundt, zeigen sich dem Betrachter von zwei Seiten: einer historischen und einer psychologischen.

„Die Frage nach der Entstehung und Entwicklung des Mythos kann, wie jede Frage nach der Entwicklung geistiger Schöpfungen, in einem doppelten Sinn erhoben werden: im historischen und im psychologischen. Die historische Frage ist auf das erste Hervortreten der Erscheinungen und auf die allgemeinen Kulturbedingungen gerichtet, die es begleiten. Die psychologische bezieht sich auf die seelischen Motive der Erscheinungen und auf den Zusammenhang dieser Motive mit den allgemeinen Eigenschaften des menschlichen Bewußtseins. Beide Fragestellungen sind natürlich nicht unabhängig voneinander. Ist doch die psychologische Untersuchung überall erst auf der Grundlage der Tatsachen möglich, die durch die historische Forschung festgestellt sind. Die Geschichte aber kann hinwiederum zu einem abschließenden Urteil über die Zusammenhänge der Vorgänge unmöglich gelangen, ohne irgendwie auf psychische Motive zurückzugehen. Doch, wie selbstverständlich auch dieses Verhältnis wechselseitig erscheinen mag, so ist es doch weit davon entfernt, sich heute schon einer allgemeinen Anerkennung zu erfreuen" (Wundt 1910, 3f).

Man wird in der gesamten späteren Literatur über psychologische Deutungen von Mythen vergeblich nach einer so klaren Präzisierung des Verhältnisses der beiden Wissenschaften suchen. Trotzdem hat Wundts Völkerpsychologie kaum Wirkungen von längerer Dauer – weder auf die Ethnologie noch auf die Sozialpsychologie – gezeigt, sie hat keine Nachfolger gefunden, die sie fortgeführt hätten und ist heute praktisch vergessen. Das liegt zum Teil an historischen Gründen: Die „Krise der Psychologie" (Bühler 1927) hatte die kontinuierliche Entwicklung der jungen Wissenschaft unterbrochen. Zum Teil liegt es aber auch an den methodischen Postulaten Wundts selbst (die ja zur Auslösung der „Krise" wesentlich beitrugen). Diese bildeten zwar ein geschlossenes System, erwiesen sich aber für den Einsatz der Psychologie in historischen Fragestellungen als äußerst hinderlich, nicht anders als auch für die Entwicklung des Experiments selbst (Bühler 1927).

2 Wundts methodische Konzeption

Wundt erklärt nicht spezifische Inhalte, sondern die „allgemeine Erfahrung in ihrer unmittelbaren subjektiven Beschaffenheit" zum Gegenstand der Psychologie (Wundt 1922, 24). Zu seiner Erhellung dienen ihr zwei Methoden: das Experiment und die Beobachtung, wobei das Experiment nur eine Form der Beobachtung ist, „die sich mit der willkürlichen Einwirkung des Beobachters auf die Entstehung und den Verlauf der zu beobachtenden Erscheinungen verbindet" (Wundt 1922, 25).

Analog zur Naturwissenschaft, bei der sich das Experiment in der Erforschung von *Naturvorgängen* (z. B. einer elektrischen Entladung, einer Muskelzuckung) als unentbehrlich erweist, in der Erforschung von *Naturgegenständen,* relativ konstanter Objekte also, die dem Forscher immer zur Verfügung stehen (geologische Strukturen, Pflanzen), aber meist als entbehrlich, gliedert Wundt die psychologischen Methoden in experimentelle und „beobachtende". Die beobachtenden Methoden sind, so glaubt er, für die individuelle Psychologie grundsätzlich ausgeschlossen, hat sie es doch ausschließlich mit Vorgängen zu tun.

„Um den Eintritt und Verlauf dieser Vorgänge, ihre Zusammensetzung aus verschiedenen Bestandteilen und die Wechselbeziehungen dieser Bestandteile exakt zu untersuchen, müssen wir vor allem jenen Eintritt willkürlich herbeiführen und die Bedingungen desselben nach unserer Absicht variieren, was hier wie überall nur auf dem Wege des Experiments geschehen kann" (Wundt 1922, 26).

Diese Forderung formuliert Wundt sogar noch schärfer, als sie für andere naturwissenschaftliche Disziplinen gilt: Die Psychologie kann sich nicht auf zufällige Beobachtungen verlassen, weil diese nur dann für eine wissenschaftliche Arbeit genügen würden, wenn „in oft wiederholten Fällen die nämlichen objektiven Bestandteile der unmittelbaren Erfahrung mit dem nämlichen Zustande des Subjekts zusammenträfen" (Wundt 1922, 27).

In der reinen Selbstbeobachtung verändert die Absicht Eintritt und Verlauf der psychischen Vorgänge, stellt Wundt fest. Sie scheint ihm deshalb methodisch nicht zulässig. Die Methode der Beobachtung allgemein hält er nur dann für erlaubt, wenn es beharrende, von unserer Aufmerksamkeit unabhängige psychische Objekte gibt, die somit den Gegenständen von Geologie und Anatomie entsprechen. Während nach Wundts Ansicht die „individuellen Geisteserzeugnisse" (also etwa ein Roman, ein Gemälde, aber auch ein Tagebuch) von allzu veränderlicher Beschaffenheit für eine objektive Beobachtung sind, glaubt er, daß diese die „erforderliche Konstanz annehmen, wenn sie zu Kollektiv- und Massenerscheinungen werden" (Wundt 1922, 29). Psychische Objekte im wissenschaftlichen Sinn, wie ihn der Leipziger Psychologe versteht, sind also die „geschichtlich entstandenen geistigen Erzeugnisse, wie die Sprache, die mythologischen Vorstellungen, die Sitten" (Wundt 1922, 29). Diese Geisteserzeugnisse hält Wundt für allgemeingültig, ihr Ursprung und ihre Entwicklung beruhen überall auf allgemeinen psychischen Bedingungen, auf die sich aus ihren Eigenschaften objektiv schließen läßt.

Da sie ihre Existenz stets einer geistigen Gemeinschaft verdanken, hebt Wundt die psychologische Erforschung der geistigen Erzeugnisse als „Völkerpsychologie" von der individuellen Psychologie ab, die er mit der experimentellen Psychologie gleichsetzt. Zugleich betont er, daß es sich – obschon beide Gebiete meist getrennt bearbeitet wurden – nicht um verschiedene Disziplinen, sondern lediglich um verschiedene Methoden handelt. Ähnlich der Naturwissenschaft verfügt laut Wundt die Psychologie also über zwei „exakte Methoden". Die experimentelle dient der Analyse einfacher psychischer Vorgänge, die Beobachtung der allgemeingültigen Geisteserzeugnisse aber „der Untersuchung der höheren psychischen Vorgänge und Entwicklungen" (Wundt 1922, 30).

3 Zur Kritik von Wundts Methodenlehre

Wundts Methodologie hat viele Kritiker gefunden; sein Verdienst bleibt aber, daß er als erster die Stellung der Psychologie zwischen Natur- und Geisteswissenschaften erkannt und die experimentelle Methode ein gutes Stück gefördert hat. Wir dürfen in Wundt einen für die Entwicklung der psychologischen Methodik sehr wichtigen Ausgangspunkt sehen, und erkennen in seiner Feststellung: „Es gibt nur eine Art psychologischer Kausalerklärung, und diese besteht in der Ableitung komplexerer psychischer Vorgänge aus einfacheren" (Wundt 1922, 30) denselben Wunsch nach methodischer Klarheit wie in Diltheys programmatischem Widerspruch: Die Natur erklären, das Seelenleben verstehen wir (Dilthey 1894). Es hat sich gezeigt, daß nicht nur einfache psychische Vorgänge, sondern auch die, welche Wundt als „höhere psychische Vorgänge" bezeichnete, durchaus experimentellen Untersuchungen zugänglich sind.

Über der Kritik an der Einordnung und Interpretation des psychologischen Experimentes durch Wundt hat man die von ihm vorgeschlagene Alternative der Völkerpsychologie nur wenig beachtet.

Wundt war nicht nur der Begründer der experimentellen Methode, sondern auch ihr schärfster Gegner, wenn er glaubte, das Experiment habe die ihm (von Wundt) gesetzten Grenzen überschritten. Seine Überzeugung, aus den Eigenschaften von Sprache, Mythos und Sitte ließen sich die höheren psychischen Vorgänge objektiv erschließen, öffnet der durch das Postulat experimenteller Kontrolle der Beobachtung aus der Psychologie der einfachen Seelenvorgänge vertriebenen Spekulation wieder Tor und Tür. Fast grotesk mutet dazu die Annahme an, ein „geistiges Erzeugnis" sei „objektiv", nur weil es kollektiv sei. Was er experimentell belegen konnte, brachte Wundt in der Völkerpsychologie nicht weiter; hatte er doch schon bei der Analyse einfacher Denkvorgänge die von der „Würzburger Schule" (Külpe 1922, Ach 1921, Bühler 1927 u. a.) vorgeschlagenen Experimente mißbilligt. Die Völkerpsychologie sollte also die psychologischen Grundlagen zur Lösung ihrer Probleme aus diesen Problemen selbst gewinnen. Man ist an Münchhausen erinnert, der sich am eigenen Schopf aus dem Sumpf ziehen wollte.

Schließlich überrascht noch die völlige Vernachlässigung des sozialpsychologischen Gesichtspunktes bei Wundt. Er scheint überzeugt, die „Gemeinschaft" oder das „Volk" erschöpften ihren Einfluß auf die Gestaltung von Sprache, Mythos und Sitte darin, alle subjektiven Kanten abzuschleifen und das objektive Geisteserzeugnis rein darzustellen, aus dem die höheren psychischen Prozesse des (wiederum individuell gesehenen) Menschen dann „exakt" erschlossen werden könnten.

4 Wundts Theorie des Mythos

Den in der zweiten Hälfte des 19. Jahrhunderts diskutierten Theorien des Mythos ist die Grundlage gemeinsam (es gibt Ausnahmen, wie den Außenseiter Bachofen), daß sie den Mythos für ein mißglücktes und verstümmeltes rationales Weltbild halten, für eine überwundene Vorstufe der Wissenschaft. Die „Naturalisten" gehen dabei vom objektiven, die „Animisten" vom subjektiven Pol der Erfahrung aus (Buess 1953); der Gegensatz zwischen beiden Schulen beherrscht lange Zeit die wissenschaftliche Diskussion. Wie eng diese Auffassungen mit der geistigen Grundhaltung (auch hier gibt es wichtige Ausnahmen, so Nietzsche) des ausgehenden 19. Jahrhunderts, einer positivistischen Wissenschaftsgläubigkeit, zusammenhingen, ist heute deutlich zu erkennen.

Entscheidende Kritik hat hier schon Wundt geäußert. Er wies auf die mangelnde Begründung beider Theorien hin. Das von der Ethnologie gezeichnete Bild des Naturmenschen paßt nicht zu der Hypothese, dieser bemühe sich um eine „primitive" Naturerklärung oder vergreife sich lediglich wegen mangelnder Naturerkenntnis in der Wahl der Mittel, mit denen er seine Feinde schädigen, sein eigenes Wohl aber fördern wolle. Je einseitiger diese Theorien die „intellektuellen Motive" betonen, desto mehr sind sie geneigt, von diesen wieder eines vor allen anderen zu bevorzugen, bemerkt Wundt: Sonnenauf- und Sonnenuntergang sollen die einzigen Wurzeln der Mythologie sein, die Mondphasen, oder der Zauberglaube, dem auch noch die Religion als Dreingabe zufällt.

So sehr spätere Ethnologen dieser Kritik Wundts zustimmen – Malinowski (1963) und vor allem Jensen (1951), der freilich Wundts Einwände gegen Animismus, Naturalismus und Zaubertheorie nicht zu kennen scheint – so wenig hat Wundts eigene Theorie des Mythos Anerkennung gefunden. Das liegt wohl vor allem an seiner unzulänglichen methodischen Konzeption, die es ihm unmöglich macht, gegenüber den Spekulationen seiner Zeitgenossen einen wirklich neuen Gesichtspunkt zu gewinnen, während er ihnen an Materialkenntnis naturgemäß unterlegen ist. Als Grundfunktion, auf deren Betätigung alle „mythologischen Vorstellungen" beruhen, erkennt Wundt „eine eigentümliche, dem naiven Bewußtsein überall zukommende Art der Apperzeption (...) die man als die beseelende Apperzeption bezeichnen kann" (Wundt 1922, 372). Schon in dieser Feststellung erkennt man zwei durchaus ungesicherte Voraussetzungen von Wundts Theorie: einmal, daß er den Mythos als „Vorstellung" auffassen möchte, und den außerordentlich engen Zusammenhang zwischen Mythos und Ritus übersieht. Zum zweiten erkennen wir in der „beseelenden Apperzeption" die soeben von Wundt scharf kritisierte animistische Hypothese in neuem Gewand, aber ohne neue Beweise. Diese beseelende Apperzeption betrachtet Wundt nun nicht als eine „besondere oder gar normwidrige Abart" (Wundt 1922, 373), sondern als die natürliche Anfangsstufe der Apperzeption. Das Kind zeige deutliche Spuren von ihr: Auch bei ihm riefen lebhafte Affekte, besonders Furcht und Schreck, leicht phantastische Illusionen von entsprechendem Gefühlscharakter hervor. Freilich werden beim Kind diese „Äußerungen eines mythenbildenden Bewußtseins" durch Einflüsse der Erziehung bald unterdrückt, beim Naturmenschen aber durch die Umwelt bereichert und verstärkt.

Wundt begegnet der von ihm kritisierten Betonung intellektueller Motive in den von ihm naturalistisch und animistisch genannten Theorien des Mythos mit einer voluntativen Hypothese. Nicht das intellektuelle Interesse, sondern der „Trieb, dem Affekt Befriedigung zu verschaffen" (Wundt 1910, 62), bestimmt die Mythenbildung.

„Darum sind die Krankheit, der Tod, der Wahnsinn, und unter den äußeren Naturereignissen die furchterregenden Verfinsterungen der großen Gestirne, die hungerbringende Dürre des Bodens, der fruchtspendende Regen, der ihr folgt, Eindrücke, die mit dem eigenen Wohl und Wehe des Menschen in unmittelbarer Verbindung stehen, die Hauptquellen primitiver Mythenbildung; und sie sind es zugleich, die, wenn alle anderen Quellen versiegt sind, in den Überlebnissen des Aberglaubens dauernd erhalten bleiben" (Wundt 1910, 62).

Diese grundlegenden Annahmen ergänzt Wundt durch ein Entwicklungssystem des Mythos, das wenig mehr bietet als eine völlig spekulative Ordnung der von anderen Autoren vorgeschlagenen Erklärungen der Mythenbildung, welche die Schwächen dieser Erklärungen teilt; daher erübrigt sich auch eine detaillierte Kritik von Wundts Entwicklungssystem. In ihm setzt er den „sogenannten Animismus" an die erste Stelle, da die „frühesten mythischen Gedankenbildungen einerseits sich auf das eigene Schicksal in der nächsten Zukunft beziehen, andrerseits von den Affekten bestimmt sind, die durch den Tod der Genossen, durch die Erinnerung an sie, dabei besonders auch durch die Erinnerungsvorstellungen des Traumes, erweckt werden" (Wundt 1922, 374). Unter Animismus versteht Wundt dabei alle jene Vorstellungen, bei denen man den Geistern Verstorbener oder Dämonen, die man sich an bestimmte Gegenstände, Prozesse (Vegetation) oder Verrichtungen (Ackerbau, Schiffahrt) gebunden denkt, glück- und unheilbringende Einflüsse auf das Leben des Menschen zutraut. Fetischismus und Totemismus erklärt Wundt für „Abzweigungen" dieses Animismus; er hält sie für die primitivsten und (im Aberglauben) auch dauerhaftesten Erzeugnisse der „mythologischen Apperzeption". Kritisch ist hier anzumerken, daß die Phänomene des „Animismus" heute keineswegs mehr für besonders urtümlich gehalten werden. Der Animismus ist keine Tatsache, sondern eine Theorie, die eine Fülle einander oft widersprechender und gänzlich heterogener Beobachtungen der ethnographischen Forschung erklären soll, die durch eine andere Theorie vielleicht besser erklärt werden können (vgl. Jensen 1951).

Erst auf einer „gereifteren Stufe des Bewußtseins" betätigt sich die mythologische Apperzeption auch gegenüber den Naturerscheinungen, deren Regelmäßigkeit (Wechsel von Tag und Nacht, von Winter und Sommer) zu „poetischen Mythenbildungen" anregt: Der Naturmythos entsteht, den Wundt für die auf den Animismus folgende Stufe der Mythologie erklärt (Wundt 1922, 375). Er läßt also den beiden Schulen der Animisten (Begründer: Tylor) und Naturalisten (Max Müller) Gerechtigkeit widerfahren, mindestens in dem Sinne, daß er beide übernimmt, aber als Stufen in sein Entwicklungsschema eingliedert, so sehr sich sonst Anhänger beider Schulen bekämpften (s. Dorson 1958). Der Hauptunterschied zwischen Animismus und Naturmythos, erklärt Wundt, ist die Erzeugung persönlicher Gottesvorstellungen gegenüber dem Geister- und Dämonen-Glauben. Die Götter lösen sich aus der Bindung an feste Orte und bilden sich zu menschenähnlichen Personen übermenschlicher Macht um.

Analog dem Vorgang „der Verbindung und Verdichtung der Vorstellungen und Gefühle" (Wundt 1922, 376), den Wundt für den Motor der Bildung persönlicher Göttervorstellungen hält, gestaltet auch die ursprünglich immer polytheistischen Naturmythen (wogegen übrigens das sehr reiche, von der Wiener Schule der Völkerkunde gesammelte Material über den „Urmonotheismus" spricht, vgl. P. W. Schmidt 1912 und die Würdigung und Kritik der Resultate Schmidts bei Jensen 1951) ein „monotheistischer Zug". Auf der anderen Seite kann eine „Verschmelzung mit den früheren Sondergöttern und Schicksalsdämonen wieder eine Spaltung der Götterpersönlichkeiten herbeiführen" (Wundt 1922, 376). Dieser Spaltung der Götterpersönlichkeiten schreibt Wundt den Ursprung der „vielgestaltigen Formen des Heroenmythos" (Wundt 1922, 376) zu, zu denen wir auch den Ödipus-Mythos rechnen müssen. Mit dem Heroenmythos verweben sich meist Züge geschichtlicher Erinnerung; die im Naturmythos begonnene Vermenschlichung schreitet weiter fort, ebenso fordert der Heroenmythos die Gestaltungskraft der Dichter heraus. „Dadurch geht er in einen Bestandteil zuerst der Volks- und dann der Kunstpoesie über" bemerkt Wundt (1913, 376), hier der Lehre der Gebrüder Grimm folgend. Durch diese Umwandlung des Mythos gewinnen einzelne Dichter und Denker erhöhten Einfluß; „unter starker Beteiligung des zunächst gleichfalls noch in halbmythischen Vorstellungen befangenen philosophischen Denkens" vollzieht sich die Scheidung „des gesamten ursprünglichen Mythengehalts in Wissenschaft und Religion" (Wundt 1922, 377).

5 Von Wundt zu Freud

Wundt hat – ein hierin wenig bekannter Vorläufer Freuds – als erster auf eine Erklärung des Mythos aus affektiven Vorgängen hingearbeitet. Daß die Bedeutung seiner Theorie gering blieb, liegt daran, daß der Begründer der experimentellen Psychologie die „Affekte" lediglich spekulativ konstruiert, aber nie in ihrer konkreten Wirkung auf den Menschen erforscht hat. Auch in dem mit schärfsten Umrissen gezeichneten Plan eines Hauses kann man nicht wohnen; Wundts Affekt-Theorie des Mythos fehlt die empirische Dimension.

Seine methodische Konstruktion, die höheren Seelentätigkeiten – Denken, Fühlen und Wollen, nach dem platonischen Schema – an Sprache, Mythos und Sitte aufzuweisen, wird zu einem Versuch, eine Gleichung mit zwei Unbekannten zu lösen, indem man einfach die eine mit der anderen gleichsetzt.

An dieser Stelle erkennen wir Freud als einen der Überwinder Wundts. Er hat die Kritik der Gestaltpsychologen an Wundts Lehre von den psychischen Elementen fortgesetzt und überzeugend bewiesen, daß es möglich ist, auch die affektive Welt des Menschen zu erforschen. Das macht seine Spekulationen über Triebe und „Triebschicksale" im Verlauf der psychischen Entwicklung so fesselnd. Auch wenn es heute viele gut begründete Einwände gegen Freuds Deutungen historischer (Leonardo da Vinci), sozialpsychologischer (Massenpsychologie und Ich-Analyse) oder ethnologischer (Totem und Tabu) Probleme gibt, hat er doch die Auseinandersetzung außerordentlich belebt, gerade weil er – anders als Wundt – gar nicht versuchte, alle Erscheinungen in ein System zu pressen.

B Die Konzeption Sigmund Freuds und seiner Schüler

1 Ödipus-Mythos und Ödipus-Komplex

„Komplex" ist inzwischen eher ein Begriff der Alltagspsychologie als ein Fachausdruck im engeren Sinn. Gemeint ist eine „Gruppe in sich zusammenhängender (...) mit Gefühlen meist peinlicher Art verbundener Vorstellungen, die oft unbewußt bleiben" (Dorsch 1959, 173). Der Ursprung des Wortes im Lateinischen meint eine Vereinigung mehrerer Elemente (complexio). In diesem letzteren Sinn hat der Ödipus-Mythos nicht nur einem Komplex seinen Namen gegeben, sondern ist auch selbst ein Komplex.

Verliebtheit gegen den einen, Haß gegen den anderen Elternteil spielen „in der Seele der meisten Kinder" eine Rolle, gehören aber bei allen Psychoneurotikern zum „eisernen Bestand des in jener Zeit gebildeten und für die Symptomatik der späteren Neurose so wichtigen Materials an psychischen Regungen", stellt Freud in seinen ersten Ausführungen über den Ödipuskomplex fest (Freud 1900, 221).[12] „Zur Unterstützung dieser Erkenntnis", fügt er hinzu, hat uns das Altertum „einen Sagenstoff überliefert, dessen durchgreifende und allgemeingültige Wirksamkeit nur durch eine ähnliche Allgemeingültigkeit der besprochenen Voraussetzung aus der Kinderpsychologie verständlich wird" (Freud 1900, 222).

Wie wir noch sehen werden, ist die Ödipus-Deutung Freuds in seinem grundlegenden Werk weit vorsichtiger und kritischer als viele späteren psychoanalytischen Mythendeutungen (auch die Freuds selbst). Für den Kenner von Freuds Biographie ist auch nicht zu übersehen, daß er persönliches Material in sie verwoben hat. Er

---

12 Es sind die ersten publizierten Ausführungen in der 1899 vollendeten, auf 1900 vordatierten „Traumdeutung". Noch früher äußerte sich Freud über den Ödipuskomplex in einem 1897 an Fliess geschriebenen Brief (zit. bei Bergmann 1966, 258; Freud 1950).

zieht nämlich zur Unterstützung der hypothetischen Beziehung zwischen dem kindlichen Inzest-Wunsch und dem Mythos die Wirkung des Sophokles-Dramas auf den modernen Hörer hinzu. Spätere Schicksalstragödien, sagt Freud, haben die Zuschauer ungerührt gelassen, keinen hat der Kampf und das Sträuben schuldloser Menschen gegen den Fluch ergriffen. Da der König Ödipus aber den modernen Menschen ebenso erschüttert wie den zeitgenössischen Griechen, muß es „eine Stimme in unserem Innern geben, welche die zwingende Gewalt des Schicksals im Ödipus anzuerkennen bereit ist, während wir Verfügungen wie in der ‚Ahnfrau' oder in anderen Schicksalstragödien als willkürliche zurückzuweisen vermögen" (Freud 1900, 223).

Daß eine Aufführung des Ödipus-Dramas den modernen Menschen mehr erschüttert als eine Inszenierung der „Ahnfrau", dürfen wir auf ein persönliches Erleben Freuds zurückführen. „In der Pariser Zeit ging er trotz chronischer Geldnot mehrmals ins Theater. Oedipus Rex mit Mounet-Sully[13] in der Titelrolle machte ihm großen Eindruck", berichtet Jones in seiner Freudbiographie (1962, 213). Auch das folgende entspringt dem persönlichen Erleben Freuds:

> „Uns allen vielleicht war es beschieden, die erste sexuelle Regung auf die Mutter, den ersten Haß und gewalttätigen Wunsch gegen den Vater zu richten; unsere Träume überzeugen uns davon. König Ödipus, der seinen Vater Laios erschlagen und seine Mutter Iokaste geheiratet hat, ist nur die Wunscherfüllung unserer Kindheit."

Die fast persönliche Vertrautheit, ja Identifizierung mit dem thebanischen König wird aus den anschließenden Sätzen Freuds noch deutlicher:

> „Aber glücklicher als er, ist es uns seitdem, insofern wir nicht Psychoneurotiker geworden sind, gelungen, unsere sexuellen Regungen von

---

13 Die Inszenierung war sehr berühmt; Ilja Ehrenburg erwähnt sie in einer Autobiographie, wo er von einem prominenten Sozialisten sagt, „er brüllte und gestikulierte wie Mounet-Sully in der Rolle des Ödipus" (Ehrenburg 1962, 115).

unseren Müttern abzulösen, unsere Eifersucht gegen unsere Väter zu vergessen. Vor der Person, an welcher sich jener urzeitliche Kinderwunsch erfüllt hat, schaudern wir zurück mit dem ganzen Betrag der Verdrängung, welche diese Wünsche in unserem Innern seither erlitten haben. Während der Dichter (...) die Schuld des Ödipus ans Licht bringt, nötigt er uns zur Erkenntnis unseres eigenen Innern, in dem jene Impulse, wenn auch unterdrückt, immer noch vorhanden sind" (Freud 1900, 223).

„Man befreunde sich mit der Tatsache, die von der griechischen Sage selbst als unabwendbares Verhängnis anerkannt wird", stellt Freud 17 Jahre nach der „Traumdeutung" fest (Freud 1917, 212). In den „Drei Abhandlungen zur Sexualtheorie" nennt er den Ödipus-Komplex den „Kernkomplex der Neurosen", das „wesentliche Stück im Inhalt der Neurose" und das „Schibboleth, welches die Anhänger der Psychoanalyse von ihren Gegnern scheidet" (Freud 1904/5, 96).

Bei den Kritikern an Freuds Ödipus-Deutung (z. B. Delcourt 1944, Fromm 1957, Borkenau 1957, Rattner 1963) findet sich nicht selten die Auffassung, er hätte behauptet, daß Ödipus selbst an einem Ödipus-Komplex litt. Das ist nicht ganz richtig; tatsächlich war Freud viel zurückhaltender. Er hielt den Ödipus-Mythos für „die Reaktion der Phantasie auf diese beiden typischen Träume (mit der Mutter zu verkehren und den Vater zu töten – W. S.) und wie die Träume vom Erwachsenen mit Ablehnungsgefühlen erlebt werden, so muß die Sage Schreck und Selbstbestrafung in ihren Inhalt mit aufnehmen. Ihre weitere Gestaltung rührt (...) von einer mißverständlichen sekundären Bearbeitung des Stoffes her, welche ihn einer theologisierenden Absicht dienstbar zu machen sucht" (Freud 1900, 224).

„Denn viele Menschen sahen auch in Träumen schon sich zugesellt der Mutter: Doch wer dies alles für nichtig achtet, trägt die Last des Lebens leicht." (Vers 955ff der Hunger'schen Übersetzung des König Ödipus.)

Diese Verse des Tragödiendichters wären also nicht ein gutgemeinter Trost Iokastes, sondern der grundlegende Anlaß für die Bildung des

Ödipus-Mythos. (Zur antiken Beurteilung inzestuöser Träume siehe Seite 184ff). Diese zweistufige Auffassung Freuds – der verdrängte Inzestwunsch führt zu Träumen, und die Träume ihrerseits zur Bildung eines entsprechenden Mythos – ist von seinen Schülern oft nicht bemerkt worden. Schon Otto Rank sieht im Ödipus-Mythos einen „kollektiven Traum", der ohne diesen Umweg „die inzestuösen Wunschregungen des Kindes in krasser Deutlichkeit verwirklicht" (Rank 1912, 40). Freud hat das Problem erheblich tiefer gesehen und sich bemüht, auch den Mechanismus aufzuklären, durch den aus unbewußten Wünschen bewußte, in Riten und Tragödien dargestellte Mythen werden.

Eine materialreiche und historisch ebenso kritische wie gut fundierte Untersuchung der Beziehung Freuds zu der Gestalt des Ödipus hat der amerikanische Literaturhistoriker Peter L. Rudnytsky 1987 vorgelegt. Er zeigt, wie oft Freud bereits in seinen voranalytischen Briefen und Schriften auf Ödipus anspielt, und wie diese Gestalt ihn während seiner Selbstanalyse immer mehr fasziniert. Die Einsichten über den „universellen" Ödipuskomplex stammen, nicht untypisch für die psychoanalytische Rhetorik, aus der Selbstanalyse Freuds und aus Beobachtungen an zwei Patienten. Darüber hinaus belegt Rudnytsky aber auch, daß Ödipus als literarische Gestalt eine zentrale Figur in der Beschäftigung der Romantiker des 19. Jahrhunderts – vor allem Kleists – mit dem menschlichen Selbstbewußtsein war; die Psychoanalyse vollendet also mit der Denkfigur des Ödipus-Komplexes die Rezeption dieses Mythos in der deutschen Dichtung und Philosophie.

Schließlich diskutiert Rudnytsky noch die Ähnlichkeiten der Sicht auf Ödipus in Sophokles' Tragödie und in Freuds Konzeption des Komplexes; in diesem Zusammenhang entkräftet er die Unterstellungen von Krüll und Masson, die beide aufgrund vager Vermutungen behaupten, Freud sei entweder selbst das Opfer sexuellen Mißbrauchs durch seinen Vater oder aber ein „Unterdrücker" von Einsichten in die Bedeutung des sexuellen Mißbrauchs aufgrund der Loyalität zu seinem Freund Fließ (den Masson als mißbrauchenden Vater identifiziert).

„Die Größe von Sophokles' Drama ist in hohem Maß der Tatsache zuzuschreiben, daß er die Eskapaden des Laios als irrelevant aufgibt und den Ödipus-Mythos unter dem Gesichtspunkt einer Tragödie der Selbsterkenntnis neu konzipiert" (Rudnytsky 1987, 255, Übers. W. S.).

2 Traum, Mythos und ihre psychoanalytische Deutung

Der Einfluß, den die in der Psychotherapie gewonnenen Methoden und Erkenntnisse auf die psychologische Mythendeutung hatten, ist kaum hoch genug einzuschätzen. Wenn wir uns die Besonderheiten dieser psychotherapeutischen Deutungen ins Gedächtnis rufen, dürfen wir erwarten, daß sich aus ihnen manche Eigenheiten der tiefenpsychologischen Interpretation von Mythen erklären lassen.

Eine Deutung wird im allgemeinen notwendig, wenn eine zunächst unverständliche, aber allem Anschein nach sinnvolle und bedeutungsschwere (also nicht zufällig-wirre) Aussage in eine allgemein oder auch nur einer bestimmten Gruppe (z. B. Psychoanalytikern) verständliche Information übertragen werden soll. Eine „unverständliche" Aussage ist dabei an sich schon ein Extremfall; oft fordert allein eine Diskrepanz zwischen unmittelbarer und (vor der Deutung latenter) mittelbarer Information die Interpretation heraus. Der Ausspruch: „Ich bitte die Anwesenden, auf das Wohl unseres verehrten Chefs aufzustoßen!" ist keineswegs unverständlich, gewinnt aber seine volle Bedeutung erst, wenn man mit der Freudschen Deutungshypothese einer (latent beleidigenden) Fehlleistung an ihn herantritt. Diese Hypothese braucht freilich noch weitere Beweise, die man allerdings nicht mit dem Einverständnis des Betroffenen mit der Deutung gleichsetzen darf.

Die Deutung ist also nie ein einseitiges, nur an dem Gedeuteten orientiertes Geschehen, sondern immer nach zwei Seiten gerichtet: nach dem Sender und dem Empfänger der Kommunikation. Daß die intellektuelle Auffassung der Deutung als „Übersetzung" des sonst Unverständlichen durch eine dynamische Konzeption ergänzt werden muß, in der die Deutung ein Element der Durchsetzung und der (Selbst)Bewahrung gewinnt, zeigt folgendes Beispiel:[14]

> Nach einer griechischen Anekdote biß Alkibiades, als er in einem Ringkampf zu unterliegen drohte, seinen Gegner so kräftig, daß dieser losließ und schrie: „Du kämpfst wie ein Weib!" „Nein, wie ein Löwe", entgegnete Alkibiades.

Seine Antwort belegt eine elementare Form von Deutung. Durch einen zweiten Begriff, der zu einem ersten in ein Spannungsverhältnis tritt, wird eine Situation neu bewertet. Der Löwe ist ein starkes, königliches Tier, dem man nicht unterstellen kann, daß er aus Not zu unfairen Mitteln greift. Zu beißen ist seine Natur, ein Ausdruck seiner unbezwinglichen Macht. Indem sich Alkibiades mit dem Löwen vergleicht, macht er aus seinem Notbehelf eine Stärke und besiegt den Gegner durch eine neue Form oraler Aggression – Schlagfertigkeit mit Worten – ein zweites Mal. Die von ihm gegebene Deutung seiner Tat setzt diese mit anderen Mitteln fort. Wir erkennen in diesem Handeln wie in seiner Deutung etwas Drittes: schrankenlosen Ehrgeiz, heftige Angst, nicht zu siegen, Wahllosigkeit der Mittel, wenn er in Bedrängnis ist, Schlagfertigkeit und Kampfgeist. Wenn wir so argumentieren, haben wir Alkibiades' Deutung, wie ein Löwe, nicht wie ein Weib zu beißen, noch einmal gedeutet.

Deutungen hängen also mit einem Widerspruch zusammen: Alkibiades widerspricht seinem Gegner, und wir müßten vielleicht Alkibiades widersprechen, der unsere Deutung seiner Rücksichtslosigkeit und seines Ehrgeizes vielleicht ablehnen würde: Was da aus seiner unschuldigen Bemerkung gemacht wird! Deutungen finden sich an Grenzen zwischen semantischen Feldern; sie versuchen, das zu erfassen, was sich in einem anderen Feld bewegt, aber ohne den Deutungskunstgriff nicht genügend eingeordnet werden kann. Alkibiades kann nicht einordnen, daß er ein Weib sein soll, denn er bewegt sich in einem sozialen Feld, wo Weiber verächtlicher sind als

---

14 Ich greife hier Überlegungen auf, die ich 1995 im Zusammenhang mit einer Analyse der „Zauberflöte" (Schikaneder/Mozart) angestellt habe.

Männer, wenn es um Kampf geht. In diesem Feld ist Aggression den Männern vorbehalten. Frauen werden geschmäht, wenn sie sich mit körperlicher Gewalt durchsetzen. Aus diesen Gründen ist es auch unmöglich, bei zwei konkurrierenden Deutungen – beißt Alkibiades wie ein Weib oder wie ein Löwe – eine Entscheidung zu treffen, welche nun gilt. Das unterscheidet Deutungen von Lösungen. Ein Rätsel muß eindeutig sein, und was eindeutig ist, läßt eine Lösung zu. Verhalten ist selten eindeutig. Seine Motive sind komplex und oft erst im Nachhinein erkennbar.

Alkibiades bricht aus dem semantischen Kontext der Ringkampfregeln aus. Dadurch entsteht eine ungeordnete Situation; da kein Kampfgericht vorhanden ist, das den Regelverstoß ahndet, müssen die Kontrahenten selbst versuchen, seine Tat einzuordnen. Dabei wird erkennbar, daß der semantische Kontext feldabhängig ist: Im Wahrnehmungsfeld des Gegners wirken andere Kräfte als im Wahrnehmungsfeld von Alkibiades. Diese Merkmale lassen sich sehr häufig nachweisen, wenn gedeutet wird. In der Antike berichteten Reisende, die an fremden Küsten landeten, die dortigen Bewohner würden – ein Beispiel – zu Artemis und Herakles beten, diese Gottheiten aber mit fremdartigen, nur ihnen eigentümlichen Namen benennen. Ein Missionar monotheistischer – christlicher oder islamischer – Prägung würde in den fremden Numina nur Götzen, Inkarnationen des Satans erkennen. Er lebt in einem anderen semantischen Feld als der polytheistisch erzogene Römer oder Hellene.

So gesehen, rufen alle Spuren alter Religionen, die unter einem neuen Glauben fortbestehen, nach Deutungen, denn es ist eine Spannung zwischen dem alten semantischen Feld und der gegenwärtigen Situation entstanden. Auch die typische Situation der Psychoanalyse hat ähnliche Qualitäten: Durch den zweizeitigen Ansatz der menschlichen Sexualentwicklung mit Frühphase und Latenz ist das, was in der Kindheit geschah, in einem anderen semantischen Feld angesiedelt als das, was der Erwachsene erlebt.

Der Psychoanalytiker vermittelt zwischen diesen semantischen Feldern, er macht dem Erwachsenen begreiflich, was er als Kind erlebt hat und wie dieses Erleben mit den rätselhaften Ängsten,

Depressionen, Symptomen seines gegenwärtigen Lebens zusammenhängt. Diese Deutung beruhigt, sie drückt Zuwendung und Interesse aus, sie pflegt eine intensive emotionale und intellektuelle Beziehung, ohne diese durch voreilige Triebefriedigung zu überhitzen. Sie ermöglicht neue Orientierungen, bereitet Handlungsalternativen vor. Alle diese Einflüsse zusammen führen zu den therapeutischen Wirkungen von Deutungen, die allerdings nicht aus dem umfassenden semantischen Feld einer gemeinsamen Arbeit und einer überwiegend positiven Gefühlsbeziehung herausgerissen werden können.

Die Deutung ist eine Brücke, die das Befremdliche mit dem Vertrauten verbindet. Späteren Generationen kann dann diese Brücke wieder fremd werden, so daß wir Brücken zu Brücken schlagen müssen und vielleicht gar kein Ufer mehr finden. Das ist sicher häufig bei den griechischen Mythen der Fall, in deren Gestalt oft vergessene soziale Umwälzungen, religiöse Reformen und lokale Streitigkeiten späterer Generationen eingingen. Die moderne, ritualistische Deutung beabsichtigt, diese mythische Hermeneutik rückgängig zu machen.

Die Aufgabe des Historikers richtet sich auf solche Inhalte. Demgegenüber müßte der Psychologe die zugrundeliegenden seelischen Prozesse aufklären, vor allem, indem er sie auf aktuelle, gegenwärtig beobachtbare psychische Vorgänge bezieht. Die Theorien, mit deren Hilfe solche Betrachtungen möglich sind, gehören in den Bereich der Tiefenpsychologie. Sie sind einem qualitativen, teilweise spekulativen Ansatz verpflichtet. In der therapeutischen Arbeit gibt es für solche Modelle bessere Möglichkeiten, Verifizierungen herzustellen, weil zutreffende Deutungen auf den Analysanden wirken, während unzutreffende durchfallen.

In der Anwendung auf Texte läßt uns dieses Kriterium im Stich. Die psychologische Analyse kann dann für sich nur den Respekt verlangen, der einer geisteswissenschaftlichen Hermeneutik gebührt; sie ist nicht mathematisch exakt, aber sie kann Menschen bereichern, ihr Wissen erweitern, Teile der Wirklichkeit verständlicher machen. Die psychologische Wahrheit ist dabei vieldeutiger als die historische, weil sie weniger Möglichkeiten hat, an materiellen Substraten belegt zu werden: Es gibt keinen vergrabenen Goldschatz, keine auffindbare Schrifttafel, die plötzlich ungeklärte Fragen beantwortet. Potentiell begeben wir uns mit ihr in eine Spirale: Jede unserer Deutungen kann ihrerseits in ihrer Mischung aus Bezügen zu uns selbst und zu unserem Gegenstand gedeutet werden.

Andrerseits ist die psychologische Wahrheit auch grundsätzlicher als die historische; das macht eben die Anlehnung an das naturwissenschaftliche Experiment so verführerisch für sie. Die Psychologie sucht eine überhistorische Gesetzmäßigkeit. Wir wissen, welche Entwicklung diese wissenschaftsgeschichtliche Situation um die Jahrhundertwende nahm. Während ein Teil der Psychologen immer stärker durch Maß und Zahl fasziniert wurde und die Quantifizierung hochspezialisierter Fragestellungen mit häufig geringer praktischer Relevanz anstrebte, entdeckte ein anderer Teil die Vor-Geschichte der historischen Überlieferung, den Mythos. Individuelle Beobachtungen, wie die erotische Vaterbindung einer hysterischen Patientin, wurden mit einem Begriff wie „Ödipus-Komplex" zu einem mythologischen Thema gemacht und im Denken einer Reihe psychologischer Autoren in den Rang eines naturwissenschaftlich erwiesenen Gesetzes erhoben.

Denn die ärztliche Tätigkeit zwingt in der dauernden Begegnung mit unsicheren, leidenden, in ihrem Lebenswillen verletzten Menschen den Helfer zu einem hohen Maß an Festigkeit und Sicherheit, die er immer aus dem größten Prestige nimmt, das ihm seine Zeit zur Verfügung stellt. Das war seit 1900 bis heute die exakte Naturwissenschaft, die den Ärzten ein sicheres Fundament auf Physik und Chemie, Anatomie und Pathophysiologie versprach. Diese Methode glaubte Freud noch anzuwenden, als er sich längst in einer genialen Regressionsbewegung im Bereich des Mythos bewegte. Warum sollte er auch anders denken? Er zeichnete Beobachtungen auf und wertete sie aus. Wenn ihm sein Sprachverständnis das Mikroskop, seine Notizen die Fotografie, seine Deutung die mathematische Auswertung oder die anatomische Darstellung ersetzten, lag es für ihn gewiß nicht daran, daß er weniger ernsthaft um die Erkenntnis seiner

Träume bemüht war als um die Darstellung der Organe des Aals, welchen er in seiner medizinischen Dissertation untersucht hatte. Aber ohne die mathematische Kontrolle und ohne die Möglichkeit, ein anatomisches Substrat, eine Struktur unter den beobachteten Erlebnissen festzuhalten, wurde bald klar, daß es nicht eine einzige richtige Deutung gab, sondern eine viel größere Anzahl, eine potentiell unendlich große Deutungsmenge.

So berührt die psychoanalytische Wahrheitsfindung die künstlerischen Lösungsmöglichkeiten: Angesichts einer strukturell umgrenzten Aufgabe – zum Beispiel eine Madonna mit dem Jesusknaben zu malen – gibt es doch eine unerschöpfliche Menge von Lösungen, wie dieses Bild gestaltet werden soll. Immer werden eine Frau und ein Kind darauf zu sehen sein, doch wie sie sich zueinander verhalten, was sie durch ihre Kleidung, ihre Körperhaltung und Mimik ausdrücken, das läßt unendlich viele Möglichkeiten der Gestaltung zu. Freuds Konzept einer Analogie zwischen der mehrfachen Determination in der Enstehung seelischer Phänomene – etwa eines Traums – und der „Überdeutung", d.h. der Ansammlung einander ergänzender, lediglich auf den ersten Blick vielleicht widerspruchsvoller Deutungen ist ein Versuch, aus diesem Dilemma zu entrinnen. Die strenge Determination des Seelischen reicht in eine unergründliche Tiefe, der eine unendliche Vielfalt an Interpretationsmöglichkeiten entspricht. Aber es erscheint mir plausibel, davon auszugehen, daß ein Traum oder ein Symptom tatsächlich auf einer *endlichen* Menge von Bedingungen beruht, während die Zahl der möglichen Deutungen dieses Traumes oder dieses Symptoms *unendlich* ist.

Diese verwickelte Situation hängt damit zusammen, daß das Gedeutete eines ist – ein Mensch, ein Ausschnitt aus der Lebensgeschichte dieses Menschen, eine bestimmte biographische Entscheidung, ein Traum, ein Symptom – während die Zahl der Deuter potentiell unendlich ist; einer nach dem anderen kann die gedeutete Szene aufgreifen und eine bisher noch nicht entdeckte Bedeutung entdecken. Solche Prozesse sind in der Psychoanalyse häufig abgelaufen; beispielsweise wurden Breuers und Freuds Krankengeschichten mehrfach neu interpretiert und z.B. aus Anna O. eine

Psychose-Patientin gemacht, die Breuers Ich-Identität attackierte, oder aus Emmy von N. ein Borderline-Fall (Bram 1973, de Boor/ Moersch 1980). Es ist möglich, noch weiter zu gehen und mit Paul Watzlawick (1976) die Frage zu stellen: „Wie wirklich ist die Wirklichkeit?" Mir scheint ein Rückfall hinter die Positionen Freuds vorzuliegen, wenn jeder Unterschied zwischen realen und fiktiven Ereignissen in einer Biographie geleugnet wird. Cremerius formuliert diese konstruktivistische Position so: Freud habe, als er mit seiner „Verführungstheorie" gescheitert war und einsehen mußte, daß die von ihm ausgegrabenen sexuellen Szenen nicht immer der Wirklichkeit entsprachen, die persönliche Biographie als Ausdruck einer „psychischen Realität" angesehen, die mit der materiellen Wirklichkeit nichts zu tun haben muß.

Aus der Spannung zwischen dem, was ein Kind wirklich erlebt hat, und dem, was ein Erwachsener meint erlebt zu haben, ergeben sich viele kreative Entwicklungen während einer Psychoanalyse. Zum Beispiel kann zu Beginn einer Therapie der Vater einer Patientin ausschließlich negativ erinnert werden; es gibt nur Szenen, in denen er das Kind quält, schlägt, tadelt. Erst später kommen andere Szenen hinzu, die ebenfalls wirklich waren, die aber bisher zugunsten einer von Abwehrbedürfnissen geprägten Rekonstruktion der Vergangenheit nicht erinnert werden konnten. Hier zu sagen, daß die Analyse die bisherige Konstruktion, die sich die Patientin aufgrund ihrer Abwehrbedürfnisse gegeben hat, durch eine neue, an Wahrheits- und Wirklichkeitsgehalt gleichwertige Konstruktion ersetzt, gibt eine differenzierte Sicht der Situation für die Pose einer zynischen Überlegenheit preis. Natürlich ist auch die neue Konstruktion nicht absolut wahr; aber sie ist doch deutlich vollständiger und realistischer als die alte. Sie wird auch nicht vom Analytiker dem Analysanden wie eine hypnotische Formel suggeriert, nach dem macchiavellischen Motto vom Zweck, der die Mittel legitimiert. Sie entsteht vielmehr im Rahmen einer Beziehung, deren Inhalt die gemeinsame Suche nach der Wahrheit ist – sowohl in der Geschichte des Patienten, wie in der Übertragungs-Gegenübertragungsdynamik, ohne deren begleitende Klärung ein solcher Prozeß nicht ablaufen kann.

Cremerius' Aufsatz über die „Konstruktion der biographischen Wirklichkeit im analytischen Prozeß" ist reich an grob vereinfachenden Deutungen der Problematik von Dichtung (Konstruktion) und Wahrheit. Er unterstellt Freud, dieser habe in dem Augenblick, als er die Verführungstheorie aufgab und sich der Forschung über die unbewußten Phantasien zuwandte, einen epochalen Schritt getan und ein allgemeingültiges Prinzip entdeckt: Der Mensch „hat" keine Biographie, sie ist „vielmehr stets Verarbeitung des Gegebenen" (Cremerius 1984, 402).

> „Ich möchte diesen Gedanken besonders hervorheben, weil ich glaube, daß er zu den großen, befreienden Gedanken der europäischen Geschichte gehört, die wir Aufklärung nennen. Von nun an ist Biographie nicht mehr das Resultat dunkler Mächte, die Macht des Schicksals etwa, in das sich der Mensch ergeben muß, sondern ein Akt der Sinnsetzung. Die emanzipatorische Kraft dieses Gedankens liegt darin, daß von jetzt an Lebensgeschichte weder von der Willkür eines demiurgischen Gottes vorbestimmt ist, noch von den unsichtbaren Fesseln genetischer Kodifizierungen, Was nur als Geheimnis, Irrationalität oder flache Prädestination begriffen werden konnte, wird jetzt dem Verstehen als schöpferische Tat zugänglich. Biographie wird als etwas begreifbar, das der Mensch nicht hat, das er vielmehr selbst herstellt." (Cremerius 1984, 402)

Cremerius zitiert dazu einen Text von Thomas Bernhard über seine Biographie aus einem Interview (1976):

> „Wer weiß, ob das, was ich da geschrieben hab', überhaupt stimmt.Ich bin immer wieder selbst überrascht, wie viele Leben man als das eigene ansieht, die zwar alle miteinander Ähnlichkeit haben, aber eigentlich doch nur Figuren sind, die mit einem selbst genausoviel und sowenig zu tun haben wie irgendwelche anderen Leben. Es stimmt ja immer zugleich alles und nichts."

Mir scheint hier einer der nicht seltenen Versuche vorzuliegen, aus den Widersprüchen und Brüchen Freuds eine voreilige Eindeutigkeit zu destillieren, die scheinbar die Psychoanalyse erhebt, sie in Wahrheit aber trivial macht. War denn vor Freud Biographie gottbestimmt, geheimnisvoll, prädestiniert, irrational, und ist es nach ihm nicht mehr? Freud hat die Dunkelheit, in der wir letztlich leben, erkennbar gemacht, er hat sie aber nicht erleuchtet, und hat das auch nie von sich behauptet. Anschließend zitiert Cremerius einige, zum Teil aus ihrem Kontext gerissene Äußerungen von Robert Musil und André Malraux, wonach die Couch des Analytikers mehr über die Geheimnisse des menschlichen Herzens enthüllt als die Literatur. Dieses Vorgehen ist sehr einseitig; es fehlt schließlich auch nicht an Literaten, welche die Oberflächlichkeit der psychoanalytischen Deutungen kritisieren. Wo es sinnvoll wäre, eine Ambivalenzdiskussion zu führen – welche Vorteile hat die Literatur, und welche Nachteile, gegenüber den Vorteilen und Nachteilen der psychoanalytischen Forschung – sucht Cremerius alles Gute für die Psychoanalyse zu reservieren und übernimmt sich dabei. Ähnlich scheint es mit der Ambivalenz einer konstruktivistischen Biographik gegenüber einer objektivierenden. Freud hat immer beides betont und versucht. Er blieb stets skeptisch in Bezug auf das Gelingen. Cremerius glorifiziert einen Notbehelf des Analytikers zu einer Befreiungstat:

> „Ich bin geneigt, diese Wendung von der Interpretation von Lebensgeschichte als objektiver (und objektivierbarer) Geschichte zu ihrem Verständnis als Produkt von – meist unbewußten – Phantasien über geschichtliche Ereignisse als eine Sternstunde in der Geschichte der psychoanalytischen Therapie zu bezeichnen." (1984, 405)

Der Analytiker weiß nicht, wie es in der Kindheit seines Patienten wirklich war, soll aber in dieser Situation nach der (biographischen, in der Übertragung aktualisierten) Wahrheit suchen. Die Beziehung zwischen objektivierbarer Geschichte und unbewußter Phantasie ist eine des sowohl – als auch, nicht des entweder – oder.

Die Wahrheit der Deutung bindet an die Realität; die neurotische Symptomatik hängt damit zusammen, daß illusionäre Qualitäten der Wirklichkeit vorgezogen werden, weil das kindliche Ich stärker von den Phantasiebildern der Eltern abhängig ist als der zumindest potentiell weitgehend autonome Erwachsene. Nach dem von Cremerius entworfenen Modell der biographischen Konstruktion verwirft der Patient dank der Hilfe des Analytikers die eigene Illusion über seine Vergangenheit und ersetzt sie durch eine bessere Illusion, die ihm mehr Optimismus verschafft, eine bessere Integration von Trieb und Über-Ich ermöglicht. Mir scheint eher, daß es sich um eine stärkere Bindung an die Realität handelt, vor allem an die Realität des eigenen, körperlich-emotionalen Lebens. Der Konflikt des Neurotikers hängt damit zusammen, daß er sich wie ein Kind fürchtet, aber einen erwachsenen Körper hat, dessen Botschaften er nun nicht ernst nehmen darf, verdrängt, verleugnet, projiziert (wie Frauen, die nur die männliche sexuelle Bedürftigkeit kennen). Die analytische Arbeit soll dazu führen, daß der Analysand tiefer in der Realität – sowohl freud- wie leidvoll – verwurzelt ist, weil er die Botschaften seines Körpers genauer wahrnimmt, annimmt, ernst nimmt.

Die Deutung in diesem Entwicklungsprozeß ist ein Aufmerksammachen auf eine verdrängte oder verleugnete innere Wirklichkeit. Gerade weil diese erwachsen gewordene Realität dem Analytiker entgegenkommt, können die seelischen Hindernisse, sie zu er-leben, überwunden werden. Der verläßlichste Verbündete des Analytikers ist die körperliche Anwesenheit des Patienten. Erst wenn sie in Frage gestellt ist, weil der Analysand Stunden versäumt, zu spät kommt usw., ist der analytische Prozeß gefährdet. Wenn der Patient pünktlich kommt, aber viele Stunden lang über seinen Haß auf die Analyse, seine Enttäuschung, die Unfruchtbarkeit und Nutzlosigkeit des ganzen Unternehmens spricht, ist das unter Umständen für den Analytiker schwer zu ertragen, aber unter dem Gesichtspunkt des Prozesses der Therapie fruchtbar.

Die in dem hier angesprochenen Aufsatz von Cremerius vertretene, konstruktivistische Auffassung der analytischen Wahrheit wird durch eine leichtfertige Metapher Freuds unterstützt. Dieser hat behauptet, die Umarbeitung der persönlichen Kindheitserinnerungen sei „der Sagenbildung eines Volkes über seine Ursprungsgeschichte durchaus analog" (Freud 1909, 427). Hier wird übersehen, daß Ursprungsgeschichten Mythen sind, während Lebensgeschichten eine

Realität sind und nachgeprüft werden können. Es handelt sich um eine unzulässige Individualisierung des Historischen, ein Vorgehen, durch das die spezielle Qualität kollektiver Überlieferungen geleugnet wird. Während sich nie kritisch klären läßt, ob die Einwohner von Theben tatsächlich von Ödipus regiert wurden und den in die Erde gesäten Zähnen eines Drachen entsprossen sind, kann doch geprüft werden, ob ein Kind in seiner Jugend im Heim war oder zuhause lebte, ob es von seiner Mutter verlassen oder gepflegt wurde. Ob diese Pflege liebevoll war oder hart und streng, wird sich unter Umständen nur sehr schwer klären lassen; aber auch hier haben Äußerungen wie „meine Mutter war in ihren guten Zeiten durchaus um die Kinder bemüht; wenn sie aber überarbeitet war oder Streit mit dem Vater hatte, schlug sie mich" einen größeren Wahrheitsgehalt als Äußerungen wie „sie war die beste Mutter der Welt", oder „sie war eine Hexe, hat mich nur geprügelt". Die erste Äußerung enthält eine kritische Distanz zu einseitigen Idealisierungen, die beiden letzten enthalten diese Distanz nicht. Sie sind nicht unmöglich. Sie können realistisch sein; das ist aber wenig wahrscheinlich. Weshalb sollte der Patient in den Genuß der besten Mutter der Welt gekommen sein? Wie kann ein Kind überleben, das nur Schläge und nie etwas zu essen bekommt?

Ausnahmsweise können auch Ursprungssagen kritisch geklärt werden. Wenn zum Beispiel archäologische Funde bestätigen, daß ein Volk früher am Meer siedelte und später landeinwärts zog, dann gewinnt die mythische Tradition, welche ihre Abstammung von einem Meeresgott herleitet, an Gültigkeit, während andere mythische Traditionen, die in andere Richtungen weisen, eher in Frage gestellt werden müssen. Ein anderes Beispiel: In einem mythischen Kontext können Überlieferungen existieren und auch bedeutungsvoll sein, daß alle Ahnen einst zehntausend Jahre alt und acht Meter groß wurden. Sie müssen beachtet und interpretiert werden. Was aber ein Patient über sich sagt, ist im Prinzip nachprüfbar; er kann sein Geschlecht, sein Alter, seine Körpergröße und seine soziale Schicht nicht einfach per definitionem ändern, ohne daß es auffällt und eine analytische Bearbeitung dieser Realitätsverkennung stattfindet.

Die analytische Deutung ist eng mit einem zentralen Element der menschlichen Existenz verbunden: der Sehnsucht nach Wahrheit. Diese Sehnsucht ist in vielen Fällen unerfüllbar, aber auch in diesen ist, wie es die Denker aller Zeiten betont haben, eine Bewegung möglich: etwas weniger Dunkelheit, etwas mehr Licht, bescheidene Ziele neben dem großen Ideal der Erleuchtung, an dessen Realität uns aber eben unser Bemühen um Wahrheit auch zweifeln läßt. Jede einzelne Deutung erstrebt, diesem Ziel einen Schritt näher zu kommen. Ob das gelingt und sie nicht in Wahrheit sich davon wieder weiter entfernt, ist die zentrale wissenschaftliche Frage, unter der die primär künstlerisch entworfene Deutung geprüft werden muß.

Die psychoanalytische Wahrheit hat mit der wissenschaftlichen die Grundhaltung der Skepsis gemeinsam; das bedeutet auch, daß die Psychoanalyse als Wissenschaft künstlerisch ist, als Kunst aber wissenschaftlich, denn ihr Wahrheitsbegriff ist skeptisch, der Wirklichkeit verpflichtet, immer auf Falsifizierungen gefaßt:

„Die Psychoanalyse (…) ist unfähig, eine ihr besondere Weltanschauung zu erschaffen. Sie braucht es nicht, sie ist ein Stück Wissenschaft und kann sich der wissenschaftlichen Weltanschauung anschließen. Diese verdient aber kaum den großtönenden Namen, denn sie schaut nicht alles an, sie ist zu unvollendet, erhebt keinen Anspruch auf Geschlossenheit und Systembildung (…) Eine auf die Wissenschaft aufgebaute Weltanschauung hat außer der Betonung der realen Außenwelt wesentlich negative Züge, wie die Bescheidung zur Wahrheit, die Ablehnung der Illusionen. Wer von unseren Mitmenschen mit diesem Zustand der Dinge unzufrieden ist, wer zu seiner augenblicklichen Beschwichtigung mehr verlangt, der mag es sich beschaffen, wo er es findet. Wir werden es ihm nicht verübeln,, können ihm nicht helfen, aber auch seinetwegen nicht anders denken." (Freud 1933, 197)[15]

---

15 C. G. Jung (1960) sieht in solchen Sätzen einen Hinweis auf die extravertierte Einstellung Freuds, die zur „Betonung der realen Außenwelt" und zur „Ablehnung von Illusionen" (= inneren Idealbildern) führt.

Anders formuliert: Die Ziele der Kunst sind ästhetisch, die der Wissenschaft auf die Erforschung der Wirklichkeit gerichtet. Unter diesem Gesichtspunkt ist die Psychoanalyse eine Wissenschaft. Aber es gilt auch: Die Kunst bewegt den ganzen Menschen, Gefühl und Intellekt; sie wird umso gültiger, je besser ihr das gelingt. Die Wissenschaft wendet sich an den Intellekt und findet ihre reinste Verwirklichung in der mathematischen Formel.

Eine Wissenschaft von den menschlichen Gefühlen ist für unser Denken durchaus möglich, doch zeigen die konkreten Forschungen sehr deutlich, daß es nicht gelingt, die emotionalen Qualitäten unserer Mitmenschen in ihren persönlichen, als „tief" erlebten Dimensionen ohne eigene Gefühlsreaktionen zu erforschen. Das heißt auch, daß eine experimentelle Haltung nicht möglich ist, sondern nur eine historische. Der Psychoanalytiker kann erst *nachher* rational erforschen, was geschehen ist; er kann nicht die analytische Situation, in der er deutet, so weit von sich selbst fern halten, daß er die Grundforderungen der experimentellen Methode – die Manipulation der relevanten Variablen – erfüllt. Die historische Wahrheit verbindet mit der psychoanalytischen die asymptotische Qualität: Es ist möglich, sich ihr zu nähern, aber es gibt keine mathematische Sicherheit, daß sie erreicht wurde; es bleibt immer ein Rest Vermutung.

In der Psychoanalyse wird gleichzeitig rational geforscht und emotional agiert; die emotional bestimmte Aktion wird später historisch geklärt; in dieser Forschung treten neue emotionale Reaktionen auf. Ohne rationale Forschung wird die Analyse blind, ohne emotionale Trübung leer. Ob auf diesem Weg die Heilung gelingt, bleibt immer offen. Vielleicht führen andere Wege sogar rascher und wirkungsvoller zum Ziel. Aber allein daraus läßt sich keine Entscheidung für oder gegen die Psychoanalyse ableiten. Denn wenn die Neurose überwunden wird, haben Analytiker und Analysand zusammen einen Weg zurückgelegt, der für sie beide fruchtbar ist. Sie haben die Zeit, die sie miteinander verbrachten, mit der Befriedigung eines der zentralen menschlichen Bedürfnisse verbracht: Neugier, Orientierung im Kontinuum von Raum und Zeit, Wahrheitssuche. Wenn sie auf diesem Weg die Neurose nicht überwinden, kann der Weg als solcher doch fruchtbar sein. Dabei müssen, wie bei jeder Wanderung in schwierigem Gelände, die Partner sich an manchen Stellen helfen; manchmal trägt der eine den größeren Teil der Aufgabe, manchmal der andere. Häufig will der Patient nur, daß er sich besser fühlt, und würde auch eine Steigerung seiner Realitätsverkennung in Kauf nehmen, um das zu erreichen – also mehr Lüge und weniger Wahrheit, was den Absichten der Analyse entgegenläuft. Dann ist es Sache des Analytikers, die Wahrheitssuche aufrechtzuerhalten. Nicht, weil er von der moralischen Überlegenheit der Wahrheit über die Lüge überzeugt ist. Denn auch gegenüber einer solchen scheinbaren Ambivalenzfreiheit muß er skeptisch bleiben; eine Lüge kann durchaus eine emotionale Wahrheit enthalten (wie die Lüge über den Treuebruch in der Liebe). Eher weil er einen Dienstleistungspakt abgeschlossen hat und die Wahrheit seiner Überzeugung nach der beste Dienst ist, den er dem Analysanden anzubieten vermag. Auch wenn ein Bäcker glaubt, daß Fleisch nahrhafter ist als Brot, kann er einem Hungrigen nur Brot geben; solange er nicht behauptet, er sei ein Metzger und was er austeile sei Fleisch, ist dagegen nichts einzuwenden. Weniger metaphorisch gesagt: Die Analyse ist unter Umständen nicht das Beste für den Patienten, aber sie ist das einzige, was ein überzeugter Analytiker anbietet, und daher ist sie auch das Konstruktivste, was in der Beziehung geschehen kann.

Dieser Gegenübertragungsaspekt der Motivation einer Psychoanalyse wird häufig nicht genügend beachtet. Um eine Betrachtung der eigenen Motive zu vermeiden, wird die Analysierbarkeit des Patienten diskutiert, werden diagnostische Kunstgriffe (vgl. Kernberg 1978, der auf diesem Gebiet derzeit führend ist) im Erstinterview empfohlen, welche helfen sollen, die Spreu vom Weizen zu trennen. Freud ging hier anders vor; seine Indikationsstellung orientiert sich an der Probe des schottischen Königs: Wie dieser die Angeklagte erst in einem großen Kessel kochen mußte, um die Brühe zu prüfen und aus ihr zu schließen, ob es sich um eine Hexe handelte oder nicht, so muß der Analytiker sich mit dem Analysanden zusammentun und herausfinden, ob ein gemeinsamer Weg für beide gangbar ist:

„Wir können den Patienten, der zur Behandlung, oder ebenso den Kandidaten, der zur Ausbildung kommt, nicht beurteilen, ehe wir ihn durch einige Wochen oder Monate analytisch studiert haben. Wir kaufen tatsächlich die Katze im Sack (...) Nach dieser Probezeit mag sich herausstellen, daß es ein ungeeigneter Fall ist. Wir schicken dann den Kandidaten weg, versuchen dann beim Patienten noch eine Weile, ob wir ihn nicht in günstigerem Licht sehen können. Der Patient rächt sich dadurch, daß er die Liste unserer Mißerfolge vergrößert, der abgewiesene Kandidat, wenn er ein Paranoiker ist, etwa indem er selbst psychoanalytische Bücher verfaßt." (Freud 1917 583)

In der Deutung eines Textes oder eines Bildwerks fehlt dem Analytiker der Partner, der mit ihm spricht, der Rückmeldungen gibt, kritisiert, unterstützt, wenn er selbst nicht mehr weiterweiß. Die Korrekturmöglichkeiten sind viel geringer; diese Rolle kann die historische Forschung nur zum Teil übernehmen. Die Frage, ob es sich bei der tiefenpsychologischen Textdeutung um Kunst oder Wissenschaft handelt, muß noch einmal neu gestellt werden. Im ersten Fall[16] ist ein Urteil relativ leicht: Wir können annehmen, daß ein Kunstwerk potentiell unendlich viele Deutungen zuläßt, die alle versuchen, seine Wirkung auf den Betrachter, den Hörer zu formulieren, sie zu erweitern, zu vertiefen. Es gibt keine richtigen oder falschen Deutungen, ähnlich wie es keine richtigen oder falschen Kunstkritiken gibt, sondern nur treffende oder solche, die ihr Ziel verfehlen. Das zu beurteilen ist Sache einer Kritik der Kritik, und so fort in einem unendlichen Regreß von Kunstwerken, die durch immer neue Kunstwerke interpretiert werden.

Freuds Verdienst ist es, erkannt zu haben, daß neurotische Symptome bedeutungsvoll sein können. Wenn wir uns an die Ratlosig-

---

16 Ein Fürsprecher der These, daß jedes Urteil über ein Kunstwerk selbst als Kunstwerk beurteilt werden muß, ist Oscar Wilde. Über ihn und die Spannungen um die psychoanalytische Literaturinterpretation, die z.B. auch Freud und Karl Kraus entzweiten, berichtet Michael Worbs (1983).

keit der Nervenärzte des angehenden 19. Jahrhunderts erinnern – noch hundert Jahre vor Freud stellte man Geisteskranke angekettet gegen Eintritt zur Schau, noch zu seiner Zeit waren Wassergüsse und Brom die wichtigsten „therapeutischen" Methoden – und wenn wir die vagen, alles auf Degeneration, Neurasthenie und „Verstellung" zurückführenden „Theorien" der ärztlichen Seelenkunde dieser Zeit bedenken, werden wir Freuds Leistung um so höher einschätzen. Freud enthüllten die Träume seiner Patienten und ihr entspanntes, frei-kritikloses Assoziieren im Kontext dieser Träume die ihnen selbst verborgenen Zusammenhänge der neurotischen Symptome mit Wünschen und Konflikten, die sich, wie ein Hindernis unter einer Wasseroberfläche, zunächst durch bestimmte Strömungen, Hemmungen und Wirbelbildungen im Ablauf ihrer freien Einfälle bemerkbar machten. Wenn es dem Kranken gelang, den Zusammenhang zwischen seinem bewußten Erleben und dem nun nicht mehr sinnlosen Symptom herzustellen und die belastenden Konflikte bewußt zu verarbeiten, dann verschwand häufig (nicht immer) das Symptom; die aus Traum und freier Assoziation gewonnene Deutung hatte einen entscheidenden Beitrag zur Heilung geleistet.

Die Deutung per se heilt nicht; sie heilt, indem mit ihrer Hilfe die Widerstände des Kranken überwunden werden, sich einzugestehen, was er wohl ist, wovon er aber nicht weiß noch wissen will, daß er es ist. Während die suggestive Behandlung die Verdrängungen ergänzt oder verstärkt, die Prozesse, welche zur Erkrankung geführt haben, aber nicht ändert, legt die analytische Behandlung dem Arzt wie dem Kranken eine „schwere Arbeitsleistung auf, die zur Überwindung innerer Widerstände verbraucht wird. Durch die Überwindung dieser Widerstände wird das Seelenleben des Kranken dauernd verändert, auf eine höhere Stufe der Entwicklung gehoben und bleibt gegen neue Erkrankungsmöglichkeiten geschützt" (Freud 1917, 469; zur analytischen Methode siehe auch Görres 1965).

Von den in der Psychoanalyse gebräuchlichen Techniken ist es wiederum die Traumdeutung, welche die psychologische Interpretation von Mythen am stärksten beeinflußt hat. Es wäre nicht richtig, die Bedeutung der Erkenntnisse Freuds für die Mythenforschung prinzipiell abzuleugnen, wie es etwa Jensen (1951) tut: Jede Erweiterung unseres Wissens vom Menschen müßte, methodisch richtig eingesetzt, auch zu einem tieferen Verständnis der Mythen führen. Zunächst muß uns aber noch eine andere Frage beschäftigen. Die Antwort auf sie ist keineswegs so selbstverständlich, wie sie Freud, seinen Schülern und anderen Tiefenpsychologen schien: Wie kommen wir eigentlich dazu, Märchen, Mythen und Träume für einander so sehr verwandt zu halten, daß auf sie weitgehend dieselben psychologischen Methoden angewandt werden können?

Die Konzeption dieser Verwandtschaft dürfte sich bei keinem Volk finden, in dem der Mythos noch „lebt" (siehe auch Malinowski 1926 und 1963, sowie Jensen 1951 und 1966). Sie leitet sich auch nicht aus wissenschaftlichen Überlegungen her. Die Antike hätte eine Auffassung, daß Traum- und Mythenbildung ähnlichen Gesetzen folgen, als gotteslästerlich abgelehnt, obschon sie dem Traum eine äußerst wichtige religiöse Funktion zugestand. Ein Beispiel aus vielen möglichen: Im „goldenen Esel" des Apuleius kündigt höhere Stufen der Einweihung in die Isis-Mysterien jedesmal ein Traum an. Die Haltung des Mittelalters war in vieler Beziehung ähnlich; Heinrich Günter hat in seiner „Psychologie der Legende" Beispiele zusammengetragen (Günter 1949, 59, 158, 269, 274). Erst die Aufklärung änderte die Bewertung der Träume grundlegend. Sie hatte versucht, das Leben auf einen gemeinsamen Nenner zu bringen: die Vernunft. Dabei mußte vieles vernachläßigt, ja verworfen werden, das den Romantikern dann bei ihrem Abstieg (um es in Novalis' Bergwerksgleichnis auszudrücken) in eine dunkle, magisch bezaubernde, dem Licht der Vernunft entzogene Welt als untrennbare Einheit erschien. Mythos, Poesie, Traum und Märchen sind den Romantikern zutiefst verschwistert.

Diese Auffassung, und nicht die der Antike, wie Fromm glaubt (1957, 25), war es, die Freud und seine Schüler wiederbelebten. Die Aufklärung hatte den Zugang zu den Träumen ebenso erschwert wie den zu einem unbefangenen Verständnis von Mythen und Märchen, indem sie diese streng und entschieden von der menschlichen Vernunft abgrenzte. Sie hatte mit dieser Trennung, die Vernunft und bildhaftes Erleben funktionell auseinanderriß (oder auseinanderreißen sollte), die Abwertung aller Produktionen der menschlichen Phantasie verknüpft. Die Romantik verwandelte diese Abwertung in ihr Gegenteil, aber die funktionelle Trennung konnte sie nicht mehr aufheben. Nie wieder würde eine so großartige Synthese von Mythos und Vernunft wie das Lehrgebäude der katholischen Scholastik möglich sein. In seiner Sprache drückt Jung dasselbe aus, wenn er sagt, die Archetypen seien früher „nie psychologisch gewesen", denn „nie gebrach es der Menschheit an kräftigen Bildern, welche magischen Schutz verliehen gegen das unheimlich Lebendige der Seelentiefe" (Jung 1957, 21).

Wir haben nun gesehen, aus welchen Gründen es für die Tiefenpsychologen nahelag, die von ihnen entdeckten methodischen Zugänge zum Traum auch auf Mythen zu übertragen. Die Gemeinsamkeiten zwischen Mythos und Traum waren zunächst keineswegs positiv bestimmt, sondern lediglich negativ. Die Äußerungen der Phantasie, von Gefühl und Affekt bestimmt, nicht von rationaler Überlegung, schienen der Vernunftideologie der Aufklärung unverständlich und sinnlos.

Nähere Betrachtung der psychoanalytischen Traumdeutung zeigt jedoch, daß diese keineswegs geeignet ist, unverändert auch auf Mythen angewendet zu werden. Hinter dem manifesten Text eines Traumes, der Folge verwischter, oft ungewisser, oft erregender Erlebnisse, müssen die latenten Traumgedanken erkannt werden, fordert Freud. Das geschieht, indem man die entstellende Traumarbeit rückgängig macht. Beim Schlafenden ist die Zensur geschwächt, die Inhalte des Unbewußten vor ihrem Übertritt in das Bewußtsein prüft. Statt aufsteigende Impulse ganz zu unterdrücken, sorgt sie durch Verschiebungen, Ersatzbildungen, und Verstümmelungen dafür, daß die imaginäre Wunscherfüllung im Traum ein „Wächter des Schlafes" bleibt und nicht ein jähes Angstsignal den Schläfer weckt – wie es nicht selten dennoch geschieht, wenn die Zensur einen Inhalt des Unbewußten nicht genügend verharmlosen oder entstellen kann.

Durch die Traumarbeit werden verschiedene Inhalte des Unbewußten in einen zusammengezogen, der dem diskursiven Denken des wachen Menschen dann unverständlich scheint (Verdichtung). Oder es wird ein unbewußter Inhalt dadurch „entschärft", daß der Traum nur ein nebensächliches Detail betont, dessen Berührungspunkte mit wichtigen seelischen Vorgängen erst dann deutlich werden, wenn der Träumer seine freien Assoziationen dazu äußert (Verschiebung). Ein weiteres Beispiel der Entstellungen durch die Traumarbeit sind laut Freud die Symbole, welche nach seiner Ansicht vor allem sexuelle Organe und Vorgänge „bedeuten".

Der wissenschaftliche Gewinn der Arbeit Freuds liegt vor allem in der von ihm entwickelten Methode der freien Assoziation (Görres 1965); Freud selbst nennt gelegentlich alle Traumdeutungen, die nicht durch diese Methode abgesichert sind, unwissenschaftlich. Inzwischen gewonnene experimentelle Befunde haben einzelne Gedanken Freuds bestätigt; vor allem durch hypnotisch induzierte Träume konnte man die Entstellung latenter Traumgedanken im Sinne Freuds nachweisen (Schrötter 1912). Verschiebung und Verdichtung werden in der psychoanalytischen Traumdeutung mit Hilfe der Untersuchung der freien Assoziationen aufgehoben; Symbole übersetzt der Psychotherapeut, vielleicht auch ein Patient, der die analytische Schule lange genug mitgemacht hat. Wissenschaftlich befriedigender und überzeugender ist zweifellos das erste Verfahren, und gerade es läßt uns bei der Interpretation von Mythen im Stich.

Dementsprechend hat die Psychoanalyse schon in Freuds großem Werk über „Die Traumdeutung" (1900) eine Fülle überzeugender Interpretationen von Träumen erbracht, ist eine wirklich umfassende und stichhaltige Deutung eines Mythos aber bisher schuldig geblieben, wie z. B. auch Rose (1955) und Graves (1960, I) urteilen.

Eine Zwischenstellung nimmt die Deutung historisch überlieferter Träume ein. Hier hat der analytisch arbeitende Psychologe zwar einen Traum vor sich, in dessen Deutung er geschult ist; aber das wertvollste Hilfsmittel dieser Methode, die freien Assoziationen des Träumers, fehlt ihm. Hier entsteht die Frage, ob die psychoanalytische Traumdeutung Gesetze des Traumes gefunden hat, welche ihre Anwendung auch ohne das Leitseil der freien Assoziationen des Träumers rechtfertigen. Bei genauer Betrachtung wird man diese Frage verneinen müssen. Gerade die Betonung der individuellen Konnexe jedes Traumes war ja der entscheidende Fortschritt Freuds gegenüber den platten Übersetzungen der volkstümlichen „ägyptischen" Traumlexika, deren geheimnisvolle Anspielungen meist auf fatalen Mißverständnissen, Fehlübersetzungen aus dem Griechischen und Hebräischen stammen (Kemper 1955). Wenn sich der Analytiker von Träumen historischer Persönlichkeiten (z. B. Sachs 1913, Sadger 1913, Reik 1912) Mühe gab, so ergänzte er den überlieferten manifesten Trauminhalt durch geschichtliche Daten aus dem Leben des Träumers, wie ja auch in der Psychotherapie der Therapeut den Traum immer in Beziehung zu dem setzt, was er von seinem Patienten schon erfahren hat.

Trotzdem bewegt sich hier die Traumdeutung auf unsicherem Boden, der Analytiker ist in der kritischen Anwendung historischer Methoden nicht geübt, oft treten *seine* Assoziationen an die Stelle der Einfälle des Träumers, und nicht selten sind diese Assoziationen durch eine vorgefaßte Meinung bestimmt. Das kritische Zusammenwirken, die Kontrolle der analytischen Theorie durch die analytische Methode verschiebt sich zugunsten eines einseitigen Überwiegens der Theorie, die der Analytiker nicht mehr mit den ihm vertrauten, sondern nur noch mit den Methoden des Wissen-schaftsgebietes überprüfen kann, in das er sich vorgewagt hat (der Mythenforschung, der Geschichte, der Ethnologie). Die Zukunft solcher Grenzüberschreitungen der Psychologie wird in entscheidendem Maß davon abhängen, ob sich die psychologischen Autoren zu dieser Prüfung bereitfinden (siehe auch Kap. IV, A).

3 Die Regressionstheorie von Traum und Mythos

Vorstellungsinhalte werden im Traum „nicht gedacht, sondern in sinnliche Bilder verwandelt"[17] – im Gegensatz zum Tagtraum, der die Vorstellungsinhalte denkt, aber dem Traum in anderen Zügen (Wunscherfüllung) verwandt ist (Freud 1900, 436). Um diese Umsetzung in sinnliche Bilder zu erklären, führte Freud den Begriff der Regression ein, der auch für die psychoanalytische Mythendeutung sehr wichtig werden sollte. Jeder psychische Vorgang, erläutert er, verläuft im allgemeinen vom Wahrnehmungs- zum Motilitätsende des seelischen Apparates. Das Wahrnehmungssystem hat, wie Freud (nicht ganz richtig) annimmt, keine Fähigkeit, Veränderungen zu bewahren, erbringt für das Bewußtsein aber eine Fülle sinnlicher Eindrücke. Umgekehrt sind die meisten Erinnerungen, auch jene am tiefsten eingeprägten unserer Kindheit, die ausmachen, „was wir unseren Charakter nennen" (Freud 1900, 440), meist unbewußt. Werden sie wieder bewußt, so zeigen sie nur geringe sinnliche Qualitäten, mindestens im Vergleich zu den Wahrnehmungen.

Es ist unmöglich, fährt Freud fort, den Traum zu verstehen, wenn man nicht zwei psychische Instanzen annimmt, von denen die eine die Arbeit der anderen kritisiert. Diese Kritik kann den Ausschluß einer Vorstellung vom Bewußtsein zur Folge haben. Die kritisierende Instanz steht dem Bewußtsein näher; Freud nennt sie das Vorbe-

---

17 Freud knüpft mit dieser allgemeinpsychologisch angreifbaren Beschreibung an Fechners Vermutung an, der „Schauplatz" der Träume sei ein anderer als der des wachen Vorstellungslebens. Die Forschungen etwa zur „Aktualgenese" (Sander 1927 und 1939) böten hier neue Gesichtspunkte, die aber für die gegenwärtige Diskussion weniger wichtig sind, so daß wir uns auf Freuds Darlegung beschränken können. Wahrscheinlich ist die Verwandlung der Vorstellung in „sinnliche Bilder" nicht durch eine Intensitätssteigerung der Vorstellungen selbst, sondern durch das im Traum fehlende, die bewußten Vorstellungen kennzeichnende „Bewußtsein des Nichtgegenwärtigen" (Dorsch 1959, 323) bedingt. Im Tagtraum werden Vorstellungen nicht gedacht, sondern eben als Vorstellungen erlebt.

wußte; nur durch es hat das Unbewußte Zugang zum Bewußtsein. Das Unbewußte stellt die Triebkraft für den Traum bereit, von ihm gehen die Traumvorstellungen (Freud zieht meistens die allgemeinpsychologisch sehr angreifbare Formulierung „Traumgedanken" vor) aus, welche sich bei der Passage durch das Vorbewußte allerhand Entstellungen gefallen lassen müssen. Tagsüber ist ihnen der Weg ohnedies verlegt; in der Nacht erhalten sie Zutritt; die Zensur wird schwächer, weil die Gefahr, daß die unbewußten Inhalte in Taten umgesetzt werden, geringer ist. (Physiologische Hypothesen zum Traumgeschehen, die von Freuds Theorie unabhängig sind, ohne ihr zu widersprechen, bei Dement 1958 und Kleitman 1963).

Die Träume, schließt Freud, müssen auf einem ungewöhnlichen, im Wachzustand nicht gangbaren Weg Zutritt ins Bewußtsein erlangen, denn sonst hätten sie ja Vorstellungs-, nicht Wahrnehmungs- oder Halluzinationscharakter. Er glaubt deshalb, daß die Erregung im Traum „einen rückläufigen Weg" nimmt. „Anstatt gegen das motorische Ende des Apparats pflanzt sie sich gegen das sensible fort und langt schließlich beim System der Wahrnehmung an" (Freud 1900, 442). Wenn die Richtung, in der sich beim wachen Menschen psychische Vorgänge fortpflanzen, progredient heißt, dann ist der Traum regredient. Nicht unähnlich hat es Hobbes (im Leviathan, 1651) formuliert: „In sum, our dreams are the reverse of our waking imaginations, the motion, when we are awake, beginning at one end, and when we dream at another." (zit. n. Freud 1900, 442)

Freud hält die Regression für eine der wichtigsten psychologischen Eigentümlichkeiten des Traumvorganges, spricht sie aber nicht dem Traum allein zu. Auch das Erinnern entspreche ja oft einem „Rückschreiten im psychischen Apparat von irgendwelchem komplexen Vorstellungsakt auf das Rohmaterial der Erinnerungsspuren, die ihm zugrundeliegen" (Freud 1900, 442). Allerdings vermag dieses Erinnern im Wachzustand niemals die Wahrnehmungsbilder halluzinatorisch zu beleben. Warum also im Traum? Freud erklärt es dadurch, daß durch die Traumarbeit die an den Vorstellungen haftenden Intensitäten (d. h. Affektbetonungen) voll von einer zur anderen übertragen würden; durch eine analoge Verschiebung erhielten die Traumvorstellungen den Charakter sinnlicher Intensität. Das ist nicht sehr plausibel; nach den heutigen Erfahrungen mit durch Psycholytika (Meskalin, Psilocybin, LSD 25) ausgelösten „experimentellen Psychosen" (Leuner 1963) dürfte eher die Schwäche der Zensur, d. h. der Stabilisierungsprozesse des Wachbewußtseins dafür verantwortlich sein.

Den Begriff der Regression hält Freud vor allem deshalb für so wertvoll, weil er erklärt, warum viele Denkrelationen im Traum verlorengehen. Ihr ist es also auch zuzuschreiben, daß die Aufklärer aller Zeiten der Überzeugung waren, Träume seien Schäume. „Das Gefüge der Traumgedanken", sagt uns Freud, „wird bei der Regression in sein Rohmaterial aufgelöst" (Freud 1900, 443). Unter diesem Rohmaterial versteht Freud die Assoziationen, aus denen sich seiner Ansicht nach der Traum zusammensetzt. Dieser Prozeß werde von unterdrückten, meist infantilen Erinnerungsspuren beeinflußt; diese bewahren ja auch bei Menschen, die sonst nur wenig visuell veranlagt sind, den Charakter sinnlicher Lebhaftigkeit. Damit knüpft Freud eine weitere Reihe von Schlüssen an die erste Fassung des Regressionsprozesses. Die Gedanken, welche dem Traum zugrunde liegen, verwandeln sich auch deshalb in visuelle Bilder, weil „die nach Neubelebung strebende, visuell dargestellte (Kindheits)Erinnerung" eine starke Anziehung „auf den nach Ausdruck ringenden, vom Bewußtsein abgeschnittenen Gedanken ausübt" (Freud 1900, 445). So wird der Traum zu einem „durch Übertragung auf Rezentes veränderten Ersatz der infantilen Szene" (Freud 1900, 445). Der Terminus „Gedanken" für den vom Bewußtsein abgeschnittenen Inhalt ist übrigens sehr unglücklich gewählt. Man kann Freud den Vorwurf nicht ersparen, daß er hier glaubt, durch die Traumdeutung etwas ursprünglich Gestaltetes wiederzuerkennen, während er doch – wenn er die theoretische Überlegung konsequent zu Ende führt – dem Gestaltlosen, das dem Traumbild unterliegt, durch die Deutung Gestalt gibt.

Die bisher geschilderte, topische Form der Regression ist nun nicht die einzige, welche für die Beziehung zwischen Traum und Mythos von Bedeutung ist. Die Psychoanalyse kennt noch zwei weitere Formen der Regression. Die erste davon ist die temporale Form, bei der auf „ältere psychische Bildungen" (Freud 1900, 447) zurückgegriffen wird. Freud versteht darunter vor allem die Regression der Libido; diese hängt eng mit der Fixierung der Libido auf bestimmten Stufen ihrer Befriedigung zusammen. Er hat diese Form der Regression einmal (Freud 1917) mit einem Gleichnis verdeutlicht: Die Libido entspricht darin einem Volksstamm auf Wanderschaft, der an bestimmten Stützpunkten Abteilungen zurückläßt. Wenn er nun auf dem Vormarsch auf Widerstände stößt, so liegt es nahe, daß er zu diesen Stützpunkten zurückkehrt, die den „Fixierungen" der Libido entsprechen. Je stärker diese Fixierungen sind, desto schwächer sind naturgemäß auch die Kräfte, welche den weiteren Marsch begleiten und den Kampf mit Widerständen aufnehmen, desto schneller wird dieser Kampf also auch zu einem Rückzug auf den am besten besetzten Stützpunkt führen. Ein Mädchen, dessen erste Liebesbeziehung gescheitert ist, kann die Bindung an eine Freundin wieder anknüpfen. Das wäre eine relativ seichte Regression, eine Rückkehr nicht weit in die Vergangenheit. Es könnte aber auch anfangen, übermäßig zu essen („Kummerspeck"): eine „tiefe" Regression, die Rückkehr zur oralen Stufe der Libidoentwicklung, als das gesamte Ausdrucksgeschehen sich noch im Bereich der Mundzone abwickelte (siehe auch Spitz 1967). Diese tiefe, orale Regression kann wiederum durch Essensverweigerung abgewehrt werden; dadurch inszeniert das Mädchen eine orale Szene (die Eltern wollen unbedingt, daß das Kind ißt) und erspart sich (und den Eltern) die erotische Szene, in der ein Liebespartner größere seelische Bedeutung gewinnt als die Eltern.

Die zweite Art der Regression ist die formale, bei der primitive Ausdrucks- und Darstellungsweisen die gewohnten ersetzen. Hierher würde auch die Auffassung einer „mythologischen Apperzeption" bei Wundt gehören. Topische, temporale und formale Regression sind naturgemäß eng verknüpft und treten häufig zusammen auf: Was zeitlich zurückliegt, ist auch formal primitiver und dem sinnlichen Wahrnehmen näher. Im ganzen, schließt Freud, sei das Träumen „ein Stück Regression zu den frühesten Verhältnissen des

Träumers, ein Wiederbeleben seiner Kindheit, der in ihr herrschend gewesenen Triebregungen und verfügbar gewesenen Ausdrucksweisen. Hinter dieser individuellen Kindheit wird uns dann ein Einblick in die phylogenetische Kindheit, in die Entwicklung des Menschengeschlechts versprochen, von der die des einzelnen tatsächlich eine abgekürzte, durch die zufälligen Lebensumstände beeinflußte Wiederholung ist". Deshalb erwartet Freud auch, durch die Analyse der Träume nicht nur Aufschlüsse über das Unbewußte des Individuums, sondern auch „Kenntnis der archaischen Erbschaft des Menschen" zu erlangen, ja „das seelisch Angeborene (also schon die „Archetypen" – W. S.) in ihm zu erkennen", und fordert für die Psychoanalyse einen hohen Rang „unter den Wissenschaften, die sich bemühen, die ältesten und dunkelsten Phasen des Menschheitsbeginnes zu rekonstruieren" (Freud 1900, 447).

Hier also liegt die Nahtstelle, welche nach Freuds Ansicht (und theoretisch wie methodisch ist kein tiefenpsychologisches und kaum ein psychologisches Werk schlechthin so einflußreich gewesen wie die „Traumdeutung") Traum und Mythos miteinander verbindet. Steht der mythenbildende Mensch aber wirklich dem Träumer nahe, der die topische Regression zu den sinnlichen Wahrnehmungsbildern vollzieht und in dem sich gewissermaßen der sonst von der Wahrnehmung zur Aktion laufende Strom psychischer Energie umkehrt?

Freuds Betrachtung des Mythos entspricht ganz der Haltung des 19. Jahrhunderts, die ihn auf ein „primitives" Denken zurückführen wollte. Daß es dieses spezifisch mythenbildend-primitive Denken gar nicht gibt, haben wir schon oben (Kap. I, C, 4) festgestellt; die dort erwähnten Einwände der modernen Ethnologie gelten auch gegen Freuds Bild des mythenbildenden Menschen.

Wer die psychoanalytische Methode der Traumdeutung auf Mythen überträgt, definiert damit den Mythos: Er ist, wie der Traum, die imaginäre Erfüllung unbewußter, teilweise verdrängter oder infantiler, häufig sexueller Wünsche. „Die Menschen selbst bilden den Mittelpunkt ihrer Mythen, und in diesen Mythen erleben sie die Erfüllung ihrer Wünsche", sagt Karl Abraham (Abraham 1955, 206,

Übers. W. S.) in konsequenter Entwicklung des Ausgangspunktes von Freud. Nach dieser Auffassung ist der überlieferte Inhalt des Mythos nur eine Oberfläche; die ihn bestimmenden Faktoren, welche allein seine Entstehung klären können, liegen tiefer, ja sind tückisch entstellt und verwischt. Die Deutung aber muß diese Entstellungen – Verdichtungen, Verschiebungen und symbolische Umsetzungen – wieder rückgängig machen, um den Mythos zu erklären.

In einer seiner späteren Arbeiten, der „Revision der Traumlehre" (1933) hat Freud noch einmal diese Zusammenhänge von seinem Standpunkt zusammengefaßt. Im manifesten Inhalt von Träumen, sagt er dort, „kommen recht häufig Bilder und Situationen vor, die an bekannte Motive aus Märchen, Sagen und Mythen erinnern. Die Deutung solcher Träume wirft dann ein Licht auf die ursprünglichen Interessen, die diese Motive geschaffen haben, wobei wir aber nicht den Bedeutungswandel vergessen dürfen, der im Laufe der Zeit dieses Material betroffen hat. Unsere Deutungsarbeit deckt sozusagen den Rohstoff auf, der häufig genug im weitesten Sinne sexuell zu nennen ist, aber in späterer Bearbeitung die verschiedenartigste Verwendung fand" (Freud 1933, 25). Diese Reduktion von Mythen auf manifeste Träume und von manifesten Träumen auf latente, meist sexuelle Traumgedanken haben ihm „den Zorn aller nicht analytisch gerichteten Forscher eingetragen", gesteht Freud, „als ob wir alles, was sich an späteren Entwicklungen darüber aufbaut, leugnen oder geringschätzen wollten" (1933, 26). Suaviter in modo konzediert Freud also auch der historischen oder ethnologischen Betrachtung von Mythen einen gewissen Geltungsbereich; fortiter in re behält er jedoch die primären Ursachen der Psychoanalyse vor, während sich die anderen Disziplinen mit der Aufhellung sekundärer Bearbeitungen zufriedengeben müssen. Gleich anschließend gibt Freud ein Beispiel, wie er sich eine solche Aufklärung mythologischer Themen durch die Traumdeutung vorstellt. Er erkennt in der Sage vom kretischen Labyrinth die „Darstellung einer analen Geburt (…); die verschlungenen Gänge sind der Darm, der Ariadnefaden die Nabelschnur" (Freud 1933, 26).

4 Psychoanalytische Methode und Mythendeutung

Der methodische Fehler solcher Enthüllungen „primärer Ursachen", wie sie Freud für den Labyrinthmythos gefunden zu haben glaubt, liegt in der Verwechslung einer Analogie mit einer Ursache. Ganz abgesehen davon, daß wir eine solche Interpretation einem kulturellen Klima voller viktorianischer Sexualverdrängungen zuordnen müssen, ist die direkte Erklärung von Gestalten oder Ereignissen der Mythologie durch Vorgänge im Unbewußten auch aus prinzipiellen Erwägungen fragwürdig. Mircea Eliade bemerkt, daß eine solche Erklärung durch Zurückführung mit der „Erklärung" von Flauberts Roman „Madame Bovary" durch einen Ehebruch vergleichbar ist. Es mag kein mythologisches Motiv und keinen Einweihungsritus geben, die nicht auch in der einen oder anderen Weise in Träumen oder anderen Äußerungen der Phantasie wiederkehren, bemerkt Eliade.

„Die Versuchung ist groß, und fast alle Psychologen sind ihr erlegen, die Gestalten und die Ereignisse der Mythologie aus den Inhalten und der Dynamik des Unbewußten abzuleiten. Von einem gewissen Gesichtspunkt aus haben die Psychologen (Eliade meint hier eher Jung als Freud – W. S.) recht; man kann die Funktion der Gestalten und das Ergebnis der Ereignisse auf den parallelen Ebenen der Tätigkeit des Unbewußten und der Religion bzw. Mythologie als entsprechend erkennen. Aber man darf Entsprechung nicht mit Abhängigkeit verwechseln" (Eliade 1961, 10).

Wie wir nachgewiesen haben, sind die Mythendeutungen der tiefenpsychologischen Schulen weitgehend an dem Modell der Traumdeutung gewonnen. Ethnologische und religionswissenschaftliche Differenzierungen werden ignoriert – und umgekehrt: Auch die älteren Religionswissenschaftler haben es abgelehnt, die Tiefenpsychologen zur Kenntnis zu nehmen (wie z. B. James Frazer, der sich nach einer Notiz Malinowskis (1981) nie dazu überwinden konnte, Freud zu lesen). Heute ist der Dialog in Gang gekommen; viele Religionswissenschaftler sind durchaus bereit, bestimmte Grunderkenntnisse der Psychoanalyse zu akzeptieren. Vielmehr scheinen die Tiefenpsychologen zu zögern, sich in die Gebiete von „Totem und Tabu" oder der „Zukunft einer Illusion" zu wagen.

Die Übereinstimmungen zwischen Religionswissenschaft und Tiefenpsychologie liegen vor allem darin, daß man mit Jean Daniélou heute in beiden Disziplinen den „Wahrheitswert von Gefühl und Bild wieder anerkennt". Mythos und Mysterium gelten nicht länger als Relikte einer prälogischen Mentalität, sondern als Äußerungen einer menschlichen Grundtendenz (Daniélou 1959, 84).

Eliades Charakteristik des Mythos, die eine erste Einschränkung der psychoanalytischen Methode erlaubt, ist vor allem an dem „lebenden" Mythos gewonnen, also nicht unmittelbar auf die Mythen der Griechen übertragbar. Aber auch der griechische Mythos war einmal lebendig; die Deutung eines Mythos kehrt immer in seine Entstehungszeit zurück. In dieser Entstehungszeit offenbart der Mythos, daß sich die Wirklichkeit völlig kundgegeben hat, stellt Eliade fest; diese Kundgabe ist zugleich schöpferisch und vorbildlich, sie strukturiert die Realität und begründet das menschliche Verhalten, wie es Jensen auch in seinen Untersuchungen über Kulte und Mythen bei Naturvölkern nachgewiesen hat (1951). Alle Mythen sind also auf irgendeine Weise kosmogonisch: Jede Geschichte dessen, was in der „gestaltenden Urzeit" (Jensen) geschah, ist „nur eine Abwandlung der vorbildlichen Geschichte: wie die Welt ins Sein trat" (Eliade 1961, 12). Die Mythologien sind also zugleich auch Ontophanien, sie zeigen die Ordnung der Welt und liefern Modelle für das Verhalten der Menschen. Diese Ontophanie aber bedeutet bei Mythen immer auch Theophanie oder zumindest Hierophanie: Götter oder die halbgöttlichen Dema-Wesen (Jensen 1966) haben die Welt geschaffen, die Seinsweisen der Menschen und auch der Tiere begründet; die Offenbarungen der gestaltenden Urzeit sind zugleich ein Einbruch des Heiligen in die Welt. Und indem sich der Einzelne nach der Weise der Kulturheroen oder Götter verhält, wiederholt er ihre Handlungen, ja gewinnt Anteil an ihrer Gegenwart.

Im Gegensatz zum Traum, bemerkt Eliade, kann der Mythos gar nicht teil-bezogen, privat und persönlich sein. Er ist nur soweit Mythos, als er von übermenschlichen Wesen kündet, die sich vorbildhaft verhalten – das heißt auch: allgültig verhalten.

„Schließlich ist noch eine wichtige Besonderheit zu beachten: Der Mythos wird vom ganzen Menschen angenommen, er wendet sich nicht nur an dessen Verstand oder an seine Phantasie. Wenn er nicht mehr als Offenbarung der ‚Mysterien' angenommen wird, so ‚sinkt' der Mythos ‚ab', er verdunkelt sich, wird Märchen oder Legende" (Eliade 1961, 13).

Im Gegensatz dazu wird der Traum nie vom ganzen Menschen erlebt und gelebt, er kann sich nicht in eine ähnliche ontologische Ordnung aufschwingen – wofür kaum ein Buch eindringlichere Beweise liefert als Freuds „Traumdeutung". Man kann den Traum deuten; doch die Botschaft, die er vermittelt, ist immer individuell. In seiner eigenen Welt betrachtet, „fehlen ihm die wesentlichen Dimensionen des Mythos: Vorbildlichkeit und Allgültigkeit" (Eliade 1961, 14).

Vor dem Hintergrund der Resultate der Religionsgeschichte scheinen auch Bedenken gegen die psychoanalytische Verklammerung von Mythos und Traum durch den Regressionsbegriff angezeigt. Freud, der so viele Vorurteile und Hemmungen der Psychologie des 19. Jahrhunderts überwinden sollte, ist hier selbst einem ihrer Vorurteile zum Opfer gefallen. Die mythische Welterfahrung ist keineswegs eine urtümliche und irrtümliche Vorläuferin der kausalnaturwissenschaftlichen, sondern sie liegt auf einer ganz anderen Ebene. Dieser Irrtum konnte sich vor allem deshalb so lange halten, weil diese verschiedenen Ebenen der Ontophanie keineswegs immer getrennt waren. Der Mythos ist auch primitive Naturwissenschaft. Aber er ist eben nur als Naturwissenschaft primitiv – in jenem abschätzigen Sinn, den die heutige Ethnologie dem Wort gerne nehmen möchte – nicht aber als Ontophanie schlechthin. Von diesem Standpunkt aus ist der Ansatz des 19. Jahrhunderts gar nicht so radikal falsch, wie ihn viele Autoren des 20. gerne hinstellen. Er wird nur dann falsch, wenn man ihn verallgemeinert, und glaubt, mit ihm schon das ganze Wesen und jeden möglichen Aspekt des Mythos erfaßt zu haben.

So verlockend es sein mag, mit der via regia ins Unbewußte (so nannte Freud die Traumanalyse) gleichzeitig einen Paß in die Werkstatt der Mythologien zu gewinnen – eine Hoffnung, die Freud (1900, 447) deutlich ausgesprochen hat –, so wenig darf sich die Psychoanalyse Illusionen darüber machen, daß sich dieser Paß als ungültig erwiesen hat, zumindest wenn man von ihm allein den Eintritt erhofft.

Er verschafft allenfalls Zutritt zu der Dynamik von Neurosen, in denen religiöse Probleme eine Rolle spielen. Aber aus solchen Daten den Ursprung eines Mythos erschließen zu wollen, ist wenig sinnvoller als z. B. aus der Beobachtung eines Flugzeugabsturzes auf die Konstruktion von Flugzeugen überhaupt schließen zu wollen.

„Die Entsprechung zwischen Personen und Ereignissen eines Mythos und eines Traumes besagt nicht deren wurzelhafte Identität. Das ist eine Selbstverständlichkeit, die man nicht oft genug wiederholen kann, denn immer besteht die Versuchung, die geistigen Welten dadurch zu erklären, daß man sie auf einen vorgeistigen „Ursprung zurückführt" (Eliade 1961, 15).

Zu diesen allgemeinen und prinzipiellen Erwägungen treten für den hier um der Demonstration willen untersuchten „Fall" spezielle Einwände gegen die psychoanalytische Deutung des Ödipus-Mythos. Wie Borkenau (1957) bemerkt, verfuhr Freud hier nach Prinzipien, die er selbst bei der Analyse eines Patienten verworfen hätte. Wie er es nämlich ablehnt, einen Traum zu deuten, ohne daß er die freien Einfälle des Träumers zu den einzelnen Trauminhalten kennt, so dürfte er sich bei der Deutung eines Mythos nicht auf eine einzige, nur stückweise berücksichtigte Quelle – die Tragödie Oidipus tyrannos des Sophokles – stützen, sondern müßte die vielen, aus anderen Quellen stammenden und zu anderen Deutungen führenden Versionen des Mythos berücksichtigen (Borkenau 1957, 8). Methodenkritisch gesehen, ist die psychologische Bearbeitung historischer Fragen erst dann gerechtfertigt, wenn die Ergebnisse der historischen Forschung in vollem Umfang einbezogen werden. Das heißt keineswegs, daß sich der Psychologe in solchen Fällen an die Stelle des spezialisierten Historikers setzen muß; er ist lediglich verpflichtet, sich über den Fortschritt der Spezialisten zu informieren (s. a. Eliade 1959, 91). Inzwischen ist die psychoanalytische Theorie in einem Stadium, in dem man nicht mehr von einem einzigen, durchgängig gebrauchten metapsychologischen System ausgehen kann. Es gibt auf der einen Seite Tendenzen, die Gefahr einer Verdinglichung und einer mystifizierenden Verwendung Freud'scher Begriffe („da hat mir wieder mein Überich einen Streich gespielt") durch Preisgabe der Metapsychologie und eine strikte Handlungstheorie (Schafer 1976) zu bekämpfen. Dagegen wird eingewendet, daß durch solche Entmythologisierungen Theorie und Praxis verarmen; sinnvoller sei vielleicht eine kritische Distanz zu den analytischen Metaphern (Buchholz 1993). Für die Mythendeutung besonders wesentlich sind die Überlegungen zum psychoanalytischen Symbolbegriff, die von Alfred Lorenzer seit 1970 vorgetragen wurden und mit den Beobachtungen von Habermas zusammenhängen, der sich noch ausführlicher als Lorenzer mit dem Selbstmißverständnis der Psychoanalyse als Naturwissenschaft („das szientistische Selbstmißverständnis") beschäftigt hat (Habermas 1973, 262ff)

Freud hat sich immer als Naturwissenschaftler verstanden, allerdings weniger im methodischen Sinn als in seinem rhetorischen Vorgehen. Lorenzer hat nun darauf hingewiesen, daß der Symbolbegriff Freuds signalisiert, wie weit er sich von der Naturwissenschaft fortentwickelt hat: Wer Symbole deutet, betritt das Gebiet der Geistes- und Sprachwissenschaften, genauer das Feld der Philosophie, Unterabteilungen Semantik und Semiotik.

Ohne die psychoanalytische Freud-Kritik durch Lorenzer in diesem Punkt zu registrieren, hat später auch Lévi-Strauss (1987) gegen Freuds widersprüchliche Auffassung polemisiert. In der Tat ist schwer zu verstehen, weshalb es einerseits der Biographie unterworfene Traumsymbole geben soll, die durch freie Einfälle geklärt werden müssen, andrerseits aber auch „ahistorische" Sexualsymbole, die direkt übersetzt werden können. In der Auffassung, daß diese Symbole sozusagen phylogenetische Konstanten sind – eine Problematik, die sich auch angesichts des Archetypus-Begriffs ergibt – sind in der Entwicklung des psychoanalytischen Denkens die biologistischen Positionen bereits früh geräumt worden: Rank und Sachs knüpfen 1913 in ihrem Aufsatz über die Bedeutung der Psychoanalyse für die Geisteswissenschaften noch an entsprechende Konzepte Freuds an. Aber bereits Ernest Jones hat 1962 diese Auffassung revidiert und ausdrücklich vermutet, daß die Symbolik immer wieder neu aus dem individuellen Material geschaffen wird; er schlägt vor, nicht mehr von Bedingungen zu sprechen, die unabhängig von den Individuen sind.

Lorenzer und ihm folgend Kaminski-Knorr (1990) haben vorgeschlagen, die psychoanalytische Symbollehre durch Integration der später entwickelten Ansätze in der Philosophie, vor allem von Ernst Cassirer und seiner Schülerin Susanne Langer (1984) zu modernisieren und – ähnlich wie in der ersten Fassung dieser Arbeit in Bezug auf den Mythos – auch in der Symbolik einen pluralistischen Weg zu suchen, der die Ergebnisse der Spezialdisziplinen einbezieht. In diesem Zusammenhang zitiert Lorenzer Cassirers Aussage, daß im menschlichen Symbolisieren „eine Welt selbstgeschaffener Bilder" dem entgegentritt, was wir „die objektive Wirklichkeit der Dinge nennen", und sich gegen diese „in selbständiger Fülle und ursprünglicher Kraft" behauptet. (Cassirer 1965, zit. n. Lorenzer 1976, 47). Ähnlich ist auch Langer überzeugt, daß die Symbolbildung eine ebenso ursprüngliche und unvermeidliche Tätigkeit des Menschen ist, wie Essen, Schauen oder Sichbewegen; sie ist zugleich der fundamentale geistige Prozeß schlechthin, aus dem sich alle anderen ebenso differenzieren, wie Wissenschaft, Dichtung, Märchen, Sage usw. aus dem Mythos.

Langer teilt die Symbolik in „diskursive" und „präsentative" Formen, wobei die diskursiven vor allem durch die artikulierte Sprache und die ihr innewohnende logisch-mathematische Klarheit charakterisiert sind, während die präsentativen Symbole jenseits der formalen Logik liegen und im Bereich des Unsagbaren angesiedelt sind, beim Numinosen, im Mythos, in der Musik und in der Kunst. Diese Unterscheidung ähnelt der Zweiteilung Freuds: Dem logisch

POSTKARTE

Ernst Reinhardt Verlag
Postfach 38 02 80

D-80615 München

Name, Vorname

Straße

PLZ, Ort

Bitte senden Sie Ihre Informationen auch an:

Name, Vorname

Straße

PLZ, Ort

Damit wir Sie regelmäßig informieren können, erlauben wir uns, Ihre Angaben elektronisch zu speichern.

100 Jahre Ernst Reinhardt Verlag 1899 – 1999

Sehr geehrte Leserin, sehr geehrter Leser,

zum 100jährigen Jubiläum des Ernst Reinhardt Verlags möchten wir uns bei all unseren interessierten und treuen Lesern herzlich bedanken!

Möchten Sie außerdem regelmäßig von uns informiert werden?

☐ Ja, ich möchte kostenlos über die Neuerscheinungen des Ernst Reinhardt Verlages informiert werden, und zwar zu den Themen

☐ Psychologie/Psychotherapie
☐ Kindertherapie
☐ Pädagogik/Sozialpädagogik
☐ Heil- und Sonderpädagogik
☐ Sonderpädagogik

☐ Logopädie/Sprachheiltherapie
☐ Tests/Graphologie
☐ Elternratgeber
☐ Gerontologie
☐ Management

und zu meinem Spezialgebiet ....

*Wir freuen uns auf Ihre Antwort und verbleiben
mit freundlichen Grüßen
Ihr Ernst Reinhardt Verlag!*

info@reinhardt-verlag.de • www.reinhardt-verlag.de • info@reinhardt-verlag.de • www.rein-

geordneten und realitätsorientierten Sekundärprozeß stellt er in der „Traumdeutung" (1900) einen von unbewußten Komplexen geprägten, dem Wunschdenken unterworfenen Primärprozeß gegenüber.

Kaminski-Knorr betont die Parallelen zwischen dem von Cassirer beschriebenen „mythischen Modus" (1953) und dem Freudschen Primärprozeß, vor allem die beiden gemeinsame Qualität der Zeitlosigkeit, des Mangels von Abstraktion, die Ungeschiedenheit des Ganzen und seiner Teile (Kamninski-Knorr 1990, 260). Doch hebt Kaminski-Knorr auch die Unterschiede zwischen Cassirers Konzept des mythischen Denkens und Freuds Primärprozeß hervor: Cassirer nimmt an, daß jede Form der Erkenntnis ein mythisches Stadium durchläuft, ehe sie logisch geprägt wird. Damit wertet er das mythische Denken auf und entfernt es von Primitivität oder gar Pathologie. Es wird als Ursprung der menschlichen Weltsicht und elementarste Form der Kreativität anerkannt.

In Cassirers Spuren, aber expliziter als dieser, unterscheidet Langer zwischen einer diskursiv fundierten Erkenntnistheorie, die zur Wissenschaftskritik führen kann, und einem nichtdiskursiven, ganzheitlich-„mythischen" Denken, das zu einer Theorie des Verstehens und zur Kunstkritik führt. Gemeinsame Wurzel beider Manifestationen der menschlichen Fähigkeit, Begriffe zu formen, ist die symbolische Transformation (Langer 1984, 145). Symbole sind kein Teil der natürlichen Welt; sie treten ihr vielmehr mit ihrer eigenständigen Kraft gegenüber, Bedeutungen zu verleihen.

5 „Ödipus hat geträumt" – Die Mythendeutung von Rolf Vogt

Reflektierter und vor allem an der Quellenkunde weit interessierter als andere Psychoanalytiker, dokumentiert Vogt in seiner auf die Sphinx zentrierten Deutung des Ödipus-Mythos die starken ideologischen Prägungen, mit denen so viele (und vielleicht alle) Deuter an den Mythos herangehen. Sympathisch wirkt, daß er sich diese durchaus zugesteht, ehe er zu seinen kühnen Konstruktionen ansetzt, in denen plötzlich alle Kritik an Kollektivseelen vergessen scheint. Das Modell der Mythendeutung bleibt der Traum – allerdings, um die vielen Bearbeitungen zu integrieren und die Situation dem sozial geprägten Alltag anzunähern, der Tagtraum. Da es keinen Patienten gibt, der freie Einfälle äußert, macht Vogt Ödipus zu diesem Patienten und erklärt alles, was es an widersprüchlichen Überlieferungen zum Ödipus-Mythos gibt, zu Einfällen dieses imaginären Träumers. Unklar ist, ob nun Sophokles diesen Traum zuerst geträumt hat, oder ob er ganz der mythischen Person selbst, hinter die Vogt eine noch vagere Figur – „Griechenland" – stellt, zugeschrieben wird. „Griechenland ist das kollektive, ‚träumende' und phantasierende, das heißt mythenproduzierende Subjekt." (Vogt 1989, 46)

Nicht zufällig findet Vogt nun in den Deutungen und Assoziationen dieses imaginären Patienten das meiste, was heute in der klinischen Literatur an die Stelle der klassischen Auffassung über den Ödipus-Komplex getreten ist. Ähnlich wie Pellegrino (den Vogt in seiner Literaturrecherche übersehen hat), deutet er die Sphinx kleinianisch als angsteinflößende Verfolgerin, die den bösen Anteil der Mutter verkörpert, einer Mutter, die ihr Neugeborenes aussetzen und töten läßt. Der Widerspruch, der in der Fessel-Durchbohrung eines drei Tage alten Säuglings liegt, wird von Vogt durch die Deutung der „antizipatorischen Projektion einer symbolischen Kastration" erklärt. Andrerseits hänge die Lähmung mit dem Thema der Loslösung zusammen, ein Motiv, das sich im Rätselinhalt spiegelt, in dem es auch um Bewegung geht: Bewegung im Sinne Melanie Kleins ist aber immer Bewegung in Bezug auf die Mutter (bzw. den in der Übertragung mit Mutter-Aspekten versehenen Analytiker). Dann sind die durchbohrten Füße ein Symbol für die Unfähigkeit, sich von der Mutter zu trennen. In der Behandlung durch Vogt entpuppt sich Ödipus als typisch „frühgestörter" Patient, der bald nach der Geburt traumatisiert wird, in der Adoleszenz Näheangst und Weglauftendenzen entwickelt und dennoch lebenslänglich an beide Eltern gebunden bleibt, verfolgt von einer destruktiven Mutter (der Sphinx), die nur imaginär besiegt werden kann: Ödipus bezwingt sie zwar in der Rätselszene, aber sein eigener, rätsellösender Impuls enthüllt schließlich seine tragische Mutterbindung.

„Die Sphinx ist demnach die verfolgende destruktive Mutter, die ihn durch die frühe Verstoßung für immer an sich bindet und die er ständig in sich abwehren muß, um nicht in Depressionen und Selbstzerstörung zu verfallen. Er kann sich nicht Jokaste, der begehrten ödipalen Mutter nähern, wenn ihre liebenswerten Züge verzerrt sind durch das mörderische Gesicht der Sphinx. Er stürzt die Sphinx in die Tiefe, das heißt, er verdrängt die bösen Aspekte der Mutter ins Unbewußte. Der Weg zu Jokaste, der verführerischen ödipalen Mutter, ist dadurch zunächst frei." (Vogt 1989, 79)

Vogt ist ein mythenkundiger Kliniker, der sich auch mit der gesellschaftlichen Rolle der Psychoanalyse auseinandersetzt. Über beide Wissensgebiete findet sich in seinem Buch viel Interessantes. Aber der Zusammenhang zwischen den Mythen und ihren Deutungen ist mit eben jener Gewaltsamkeit hergestellt, die auch notwendig ist, um aus einem thebanischen Heros den Patienten eines modernen Analytikers und aus Sophokles einen Tagträumer zu machen. Man fragt sich, wie diese Argumentation Occams Rasiermesser standhalten soll, wonach wir in der Wissenschaft überflüssige Begriffe vermeiden müssen. Man kann – wie es Vogt tut – allerlei z. B. gegen Freuds Auffassung der weiblichen Sexualität sagen; diese Diskussionsrichtung ist in der Psychoanalyse seit den Arbeiten von Klein, Karen Horney und Marie Torok gut vertreten. Aber wenn nun plötzlich ein mythisches Ungeheuer wie die Sphinx herbeifliegt, um diese theoretischen Neuerungen zu unterstützen, dann mutet das nicht nur wie Zauberei an – es ist auch welche. Sie zeigt die ungebrochene Anziehungskraft der griechischen Mythologie als Projektionsmedium.

Die psychoanalytische Praxis mit ihrer großen Vielseitigkeit an Informationen, ihrer Qualität der ständigen Begegnung mit menschlichen Grenzsituationen von Liebe und Haß, Mordimpulsen und Rettungsphantasien, sexuellem Mißbrauch, Panikzuständen und Angstabwehr führt sicher dazu, daß der Psychoanalytiker Metaphern für existenzielle Situationen überall dort sucht und findet, wohin er in seiner eigenen Lebensgeschichte gerät. Freuds Konzeption des Ödipus-Komplexes hat diese Qualität. Der Rückschluß vom Komplex auf den Mythos drückt den Wunsch aus, diese eigenen Metaphern mächtiger und stabiler zu machen, als sie sind. Darin liegt ein Bedürfnis der Psychoanalytiker und anderer Autoren[18], das als solches analysiert und nicht als fundierbare Forschungsaussage ausgegeben werden sollte.

Zur Illustration ein selbsterlebtes Beispiel: Während einer analytischen Sitzung mit einer 45jährigen Ausbildungskandidatin, die bitter über ihre weibliche Verletzbarkeit, die unerfüllbaren Ansprüche und die mangelnde Zuwendung ihrer Mutter klagte, fällt mir folgende Deutung ein: Sie wünsche sich, wie Pallas Athene, jungfräulich und unverwundbar in voller Rüstung nicht aus dem Leib einer Mutter, sondern aus dem Haupt des Vaters geboren zu sein.

Diese Deutung sagt etwas über mein Bild von der Patientin, meine Konstruktion über ihre Familiendynamik (tatsächlich war ihr Vater ein erfolgreicher Unternehmer) und meine klassische Bildung. Sie kann der Patientin ein Stück Distanz zu ihrem intellektuellen Größenanspruch geben, durch Disziplin und Kontrolle auch ihr Liebesleben zu meistern. Aber sie sagt meiner Überzeugung nach nichts über die Quellen des griechischen Mythos, in dem Unverwundbarkeit und starke Rüstung ebenso wie die Jungfräulichkeit einer Stadtgöttin Symbole für den Erhalt der Struktur des Gemeinwesens waren und unser gegenwärtiger, psychoanalytischer Begriff von einer schutzwürdigen Ichstruktur des Individuums wohl noch keine Rolle spielte. Ich kann mir in einem historischen Roman das attische Töchterchen ausmalen, das seine Vaterbindung durch den Mythos von der Geburt der Athene ausdrückt. Aber ich kann mir dieses Mädchen nicht im Attika der mythenschaffenden Kultur vorstellen

---

18 Etwa eines Dunkelschreibers wie Rudolf Heinz (1991), dessen fast unlesbarem Text, einem Gemisch aus Mythosophie und Zeitungslektüre, ich nur entnehmen kann, daß auch er gegen das Patriarchat und die Psychoanalyse mit ihrem „subjektivistisch borniertem Ödipuskomplex" (S. 4) kämpfen möchte.

und glaube deshalb auch nicht, daß meine Deutung, die in der analytischen Situation ihren Zweck erfüllen mag, mir etwas über den Mythos sagt, was über mein narzißtisches Bedürfnis nach Machtsteigerung im Bereich der Sinndeutung hinausgeht.

Vogt rechtfertigt seine waghalsigen und meiner Ansicht nach unzutreffenden Konstruktionen über Ödipus, Sophokles und die Sphinx als Suche nach einer genuin psychoanalytischen Umgangsform mit dem Mythos. Ich kann diese Suche aber in seinem Vorgehen nicht entdecken; er scheint mir dasselbe Verhältnis zum Mythos einzunehmen, wie es in der Analyse das Agieren zum Analysieren tut. Medium und Ziel der analytischen Methode sind die Erlebnisse eines Menschen und die Einfälle in der analytischen Situation zu diesen Erlebnissen. Die Analyse des mythendeutenden Betrachters ist methodisch möglich; der Mythos selbst ist auf diesem Weg nicht zu erreichen.

6 Thedore Lidz' Lösung des Rätsels der Sphinx

Anders als Vogt und Pellegrino, und wiederum unabhängig von diesen und ohne sie zu zitieren, sieht Thedore Lidz die Lösung des Rätsels der Sphinx in einem seiner Lieblingsgedanken über die „Maskulinisierung": Was die Sphinx besiegt, ist die Erkenntnis des Heros, daß ein Mann ohne eine Mutter auskommt. Man könnte auf den ersten Blick einwenden, daß es nicht nötig ist, die thebanische Sage zu bemühen, um zu diesem Macho-Klischee zu kommen.

Lidz hat darüber hinaus viele Einsichten in die interkulturellen Unterschiede der Mannbarkeitsrituale zusammengetragen. Seine Ödipusdeutung unterscheidet sich inhaltlich, aber nicht konzeptionell von anderen Deutungen. Auch sie hat, wie die meisten psychoanalytischen Interpretationen, vor allem die Funktion, Schritte der psychoanalytischen Entwicklungslehre sozusagen zu mythifizieren.

Interessant ist, daß drei Autoren, die einander nicht zur Kenntnis genommen haben und deren Prioritätsstreit wohl von Pellegrino gewonnen würde, nicht mehr Ödipus, sondern die Sphinx als Repräsentantin der verschlingenden Mutter in den Mittelpunkt ihrer Deutung rücken. Was ist es, das die jüngeren Psychoanalytiker an diesem Rätsel so fesselt, doch einer späten, literarisch geprägten Zutat zum ursprünglichen Mythos? Ist es die Basis-Identifizierung des Berufsstandes mit Freud, der an seinem fünfzigsten Geburtstag eine Medaille mit Ödipus vor der Sphinx erhielt? Auf sie war auch der griechische Spruch geprägt, der Ödipus preist: „Löser der berühmten Rätsel, der ein Mann war, reich an Macht" (Sophokles, König Ödipus Vers 1525, zit. n. Willige 1966, 449; vgl. die Untersuchung dieser Szene bei Rudnytsky 1987, 4f). Indem er das Rätsel löst, überwindet der Held die erdrückende, verschlingende Mutter und fürchtet sich hinfort nicht mehr vor den Frauen (Lidz 1989, 154).

Lidz sucht allerdings diese Deutung, die sicherlich viel mehr über die zeitgenössische Psychoanalyse als über die thebanische Mythologie sagt, durch eine Erweiterung des Blicks auf die Traditionen dieser Mythologie zu untermauern. Sein Hinweis darauf, daß die thebanische Sage von Anbeginn die Macht der Mutter leugnen will, ist auch ein Ansatz, die enge psychodynamische Auffassung historisch zu erweitern. Analog dazu unternimmt er den sehr interessanten Versuch, die psychoanalytischen Hypothesen über die Entstehung der männlichen Geschlechtsidentität (mit ihrem immanenten Zwang, sich aus der frühen Identifizierung mit der Mutter zu befreien), an den Mannbarkeitsritualen in Papua-Neuguinea zu dokumentieren, die er in einer eigenen Feldforschung untersucht hat (Lidz 1989). Im Einzelnen weist Lidz darauf hin, das Kadmos auf der Suche nach der aus Kreta entführten Europa nach Theben gelangte und sein Volk den Zähnen eines Drachen entsproß, den er dort erschlug. Kadmos Tochter Semele ist die Mutter des Dionysos, aber sie konnte ihn nicht gebären, denn sie wollte Zeus in seiner ganzen Macht sehen und starb unter dem Blitzschlag. Zeus wurde zur Leihmutter, ließ den Fetus in seinen Schenkel einnähen und rettete so den ungeborenen Sohn. Auch die relativ apokryphe Überlieferung, wonach Laios homosexuell war, Pelop's Sohn Chrysippos entführte und von diesem verflucht wurde, Opfer seines eigenen Sohnes zu werden, deutet Lidz in diesem Sinn.

Wichtig wäre es, in diesem Kontext die sozialen Veränderungen (Unterdrückung der Kulte einer früheren Bevölkerung durch Eroberer) und die Akzentuierung männlicher Desidentifizierung von der Mutter zu unterscheiden. Lidz vollzieht diese Schritte implizit, ohne sich über die methodischen Fragen Gedanken zu machen. Er pendelt zwischen einer Deutung matriarchaler Mythen und der männlichen Entwicklung, steuert zu beidem Interessantes bei, überlegt aber nicht, inwiefern sich mythische Traditionen und persönliche Konflikte unterscheiden. So bleibt auch unklar, was an der Untersuchung der Mannbarkeitsrituale im Kontext der Papua interpretiert ist, und was aus dem eigenen Behandlungszimmer in die Steinzeitkultur importiert wird. Lidz' von den Murphys (1974) übernommene These vom universellen und existenziellen Makel der männlichen Rolle dürfte jedenfalls weder von den Thebanern noch von den Papua geteilt werden. Dieser männliche Grundwiderspruch liegt darin, daß für Männer – wie für Frauen – Frauen das primäre, prägende Geschlecht sind, daß die erste nicht selbstbezogene Regung sich auf die Mutter richtet, daß Mütter die Knaben nähren, beherrschen, verführen, ihnen als Identifikationsobjekte zur Verfügung stehen – und doch sollen diese Knaben Männer werden. (Murphy u. Murphy 1974, 226)

C Mythendeutung bei C. G. Jung und seinen Schülern

1 Vorbemerkungen

Man hat die Archetypenlehre C. G. Jungs mit der Ideenlehre Platons verglichen (z. B. Richter 1963); eine kritische Betrachtung erweist aber neben Gemeinsamkeiten auch wesentliche Unterschiede, zu denen auch der zählt, daß Platon eine sehr viel klarere Terminologie verwendet. Jungs Werke weisen Abstufungen des kritischen Niveaus auf, die ihre methodische Untersuchung sehr erschweren. Begriffe werden unterschiedlich definiert und schließlich an anderen Stellen in einer Bedeutung verwendet, die allen bisherigen Definitionen widerspricht. Jung versucht gar nicht, diese Widersprüche bei der nächsten Verwendung des betreffenden Begriffs zu beseitigen. Ja er fügt einen völlig neuen Aspekt hinzu oder bittet, „der Leser möge sich nicht daran stoßen, daß meine Darstellung wie ein gnostischer Mythos klingt" (Jung 1952, 43).

2 Der Begriff des Archetypus

Während die Inhalte des persönlichen Unbewußten laut Jung die „gefühlbetonten Komplexe" (Jung 1954, 4) sind, konstituiert sich das gemeinmenschliche, „kollektive Unbewußte" aus Archetypen, die Jung zunächst sehr allgemein als einen unbewußten Inhalt definiert, „welcher durch seine Bewußtwerdung und das Wahrgenommensein verändert wird, und zwar im Sinne des jeweiligen individuellen Bewußtseins, in welchem er auftaucht" (Jung 1954, 6). Der Terminus Archetypus ist übrigens nicht von Jung geprägt; er findet sich schon bei Philo Judaeus in bezug auf das Bild Gottes im Menschen, und bei Irenäus („Gegen die Häretiker" s.a. Jung 1954, 4). Mythen und Märchen sind ein „wohlbekannter Ausdruck der Archetypen" (Jung 1954, 5), aber der Archetypus weicht auch wieder von der historischen Formel ab, er ist eine „noch unmittelbar seelische Gegebenheit", die noch nicht – wie Märchen und Mythen – bewußt bearbeitet wurde. Unmittelbar erscheint der Archetypus in Träumen und Visionen, und ist dann „viel individueller, unverständlicher oder naiver als (...) im Mythos" (Jung 1954, 6).

Jung wendet sich gegen Freud, der „das Mythologem auf die personale Psychologie zu reduzieren" (Jung 1954, 492) versucht habe, obschon er gesehen habe, daß die Träume Archaismen enthalten. Diese Archaismen aber sind keine persönlichen Erwerbungen, sondern „zum mindesten Reste einer früheren Kollektivpsyche" (Jung 1954, 492).

Nach diesen Ausführungen Jungs liegt nahe, den Archetypus für eine Art unbewußter Urvorstellung, d. h. tatsächlich für eine Idee im Sinne von Platons Höhlengleichnis zu halten. Manche Kritiker Jungs (z. B. Jensen 1966, Kemper 1955) haben sie auch so dargestellt und abgelehnt, nicht ganz zu Unrecht, spricht Jung ja selbst von einem „unbewußten Inhalt", und gebraucht den Archetypus-Begriff auch hermeneutisch so, als handele es sich um spontan auftretende, aus der Erfahrung des Individuums nicht zu erklärende Vorstellungen, z. B. in seiner Deutung eines Märchens (Jung 1957, 92ff). An anderer Stelle aber nennt Jung eine solche Auffassung ausdrücklich ein Mißverständnis und hebt hervor, daß die Archetypen nur formal, nicht aber inhaltlich bestimmt sind; er vergleicht sie mit dem Achsensystem eines Kristalls, welches die Kristallbildung in der Mutterlauge (die in diesem Falle wohl die Bewußtseinsinhalte einer bestimmten Kultur wären) gestaltet, ohne selbst stofflich zu existieren. Der Archetypus ist also ein „an sich leeres, formales Element" (Jung 1954, 95), „an und für sich existiert das kollektive Unbewußte auch gar nicht, indem es nämlich nichts ist als eine Möglichkeit, jene Möglichkeit nämlich, die uns seit Urzeiten in der bestimmten Form der mnemischen Bilder oder anatomisch ausgedrückt, in der Gehirnstruktur vererbt ist" (Jung 1931, 68). Deshalb kann man den Archetypus, wie Jung zugibt, nicht direkt, sondern nur indirekt nachweisen: als regulatives Prinzip in einem schon gestalteten Stoff, „nur durch Rückschluß aus dem vollendeten Kunstwerk vermögen wir die primitive Vorlage des urtümlichen Bildes zu rekonstruieren" (Jung 1931, 68). Jung sieht im Archetypus eine kollektive Erlebnisbereitschaft, die zu persönlichen Erlebnissen im selben Verhältnis steht wie die allgemeine Struktur des menschlichen Körpers zu den Besonderheiten des Individuums. Daß Jung diesen Vergleich nicht bildlich, sondern auch wörtlich auffaßt, erkennt man, wenn er von den Archetypen als „Urbildern" spricht, die „wenn sie überhaupt je ‚entstanden' sind", zusammen „mit dem Beginn der Gattung" entstanden (Jung 1954, 94). Andrerseits glaubt Jung aber auch, daß die Archetypen „gewissermaßen die psychischen Residuen unzähliger Erlebnisse desselben Typus" sind, die „Millionen individueller Erfahrungen im Durchschnitt" schildern und dergestalt „ein Bild des psychischen Lebens" geben, „erteilt und projiziert in die vielfachen Gestalten des mythologischen Pandämoniums" (Jung 1931, 69).

Glaubte Jung an eine Vererbung erworbener Eigenschaften? Er schien zu wissen, daß diese Hypothese heute allgemein abgelehnt wird, und hat sich deshalb gehütet, sie jemals ausdrücklich zu diskutieren. Daß gerade das letzte Zitat sehr nahe an eine Neuauflage der Theorie Lamarcks führt, ist nicht zu übersehen; daß Jung an anderer Stelle fast das Gegenteil sagt, ist eines der terminologischen Ärgernisse, welche das Verständnis dieses Autors so schwierig, wenngleich bestimmt nicht fruchtlos gestalten.

Ganz allgemein scheint Jung in seiner kritischsten theoretischen Arbeit (1954) einen rein formalen, ausschließlich potentiellen, nichtinhaltlichen Archetypus-Begriff zu zeichnen. Der Archetypus ist also nicht erworben, sondern er war schon immer da, seit die Gattung homo existiert, er spiegelt die Instinktausrüstung des Menschen nach innen: „Insofern die Archetypen regulierend, modifizierend, und motivierend in die Gestaltung der Bewußtseinsinhalte eingreifen, verhalten sie sich so wie Instinkte" (Jung 1954, 564).

Für Jung liegen daher Überlegungen nahe, ob die Archetypen nicht mit den Trieben (und Instinkten; Jung verwendet beide Termini in gleicher Bedeutung) identisch sind; ihre „typischen Situationsbilder" entsprächen dann den „Triebgestalten", wie Jung „patterns of behaviour" übersetzt (Jung 1954, 558). Der Trieb hat gewissermaßen zwei Gesichter: einerseits wird er „als physiologische Dynamik erlebt", andrerseits aber treten die „vielfachen Gestalten" des Triebes als „Bilder und Bildzusammenhänge ins Bewußtsein und entfalten numinose Wirkungen, die im strengsten Gegensatz zum physiologischen Triebe stehen oder zu stehen scheinen" (Jung 1954, 574). Der Archetypus als „Bild des Triebes" ist psychologisch ein „geistiges Ziel", zu dem die Natur drängt, denn „je näher man der Instinktwelt kommt, desto heftiger meldet sich der Drang, von ihr loszukommen und das Licht des Bewußtseins vor der Finsternis heißer Abgründe zu retten" (Jung 1954, 575).

Schließlich unterscheidet Jung noch zwischen archetypischen Vorstellungen und dem „Archetypus an sich" (Jung 1954, 576). Beide darf man nicht verwechseln. Die archetypischen Vorstellungen sind variationenreiche Gebilde, die auf eine an sich „unanschauliche Grundform" (Jung 1954, 576) zurückweisen, welche sich lediglich durch bestimmte Formelemente auszeichnet. Der Archetypus selbst kann nicht erlebt werden, er ist nur ein „psychoider Faktor" und gehört „zu dem unsichtbaren, ultravioletten Teil des psychischen Spektrums" (Jung 1954, 576). Was an Archetypischem wahrgenommen wird, sind Variationen über ein Grundthema, dessen präzise Darstellung Jung anscheinend für unmöglich hält, ist doch der Archetypus „vieldeutig, ahnungsreich und im letzten Grunde unausschöpfbar", und wegen seines Reichtums an Beziehungen unbeschreibbar trotz seiner Erkennbarkeit (Jung 1957, 49). Außerdem sind die Archetypen „prinzipiell paradox, wie der Geist bei den Alchemisten als senex et iuvenis simul gilt" (Jung 1957, 49).

3 Der Mythos als Äußerung archetypischer Vorstellungen

Wesentliche Elemente von Jungs Theorie der analytischen Psychologie, nämlich die Begriffe des kollektiven Unbewußten und der konstituierenden Archetypen sind in starkem Maß durch die mythologischen und religionswissenschaftlichen Kenntnisse Jungs geprägt worden. So spricht er von einer „archaisch-mythologischen Denkweise des Unbewußten" (1957, 11) und stellt fest, „was mit ‚Archetypus' gemeint ist, ist durch dessen Beziehung zu Mythos, Geheimlehre und Märchen wohl deutlich gesagt" (Jung 1957, 13). Trotzdem aber bleibt uns Jung eine einheitliche Hypothese über die Entstehung von Mythen schuldig. Da er den Archetypus wiederholt als eine lediglich ordnende, strukturierende, formale, aber nicht inhaltliche und spontan aus sich schöpferische Kraft beschrieben hat, fällt es schwer, in den Mythen Produkte der Archetypen zu erkennen. Der Archetypus ordnet auf irgendeine Weise erworbene Vorstellungen dank seiner von Jung „kristallbildend" genannten Kraft zu „archetypischen Vorstellungen"; er schafft keine Vorstellungen, er ist nicht mit Vorstellungen identisch, wie Jung mehrfach betont hat. Trotzdem sagt Jung, „das kollektive Unbewußte scheint – soweit wir uns überhaupt ein Urteil darüber erlauben dürfen – aus etwas wie mythologischen Motiven oder Bildern zu bestehen, weshalb die Mythen der Völker die eigentlichen Exponenten des kollektiven Unbewußten sind" (Jung 1931, 165).

Man möchte an diesen Widersprüchen verzweifeln, wenn man kurz vorher noch gelesen hat, es müßte theoretisch möglich sein, „nicht nur die Psychologie des Wurmes, sondern auch die der Einzelzelle aus dem kollektiven Unbewußten wieder herauszuschälen" (Jung 1931, 165). Der Einwand liegt nahe, Jung habe seine Terminologie von 1931 („Seelenprobleme der Gegenwart") bis 1954 („Von den Wurzeln des Bewußtseins") entscheidend gewandelt. Aber er selbst ist nicht dieser Meinung, und auch noch in seinem späteren Werk läßt sich eine durchaus zwiespältige Auffassung des Archetypus-Begriffes nachweisen. Schon 1931, eine Seite vor der mythologischen Konkretisierung der Archetypen, definiert er das kollektive Unbewußte als „ein Erbgut an Vorstellungsmöglichkeiten", das allgemein menschlich, ja auch tierisch sei (Jung 1931, 164). Wenig später aber heißt es, die ganze Mythologie „wäre eine Art Projektion des kollektiven Unbewußten" (Jung 1931, 166). Dann müßte sie also schon a priori im kollektiven Unbewußten vorgegeben sein!

Man erkennt hier, wieviel Schaden Jung seiner Lehre und vielleicht der Tiefenpsychologie überhaupt dadurch zugefügt hat, daß er sich niemals zu einer disziplinierten Terminologie zwang, sondern visionär-assoziierend wichtige Einfälle und schiefe Begründungen, bildhafte Gleichnisse und strenge Abstraktionen aneinanderreihte. Er fordert seinem Leser ein gerütteltes Maß an Geduld und Kritik ab, das Jungs Gegner – die seine Gesichtspunkte in toto ablehnten – meist ebensowenig aufbrachten wie seine Schüler, die sie in toto akzeptierten. Die Seele, stellt Jung in einer Erläuterung zur Mythenbildung fest, muß „Organe und Funktionssysteme" besitzen, welche regelmäßigen physikalischen Vorgängen entsprechen und die Anpassungsfähigkeit des Körpers widerspiegeln. Jung meint damit nicht die „organbedingten Sinnesfunktionen", sondern „eine Art psychischer Parallelerscheinungen zu den physischen Regelmäßigkeiten" (Jung 1931, 166), also seit langem eingeprägte Bilder z. B. des täglichen Sonnenlaufes. Solche Bilder, konzediert Jung, lassen sich nicht nachweisen; was man findet, sind mehr oder weniger „phantastische Analogien des physischen Vorganges" (Jung 1931, 167), etwa der Mythos vom Gott, der aus dem Meer geboren wird, den Sonnenwagen besteigt, im Westen von einer großen Mutter erwartet wird, die ihn verschlingt, und deren Drachenbauch er durchwandert; er kämpft mit der Nachtmeerschlange und wird am nächsten Morgen wiedergeboren. „Dieses Mythenkonglomerat enthält unzweifelhaft das Abbild des physischen Vorganges, und zwar so deutlich, daß viele Forscher annehmen, die Primitiven erfänden dergleichen Mythen, um die physischen Vorgänge überhaupt zu erklären" (Jung 1931, 167).

Wie andere Autoren (Malinowski 1926, 1963; s. a. Dorson 1958) widerspricht auch Jung dieser Deutung des Mythos. Er glaubt, daß „der physische Vorgang offenbar in dieser phantastischen Verzerrung in die Psyche eingegangen" ist und dort derart festgehalten wurde, daß „das Unbewußte auch heute noch ähnliche Bilder reproduziert" (Jung 1931, 167). Hier wird Jung also wieder seiner eigenen, oft betonten Definition des Archetypus untreu, nach welcher dieser Vorstellungsmaterial lediglich ordnet, und verfällt unverhohlen einem psychologischen Lamarckismus. In seiner Begründung dafür, daß die Psyche „nicht den tatsächlichen Vorgang, sondern bloß die Phantasie über den physischen Vorgang" (in diesem Fall also den Sonnenlauf) registriert (Jung 1931, 167) folgt Jung Wundts Erläuterung der mythenbildenden Apperzeption: „Nicht Stürme, nicht Donner und Blitz, und nicht Regen und Wolken bleiben als Bilder in der Seele haften, sondern die durch den Affekt verursachten Phantasien" (Jung 1931, 169). Jung schildert eine solche durch eine affektbetonte Phantasie mythisch überhöhte Situation aus eigenem Erleben: Bei einem starken Erdbeben war sein erstes Gefühl, er stehe nicht auf fester Erde, sondern auf der Haut eines riesenhaften Tieres, das sich schüttle.

Neu an Jungs vorwiegend an Wundt orientierter Theorie der Mythenentstehung ist neben der Konzeption des kollektiven Unbewußten auch die Auffassung der durch die „glandulären Triebe" (Jung 1931, 170) verursachten affektbetonten Phantasien und damit Mythen: Der Sexus wird zur phallischen Gottheit, zu einem wollüstigen Inkubus, zur Schlange – eine Vorstellung, die gar nicht so weit entfernt ist von dem Gedanken Tournemines (Kap. I, C, 3), die menschliche „Lasterhaftigkeit" (= Triebhaftigkeit) habe zu ihrer eigenen Entschuldigung Gottheiten wie Aphrodite erfunden. Der Hunger schließlich macht laut Jung „die Nahrungsmittel zu Göttern" (Jung 1931, 170). Wie diese Bedingungen des menschlichen Lebens überall gleich sind, so hinterlassen sie auch dieselben mythischen Spuren.

> „Gefahrvolle Situationen, seien es nun leibliche Gefahren oder Gefährdungen der Seele, erregen Affektphantasien, und insofern sich solche Situationen typisch wiederholen, so bilden sich daraus gleiche Archetypen, wie ich die mythischen Motive überhaupt genannt habe" (Jung 1931, 170).

Noch einmal muß betont werden, daß die zitierte Arbeit nicht etwa eine Archetypus-Vorstellung Jungs enthält, die er später revidiert hätte. Die Identifizierung von Archetypen mit Mythenmotiven ist eine der terminologischen Unschärfen, die bei Jung nicht selten sind;

später definiert er in der gleichen Studie den Archetypus wieder als „regulierende Form". Auch daß Jung wiederholt feststellt, die Archetypen seien nie „entstanden", und vermutet, sie müßten sich auch bei Tieren finden, hindert ihn nicht, sie ein andermal als „Niederschlag aller übermächtigen, affektvollen und bilderreichen Erfahrungen aller Ahnen an Vater, Mutter, Kind, Mann und Weib" zu charakterisieren (Jung 1931, 172), als ein „gigantisches historisches Vorurteil" (Jung 1931, 173), und schließlich wieder als „nachweisbar vererbte Instinkte und Präformationen" (Jung 1954, 77).

Die Frage nach der Entstehung der Archetypen enthüllt sich somit als zentrales Problem des Archetypus-Begriffes – und als sein zentraler Widerspruch. Wann ist entstanden, was alle Erfahrung präformiert? Wie kann Niederschlag eines Kosmos von Erfahrungen sein, was sich nicht langsam entwickelte, was weder historischen noch kulturellen Änderungen unterliegt, sondern kollektiv, ewig, allgemeingültig ist? Weder durch paradoxe Darstellungen, noch durch einen Zirkelschluß wie „der Anlaß, der im Verlaufe der gesamten Menschheitsgeschichte den Archetypus erstmals erzeugt und immer wieder neu geschaffen hat, ist es auch heute noch, der den von uralters vorhandenen Archetypus wiederbelebt" (Jung 1931, 185) kann Jung hier Klarheit schaffen. Wenn der Archetypus wirklich mit dem Ursprung der Gattung entstanden ist, wie kann er dann Niederschlag von Urerfahrungen sein? Und wenn er immer wieder neu geschaffen wird, warum dann muß er „von uralters vorhanden" sein? Archetypen, die der ererbte Niederschlag von Erfahrungen sind, widersprechen den Erkenntnissen der Genetik; Archetypen, die „jeder Phantasietätigkeit ihre bestimmten Bahnen anweisen" (Jung 1954, 77) – eine sehr viel bescheidenere Konzeption – sind die einzige Fassung des Begriffes, welche der Kritik standhält und die man verwenden sollte. Jung hat den Archetypus-Begriff so mit Bedeutung überladen, daß er, wenn man die Widersprüche logisch klären will, buchstäblich in mehrere Stücke zerbricht.

4 Zur Kritik des Archetypus-Begriffes

Wenn man die Hypothese des kollektiven Unbewußten und der es repräsentierenden Archetypen von ihrem lamarckistischen Beiwerk befreit, so nimmt man diesem Begriff zwar viel von seinem faszinierenden Beziehungsreichtum, tauscht aber seine einzige eindeutige und theoretisch haltbare Fassung ein. Freilich wird damit auch vieles fragwürdig, was Jung schon für gesicherte Erkenntnis der analytischen Psychologie hielt, in erster Linie die „mythische" Natur der Archetypen.

Die Hypothese, daß die Psyche keine tabula rasa ist, sondern von Anfang an bestimmten (aber schwer bestimmbaren) Strukturgesetzen unterliegt, ist einer Prüfung zugänglich. Auch die Hypothese, daß Mythologeme nicht völlig zufällig variieren, sondern ihrerseits bestimmten (und ebenfalls nicht ganz leicht bestimmbaren) Strukturgesetzen unterliegen, findet den Beifall der meisten Forscher, die auf diesem Gebiet Erfahrungen gesammelt haben (z. B. Jensen 1966, Kluckhohn 1960, Lévi-Strauss 1967).

So naheliegend es nun ist, die Strukturgesetze in beiden Fällen für verwandt zu halten, so sehr muß ein Vorgehen auf Widerspruch stoßen, das daraus die Folgerung ableitet, es sei methodisch legitim, von den Strukturgesetzen der Mythologeme direkt auf jene der Psyche zurückzuschließen und das so gewonnene „kollektive Unbewußte" in der Interpretation von Märchen, Mythen und religiösen Texten oder alchemistischen Traktaten einzusetzen. Jung hat hier viel zu schnell viel zu enge Beziehungen gesehen; die immer wieder anklingende Hypothese einer Vererbung typischer Erfahrungen soll den anscheinend von Jung selbst vage erlebten Abgrund zwischen den (theoretisch haltbaren) rein formalen, vor jeder Kulturentwicklung vorhandenen Archetypen und den immer inhaltlich bestimmten und durch bestimmte Kulturen geprägten Mythenmotiven überbrücken. Tatsächlich aber liegt zwischen Archetypen und Mythenmotiven die für jede Theorie des Mythos wie der Psyche entscheidend wichtige Variable soziokultureller Prägungen; eine Theorie, die diese Variable nicht einbezieht, ist unvollständig;

eine Theorie, die sie ausschließt, falsch. Mythen sind eminent soziale Phänomene, wie vor allem Malinowski (1926, 1963) nachgewiesen hat. Der methodische Fehler Jungs liegt so gesehen in erster Linie darin, daß er die ausschließlich psychologische Betrachtung auch auf Probleme ausdehnt, die gebieterisch nach einer kulturanthropologischen Behandlung verlangen.

Es ist vielleicht einseitig, C. G. Jung einer auf logische Konsistenz und systematische Konsequenz gerichteten Kritik zu unterziehen. Manche Züge seiner Lehre, deren Hauptziel es ja ist, dem „entmythologisierten" Menschen wieder einen Zugang zu den „urtümlichen Bildern" zu verschaffen, mischen psychologische Spekulation mit metaphysisch-gnostischen, aber nie ausdrücklich so gekennzeichneten Elementen. Sie rücken ihn auch in eine bedenkliche Nähe zu sektiererischem Denken, in dem ebenfalls der Rückgriff auf mystische Gewißheiten dominiert. Wie nahe Jung den faschistischen Bewegungen mit ihrem synkretistischen Ansatz und der romantisch getönten Anlehnung an urtümliche Formen der Religiosität stand, zeigt seine Parteinahme für die NSDAP. Beflissen hat Jung in den ersten Jahren nach 1933 die Selbstdeutung der Nazibewegung übernommen und deren pseudowissenschaftliche Konzepte vom „arischen" Geist auf die Psychologie übertragen: Freuds Psychoanalyse, behauptete Jung, sei nicht arisch; Freud könne Arier nicht verstehen.[19]

---

19 1934 erschien eine Sammlung von zehn Aufsätzen mit dem Titel „Deutsche Seelenheilkunde". Die Arbeiten sollen die Programmatik der „Deutschen Allgemeinen Ärztlichen Gesellschaft für Psychotherapie" entwerfen, die in ihrer Gründungserklärung „bedingungslose Treue" zu Adolf Hitler gelobt und deutsche Ärzte zusammenfassen möchte, die im Sinn der nationalsozialistischen Weltanschauung eine seelenärztliche Heilkunst ausüben (zit. n. Lockot 1985, 62). „Wir Psychotherapeuten wollen zeigen, daß auch wir gewillt sind, an dem Aufbau des neuen Reiches mitzuwirken, dadurch daß wir an der Gestaltung einer deutschen Seelenheilkunde arbeiten." (Göring 1934, 7)

5 Der Ödipus-Mythos bei Jung und seinen Schülern

a) C. G. Jung

Jung hat den Ödipus-Mythos nie detailliert gedeutet, aber (1954) eine „Überdeutung" der Freudschen Interpretation gegeben, die wir hier kurz schildern wollen. Jung geht dabei von einem dreistufigen Schema der Äußerung der Archetypen aus, die auf jeder Stufe ihrer Äußerung die individuelle Bewußtseinsentwicklung und damit die Gefahr einer Vereinzelung des Individuums kompensieren. Je mehr diese Gefahr wächst, behauptet Jung, desto mehr werden kollektivarchetypische Symbole produziert, welche die ursprüngliche Gemeinsamkeit wieder herstellen sollen. Eine erste Stufe dieser Auseinandersetzung zwischen Bewußtsein und Unbewußtem drückt sich im „Vorhandensein von Religionen" aus (Jung 1954, 421). Hier sorgt die Verbindung des Einzelnen zu kollektiven Göttergestalten dafür, daß er mit den instinktiven, regulierenden Kräften des Unbewußten in Kontakt bleibt.

Das geht aber nur solange gut, als die religiösen Vorstellungen ihre Numinosität, von Jung als „Kraft des Ergreifens" (1954, 421) definiert, nicht verlieren. Ist die Numinosität verloren, so kann sie mit rationalen Mitteln nicht wieder hergestellt werden. In dieser Zeit treten die kompensierenden Archetypen als symbolische Vorstellungen auf, die z. B. von Alchemisten in die chemischen Prozesse projiziert werden. Eine dritte Stufe in dieser Entwicklung stellt der moderne Mensch dar: Während der Alchemist seine Symbole in die konkrete Materie projiziert, verlegt sie der „Moderne auf seine persönlichen Erlebnisse (…) Beide geben sich den Anschein, als ob sie wüßten, auf was für bekannte Dinge der Sinn ihrer Symbole zu reduzieren sei" (Jung 1954, 421). Freuds Traumdeutung hält Jung für ein typisches Produkt dieser Ichbefangenheit, der er aber ein gewisses Positivum nicht abspricht:

„Der Alchemist sowohl wie der Moderne haben insofern recht, als ersterer in seiner alchemistischen Sprache träumt und letzterer in seiner

Ichbefangenheit sich der psychologischen Problematik und deren Ausdrucksweise bedient" (Jung 1954, 421).

Unter dieser psychologischen Problematik versteht Jung wohl die Auseinandersetzung mit dem kollektiven Unbewußten, die auch in den Traumdeutungen der Freudschen Psychoanalyse – wenngleich unbeabsichtigt – mit anklinge. Jung wirft nun aber andrerseits der Psychoanalyse vor, sie reduziere kollektive auf individuelle Motive.

„Das Resultat dieser Reduktion ist wenig befriedigend; so wenig in der Tat, daß schon Freud sich veranlaßt sah, so weit zurückzugehen wie möglich. Dabei stieß er schließlich auf eine ungemein numinose Vorstellung, nämlich auf den Archetypus des Inzestes" (Jung 1954, 422).

Jung psychoanalysiert nicht, wie es etwa Wellisch (1954) und Velikovsky (1960) tun, den Begründer der Psychoanalyse selbst, um ihm einen Ödipus-Komplex nachzuweisen, was bei Freud immerhin sinnvoller wäre als bei Sophokles. Zudem hat Freud selbst ausreichend Material für eine solche Beschäftigung mit seiner Lehre zur Verfügung gestellt. Stattdessen behauptet Jung, daß auch Freud keine individuelle, sondern eine kollektiv-unbewußte, archetypische Inzestproblematik in ihren Bann schlug. Durch die Betonung des Ödipus-Komplexes habe Freud seine Patienten über die Vereinzelung des Individuums hinausgeführt; Freuds „dogmatische Starrheit" erklärt sich aus der Tatsache, daß er der numinosen Wirkung des von ihm entdeckten Urbildes erlegen ist" (Jung 1954, 422).

Jung ergänzt diese ziemlich zweifelhafte Argumentation (Freuds Auffassung des Ödipus-Komplexes ist viel zu eng mit seiner Theorie der infantilen Sexualität verknüpft, um auf die numinose Wirkung eines „Archetypus des Inzestes" zurückgeführt werden zu können) durch eine Kritik, die nicht nur das Inzestmotiv, sondern die gesamte psychoanalytische Sexualsymbollehre trifft: Wenn man diese Erklärungen annimmt, ist für den Sinn der Symbole nichts gewonnen, im Gegenteil gerät man in Sackgassen (siehe auch Kap. II, B, 3). Jung zitiert hier eine private Bemerkung Freuds: „Es nimmt mich nur wunder, was die Neurotiker in Zukunft tun werden, wenn es einmal allgemein bekannt sein wird, was ihre Symbole bedeuten"

(Jung 1954, 422). In dieser Kritik nimmt Jung Anstöße für die spätere, von Psychoanalytikern vorgenommene Revision der Freud'schen Symboltheorie vorweg (Lorenzer 1970).

b) W. M. Kranefeldt

Auch das Bestreben des Jung-Schülers W. M. Kranefeldt geht weniger dahin, den Ödipus-Mythos zu deuten, als ihn gegen eine Deutung in Schutz zu nehmen: gegen die Freuds. Ausgehend von der gewiß richtigen Bemerkung, „es ist trügerischer Boden, auf dem wir psychologische Theorien errichten" (Kranefeldt 1931, 336), hält er es für den einzigen Weg, Klarheit über die Theorien von der Seele (unter denen er ausschließlich tiefenpsychologische Theorien versteht) zu gewinnen, indem man die „Seele der Theorien selbst" zu erfassen strebt, also die Theorien als „Ausdruck einer Seele" betrachtet (Kranefeldt 1931, 337). Dazu erscheint ihm, ebenso wie für die Bewertung therapeutischer Erfolge, Einfühlung in die „Seele des analysierten Menschen bzw. in die der therapeutischen Theorie" der beste Weg (Kranefeldt 1931, 339). Wer solche schludrigen Argumente betrachtet, wundert sich über die späteren Entgleisungen Kranefeldts nicht. Eine wissenschaftliche Theorie zu „beseelen", um sich dann als Seelendeuter selbst zu ihrem Richter und Henker zu ernennen, ist ein rhetorischer Kunstgriff, mit dem zu weniger diktatorischen Zeiten kein Student in einem Proseminar auftreten dürfte.

Den zentralen Fehler Freuds sieht Kranefeldt darin, daß er die reale Seite des „Familienromanes" verabsolutiert, dessen sinnbildlichen Gehalt aber übersehen hat. Die Stellung des Menschen innerhalb der Dualität Lust (Mutter) und Realität (Vater) habe Freud in erster Linie „durch die tatsächliche Beziehung zum eigenen Vater und der eigenen Mutter" (Kranefeldt 1931, 340) erklärt. Außerdem habe Freud die Wirksamkeit der Eltern-Imagines unterschätzt und die Möglichkeit völlig übersehen, daß Vater und Mutter ein „gegensätzliches Begriffspaar sinnbildlicher Art" darstellen, unter dem „der universale Dualismus seelischen Erlebens überhaupt" zum Ausdruck komme (Kranefeldt 1931, 340).

Wer aber, wie Freud, den Dualismus unter das Bild der Eltern faßt, setzt sich selbst in die Rolle eines Kindes, bemerkt Kranefeldt. Er wirft Freud vor, er habe diese „Kinderwelt" künstlich auch zu einer Welt des Erwachsenen machen wollen, indem er den Umweg über den Mythos eingeschlagen habe, „der das Kinderverhältnis in metaphorischer Absicht mit einem ganz und gar unkindlichen Bilde belegt oder ‚erklärt', nämlich mit Elementen der Ödipus-Tragödie" (Kranefeldt 1931, 344).

Als Mittler zwischen der Problematik der Kinderstube und dem Gegensatzverhältnis des von Kranefeldt postulierten Dualismus erkennt er die Sexualtheorie Freuds: Ein Weltteil wird als absolut gesetzt (nämlich die Sexualität) und alles übrige von ihm aus und auf ihn hin „symbolisiert".

„In seiner Absicht, die Psychologie biologisch zu fundieren – oder psychologisch ausgedrückt: seiner Neigung für die biologische Metapher folgend, hat Freud das wesentlich Sinnbildliche des Seelischen so wenig gesehen, daß er seine Thesen, die doch in einem unbestimmbar hohen Grad vom Sinnbild leben, ganz gegenständlich meint." (Kranefeldt 1931, 361).

Das hat aber auch zur Folge, daß die „unendliche Bedeutung und Vielfalt des Mythos zur endlichen des Familienskandals erniedrigt" wird (Kranefeldt 1931, 361). Auf diese Weise hat sich die Psychoanalyse selbst überhaupt vom „wirksamen Erleben des Sinnbildes" (Kranefeldt 1931, 361) ausgeschlossen; ihre Sexualdeutungen schließen sie ab „von der Fülle der Bilder, in denen sich seelisches Leben spiegeln kann und je gespiegelt hat" (Kranefeldt 1931, 361).

Aus der unterschiedlichen Auffassung des Mythos bei Freud und Jung entwickelt Kranefeldt eine prinzipielle Typologie: „Jung will nicht psychologisch erklären, sondern psychologisch sehen. Wer sehen will, weiß vorher nicht, was er sehen wird, wer erklären will, weiß auch in der Analyse vorher, wie er erklären wird" (Kranefeldt 1931, 363), – eine nicht sehr überzeugende Gegenüberstellung. Was sonst sollen Begriffe wie das kollektive Unbewußte oder die Archetypen erklären, wenn nicht die Entstehung und die strukturellen Eigenschaften der Mythen? Hat uns Freud nur zu neuen Erklärungen, nicht aber zu einem neuen Verständnis des Menschen verholfen? Wie stark Kranefeldts Sicht von seiner Bereitschaft bestimmt war, mit dem rassistischen Aberglauben der Nazis zu paktieren, erweist seine spätere Mitarbeit an der von Mathias Heinrich Göring (einem Vetter des NS-„Reichsmarschalls") herausgegebenen „Deutschen Seelenheilkunde" von 1934. Hier entwertet er Freud offen und huldigt Jung mit Tiraden, die diesem später höchst peinlich waren.

c) Erich Neumann

Der prominente Jung-Schüler definiert in seinem Hauptwerk den Mythos als Projektion des „transpersonalen kollektiven Unbewußten" und erklärt, er dürfe objektstufig oder subjektstufig, keinesfalls aber personalistisch gedeutet werden (Neumann 1949, 217). Unter der subjektstufigen Deutung des Mythos versteht Neumann die von Jung vor allem für die Traumdeutung begründete Interpretation handelnder Personen als Seelenteile, z.B. eines Greises als Archetypus des Geistes. Bei ihrer Übertragung auf den Mythos kommt Neumann aber nicht um die theoretisch höchst fragwürdige Annahme einer Kollektivpsyche herum, die Jung definitorisch mindestens in seinen kritischeren Werken vermieden hat: Der Mythos ist „transpersonales psychisches Geschehen" (Neumann 1949, 217) – eine Auffassung, die ihm gerechter werde als die „objektstufige" Deutung als Sinnbild meteorologischer Prozesse. Völlig unzureichend sei die Auffassung als „personalistische Privatgeschichte eines beliebigen Individuums" (Neumann 1949, 317), denn sogar das „quasi Persönliche" sei im Mythos ein „archetypischer Zug" (Neumann 1949, 217).

Der mit Jung vertraute Leser begegnet bei Neumann einem womöglich noch größeren Wirrwarr von Definitionen und unbegründeten, einander teilweise widersprechenden und in ihren logischen Konsequenzen nicht durchdachten Behauptungen. Neumann hat die Lehren des Begründers der analytischen Psychologie völlig unkritisch übernommen, ihre Widersprüche ignoriert und auf diesem höchst unsicheren Fundament ein Gebäude von kühnen Spekulationen errichtet, das trotz seines bewundernswerten Materialreichtums der historischen, ethnologischen und psychologischen Kritik nicht standhält (siehe auch die Kritiken von Schmid 1952 und Strech 1957). Uns interessiert hier vor allem die Deutung des Ödipus-Mythos durch Neumann, die in ihren wesentlichen Zügen der inhaltlichen Bestimmung des Mythos entspricht, die Neumann in der „Ursprungsgeschichte des Bewußtseins" gibt: Im Mythos gehe es um die Beziehung des männlichen (patriarchalischen Gesellschaften entsprechenden) Ich zur weiblichen (matriarchalischen Gesellschaftsformen entsprechenden) Seele, um die Abenteuer, die Gefahren, endlich die Erlösung bringende Eroberung der Seele durch das Ich (Neumann 1949, 216).

Auf einer keimhaften Stufe des Ich, dem „Jünglings-Ich", wird das Weiblich-Seelenhafte als Große Mutter erlebt, Symbol dieser Stufe der Bewußtseinsentwicklung sind die Mutter-Sohngeliebter-Beziehungen, die viele kleinasiatische Mythen schildern (z. B. Kybele-Attis). Die Mutter-Sohn-Beziehung endet auf dieser Bewußtseinsstufe mit einer Katastrophe: das Unbewußte „verschlingt" das noch schwache, wenig widerstandsfähige Ich. Die Männlichkeit, die Neumann ebenso wie eine patriarchalische Gesellschaftsstruktur pauschal mit Bewußtheit gleichsetzt, hat noch keine Eigenständigkeit und Widerstandskraft entwickelt. „Der todesselige Sexualinzest mit seiner Auflösung des Ich ist Symptom eines Pubertätsich, das den Mächten, welche die große Mutter symbolisiert, nicht gewachsen ist" (Neumann 1949, 103).

Erst das „willensmächtige und persönlichkeitsbildende Ich", das durch den Typus des „Helden" symbolisiert wird, gewinnt genügend Festigkeit, um gegen das Unbewußte zu kämpfen, dessen Kräfte sich jetzt als Drachen und Dämonen gegen den Ich-Helden wenden (Neumann 1949, 179). Ödipus verkörpert für Neumann einen Helden, dem der Drachenkampf nur teilweise geglückt ist. Er besiegt zwar die Sphinx, aber den Mutterinzest und den Vatermord begeht er unbewußt. Die Sphinx schildert Neumann als uralten Feind,

Drachen des Abgrunds, „Macht der Erdmutter in ihrem uroborischen[20] Aspekt" (Neumann 1949, 180).

„Sie ist die große Mutter, die die vaterlose Erdwelt und ihr Todesgesetz beherrscht, und mit Untergang alles Menschliche bedroht, das ihre Frage nicht zu beantworten vermag. Die Schicksalsfrage, die sie stellt, und deren Antwort lautet: der Mensch, vermag nur der Held zu lösen. Seine Heldenantwort, mit der er zum Menschen wird, ist sein Sieg über das Schicksal, als Sieg des Geistes, als Sieg des Männlichen über das Chaos. So ist Ödipus als Besieger der Sphinx Held und Drachentöter, und als Drachentöter begeht er, wie jeder Held, den Inzest mit der Mutter. Dieser Heldeninzest ist identisch mit der Überwältigung der Sphinx, ist nur die andere Seite desselben Prozesses. Als Überwinder der Furcht vor dem Weiblichen, vor dem Abgrund, dem Urschoß und der Gefahr des Unbewußten, in den er hineingeht, vermählt er sich siegreich mit ihr, die als Große Mutter die Jünglinge zu kastrieren, und als Sphinx sie umzubringen pflegt. Als Held ist er das zu seiner Eigenexistenz erwachsene Männliche, dessen Eigenständigkeit der Macht des Weiblichen und des Unbewußten nicht nur gewachsen ist, sondern auch in ihm zu zeugen vermag" (Neumann 1949, 180).

Die Identifizierung männlicher Götter und Heroen als Sinnbilder des Bewußtseins und der Magna Mater als Symbol des Unbewußten ist religions- und sozialgeschichtlich schwerlich aufrechtzuerhalten. Das Matriarchat ist keineswegs älter als das Patriarchat, sondern entspricht in seiner vollen Ausprägung einer relativ späten Stufe der Kulturentwicklung (Peukert 1955, Strech 1957, Malinowski 1963). Aber selbst wenn man die Einwände gegen Neumanns kulturhistorische Spekulationen suspendiert, ist die Berechtigung einer Gleichsetzung bestimmter Gesellschaftsformen mit bestimmten Entwicklungsstadien des Bewußtseins anzuzweifeln. Sie steht und fällt mit einem Fortschrittskonzept, das der modernen Ethnologie fragwürdig geworden ist (s. a. Lévi-Strauss 1967).

[20] Der Uroboros, die Schlange, die sich in den Schwanz beißt, ist bei Neumann das Hauptsymbol des Unbewußten, welches das Ich noch einbegreift. Ein solches Symbol schmückt den Einband von Michael Endes „Die unendliche Geschichte".

Der Held vernichtet also „das Mütterliche" nicht, sondern er tötet nur seinen furchtbar-vernichtenden Aspekt, um seine segenspendende Seite zu befreien. Neumann, der die heldische Tat des Ödipus eben noch fast hymnisch gepriesen hat, interpretiert weiter:

> „Er weiß nicht, was er getan hat, und als er es erfährt, ist er nicht imstande, seiner eigenen Tat, der Tat des Helden, ins Gesicht zu sehen. So erfaßt ihn das Schicksal, das den ergreift, dem sich das Weibliche zur Großen Mutter zurückverwandelt, er regrediert zum Stadium des Sohnes und erleidet das Schicksal des Sohngeliebten. Er vollzieht die Selbstkastration an sich in Gestalt der Blendung (…) diese geistige Form der Selbstkastration hebt wieder auf, was er mit dem Sieg über die Sphinx erworben hatte. Die männliche Progression des Helden, die ihm einmal geglückt war, wird durch den alten Schock, die Angst vor der großen Mutter, die ihn nach der Tat ergreift, rückgängig gemacht. Er wird zum Opfer der Sphinx, die er besiegt hatte" (Neumann 1949, 181).

6 Mythendeutung der analytischen Psychologie: Kritik

Jung hat in seinen Werken verschiedene Auffassungen des Mythos und verschiedene Interpretationsmethoden vorgetragen, was eine kritische Stellungnahme erschwert. Es bleibt kein anderer Ausweg, als seine Auffassungen der Reihe nach zu besprechen und sie immer als gesonderte Methoden zu betrachten. Da ist zunächst die auch von Neumann aufgegriffene These, der Mythos sei eine Projektion des kollektiven Unbewußten, er stelle ein archetypisches Geschehen dar. Diese These setzt die lamarckistische Fassung des Archetypus-Begriffes als ererbte, typische Erfahrung voraus, die unter geeigneten Umständen (Askese, Traum, Yoga-Übung, andere Formen der Meditation) spontan auftauchen kann. Die von Jung angebotenen Beweise können mit geringerem begrifflichen Aufwand erklärt werden (Kemper 1955), – Beweise wie etwa die Entdeckung von Motiven griechischer Mythen in den Träumen reinrassiger Neger, die keinen Zugang zu den literarischen Traditionen des Abendlandes hatten, oder Parallelen zwischen „archetypischen" Träumen und griechischen Mythologemen (Kerényi/Jung 1951).

Diese Argumente sind schon von Jensen scharf angegriffen worden: Die Ethnologie sei gewohnt, noch ganz andere Übereinstimmungen als unwesentlich anzusehen (Jensen 1966). Graves hat sich noch schärfer gegen die in einer Projektionstheorie implizierte Behauptung gewandt, den Mythen sei niemals eine präzise Bedeutung gegeben worden (Graves 1960, I); er erklärt den Inhalt griechischer Mythen für „nicht geheimnisvoller als moderne Wahlplakate" (Graves 1960, I, 20). Wo Mythen auf den ersten Blick unklar und verwirrend erscheinen, sieht Graves zufällige oder absichtliche Entstellungen, z. B. Mißdeutungen heiliger Bilder, ein Vorgang, den er als Ikonotropie bezeichnet (Beispiele dafür in Kap. III, C). Es kann hier nicht unsere Aufgabe sein, die Berechtigung etwa von Graves' Deutungen vom historischen Standpunkt aus zu prüfen. Methodisch aber sind sie der Interpretation der Mythen als Projektionen des kollektiven Unbewußten überlegen, weil sie im Gegensatz zu dieser Konzeption empirisch bewiesen oder widerlegt werden können, z. B. durch neu aufgefundene Dokumente oder Ausgrabungen. Wir werden im Fall des Ödipus-Mythos noch zeigen, inwiefern hier eine historische (und erst dann psychologische) Interpretation einer voreiligen (ohne Rücksicht auf spezifisch historische Fragen vorgenommenen) psychologischen Deutung überlegen ist.

Von der Auffassung des Mythos als Projektion des kollektiven Unbewußten bei Jung zu trennen ist seine Deutung als phantastische Analogie physischer Vorgänge, oder genauer, als in der Psyche „haftendes" Bild – so drückt es Jung aus (1931, 169) – von durch starke Affekte verursachten Phantasien. Daß Mythenbildung mit der affektiven Sphäre eng verschwistert ist, hat schon Wundt festgestellt; Freud ist mutatis mutandis der gleichen Auffassung: Wenn Mythen Reaktionen auf Träume sind, dann sind doch die Träume Verarbeitungen schlafstörender Affekte bzw. affektbesetzter" Vorstellungen.

Die direkte Umsetzung von affektbestimmten Phantasien in Mythen in dieser zweiten Konzeption Jungs läßt nun wieder die soziokulturellen Bedingungen außer acht. Sie teilt diesen Fehler mit Freuds Auffassung, wenn man von dem ausschließlich negativen Einfluß der sozial geprägten Traum-Zensur auf die Träume und damit die Mythenbildung in Freuds Theorie absieht. Diese Bedingungen sind aber nach den Berichten der Ethnologen (Malinowski 1926, 1963) über die Funktion des Mythos in der primitiven Gesellschaft von zentraler Bedeutung.

Die affektive Theorie des Mythos bei Wundt und Jung ist mehr darstellend gefaßt: Die Archetypen stellen die Triebe bzw. Instinkte dar, den Sexus als phallische Schlange; der Hunger macht Nahrungsmittel zu Göttern. Bei Freud und seinen Schülern hingegen ist sie wie im Traum eine imaginäre Wunscherfüllung, also in erster Linie dynamisch. Der Mythos wird zu einer kollektiven Illusion, mit deren Hilfe sich eine Gesellschaft über die Härten ihres Daseins hinwegtröstet und den Erwachsenen die Bewältigung infantiler, Komplexe erleichtert. Zweifellos kann der Mythos auch diese Funktion erfüllen; aber die Wunscherfüllungstheorie verkündet, er sei nur zu diesem und keinem anderen Zweck ersonnen worden. Sie scheitert, wenn sie die ganz verschiedenen, oft nur mit erheblicher Gewaltsamkeit auf den Wunscherfüllungs-Aspekt zu reduzierenden Formen der Mythen erklären soll. Daß es sich bei Mythen keineswegs ausschließlich um Wunscherfüllungen handelt, hätte den Psychoanalytikern ein einziger Blick in die einer Wunscherfüllung dienenden Produkte der Trivialliteratur gezeigt („Liebes- und Schicksalsromane"), die sich auch heute noch größter Beliebtheit erfreuen.

Von der affektiven Theorie des Mythos und der implizierten Deutungsmethode bleiben bei kritischer Prüfung zwei brauchbare Hypothesen: Erstens führen starke Gefühlseindrücke und heftige Wünsche zu einer Bevorzugung vorstellungsnaher, konkret-bildhafter Denkprozesse. Man muß sich aber hüten, grundsätzlich dem mythenbildenden Menschen oder dem „Primitiven" ein solches „symbolisches" oder „archaisches" Denken zuzuschreiben (Malinowski 1963; zur Denkpsychologie Selz 1913, Duncker 1935, Wertheimer 1955). Diese Annahme scheinen auch die Studien über die Entwicklung und Verbreitung von Gerüchten zu bestätigen, auf die wir noch eingehen werden (Allport und Postman 1947).

Zweitens: Die Mythologie gewährt dem Menschen, der in ihr lebt, eine affektive Befriedigung – sei es, daß sie grundlegende Struktureigenschaften der Psyche („Archetypen" im theoretisch aufrechtzuerhaltenden Sinn) in ihm anspricht (worauf sich auch die therapeutische Methode der Amplifikation aufbaut) – sei es, daß sie es ihm durch imaginäre Wunscherfüllung ermöglicht, über Konflikte leichter hinwegzukommen, wie Freud und Abraham annehmen.

Die dritte Auffassung des Mythos, die sich bei Jung findet, steht nicht eigenständig neben den ersten beiden, sondern überformt sie: Es ist die Betrachtung des Mythos als Darstellung eines Individuationsprozesses, einer Auseinandersetzung des Ich mit dem Unbewußten. Während Jung diese Auffassung in erster Linie an alchemistischen und gnostischen Symbolen, also komplexen Konglomeraten von Mythen, religiösen und philosophischen Spekulationen demonstriert, hat sie Neumann auf zahlreiche, in erster Linie griechische Mythen angewandt. Die Vertreter der analytischen Psychologie müßten hier sehr viel deutlicher klarstellen, was an ihren Ausführungen therapeutische Intention (auch in einem sehr weiten Sinn), was wissenschaftliche Erklärung sein soll. Wenn, wie es Jung öfters beschreibt, die mythologische Amplifikation in Verbindung mit einer psychologischen Interpretation religiöser Vorstellungen einem neurotisch Kranken Trost und Heilung bringt, dann sind diese Deutungen gewiß gerechtfertigt. Es ist damit aber noch keineswegs gesagt, daß sie auch richtig sind, richtig in dem Sinne, daß dieselben psychischen Vorgänge, als deren Auswirkung man dem Kranken den Mythos erklärt und ihm einen Zugang zu ihm öffnet, auch zur Entstehung des Mythos führten.

Bei den meisten Mythendeutungen Jungs und seiner Schüler muß man feststellen, daß historische und sozialpsychologische Aspekte des Mythos sehr viel sorgfältiger untersucht werden müßten, ehe die psychologische Deutung einsetzen darf. Wo diese Aspekte vernachlässigt werden, wie vor allem bei den zahlreichen Mythendeutungen E. Neumanns (1949), da sind auch diese Deutungen von geringem Wert und haben der Kritik nicht standhalten können (z. B. Strech 1957). Wir stehen hier vor einem Problem, das seit dem Ovid moralisé immer wieder in der Mythendeutung auftaucht; manches, was in der Kritik an Paul Diel gesagt wird (Kap. II, D, 4) gilt unverändert auch für Neumann. Obschon er sich zu dem höchst fragwürdigen Prinzip einer Einfühlung in die Theorie (Freuds bzw. Jungs) bekennt, ist Kranefeldt erheblich vorsichtiger geworden; im Gegensatz zu Neumann kennt er auch keine Bedeutung des Mythos schlechthin, sondern weist immer wieder auf die Vieldeutigkeit der Sinnbilder. Wie viele Kritiker Freuds übersieht Kranefeldt aber in seiner Polemik gegen die „biologische Metapher" das anerkennenswerte Prinzip des Begründers der Psychoanalyse, möglichst klare Begriffe zu verwenden und die Psychologie eng an Grundlagenforschung zu binden.

D Weitere psychologische Deutungsversuche des Ödipus-Mythos

1 P. R. Hofstätter

a) Eine sozialpsychologische Interpretation

Keine sexuelle Dreieckssituation, sondern den Antagonismus von zwei verschiedenen Typen der sozialen Führer-Rolle sieht Hofstätter im Ödipus-Mythos geschildert. Getreu seiner Trennung von zwei Grundtypen sozialer Gestaltung, der „Familie", in der Blutsbande nicht nur die Eigenheiten der einzelnen sozialen Rollen, sondern auch die Person ihres Trägers bestimmen, und des „Bundes", der durch eine mehr oder weniger von den persönlichen Verwandtschaften der Mitglieder abstrahierte Struktur gekennzeichnet ist, spezifischen Zwecken dient und austauschbare Rangstufen hat (Hofstätter 1959, 332), unterscheidet Hofstätter einen familiären und einen bündischen Führer.

Während die jeweils übliche Familienstruktur automatisch den Träger der familiären Führerrolle kennzeichnet, wird der „Oberste" eines Bundes im Gegensatz zum familiären „Vater" gewählt; er bleibt nur solange Träger der Führerrolle, wie er den Ansprüchen seiner Untergebenen gerecht wird. Die Gegenüberstellung von „Vätern" und „Obersten" ist Hofstätter vor allem deshalb wichtig, weil er es für eine natürliche Tendenz der bündischen Führer hält, sie zu verwischen. Der gewählte und wieder abwählbare Oberste erklärt sich als Herrscher von Gottes Gnaden oder spricht von Berufung durch das Schicksal. Damit erwirbt er sich eine „generalisierte Vaterrolle" (Hofstätter 1959, 347); es wird zum Frevel, seine Absetzung zu erwägen, zu einem Delikt, ähnlich verrucht wie der Inzest.

Diese klare, aber simplifizierende Typisierung – die sehr differenzierten Beobachtungen der Ethnologie über die außerordentlich zahlreichen Zwischenstufen zwischen „Familie" und „Bund" (Sippe, Clan, exogame Hälften) werden vernachlässigt – überträgt Hofstätter auf den Ödipus-Mythos: der bündische Oberste könne im Bereich der „Sippenfamilie" als mächtigster „Sohn" zum Gegenspieler des „Vaters" werden (Hofstätter 1959, 347). „Die mythische Schuld des Ödipus liegt in dem Versuch der Vereinigung der Rolle des bündischen ‚Obersten', der seinen Vorgänger (König Laios) ‚abgelöst' hat, mit der Vaterrolle des Sippenoberhauptes Laios" (Hofstätter 1959, 348). Diesen Konflikt zwischen bündischen und familiären Gemeinschaftsstrukturen sieht Hofstätter auch in den anderen Tragödien der Trilogie des Sophokles dargestellt, die er wie Fromm in seine Deutung einbezieht.

Überhaupt scheint Hofstätter den „Zerfall der antiken Sippenfamilie" der seiner Ansicht nach im Ödipus-Mythos geschildert wird, in die Zeit des Tragödiendichters zu verlegen, ohne Rücksicht darauf, daß es den Mythos damals wohl schon rund tausend Jahre gab; die Trilogie des Sophokles wird ihm so zu einem Lehrstück, dessen Gehalt „auf die Notwendigkeit der strengen Trennung zwischen diesen beiden Strukturtypen der Vergesellschaftung" abziele (Hofstätter 1959, 348). Da verwundert es nicht mehr, daß der Sozialpsychologe Sophokles zu denselben Resultaten kam wie der Tragödiendichter Hofstätter!

b) Kritik

Daß noch über ein halbes Jahrhundert nach Freud ein sonst für seine kritische Haltung bekannter Forscher eine theoretische Lehrmeinung in den Ödipus-Mythos projiziert, spricht für die ungebrochene Anziehungskraft des Stoffes. Daß es Sophokles nicht um ein sozialpädagogisches Lehrstück über Führertypen ging, wird Hofstätter nach einer etwas genaueren Lektüre der von ihm interpretierten Trilogie wohl selbst zugeben; der (unglückliche) Vergleich der antiken Tragödie mit den Initiationsriten der Naturvölker (bei denen die halbwüchsigen Stammesangehörigen in den „Bund" der Männer aufgenommen werden) kann über diese Schwäche seiner Argumentation nicht hinwegtäuschen. Hofstätter verläßt in seiner Deutung den Text des Mythos völlig: Laios ist ebensowenig ein typischer bündischer Oberster wie Ödipus oder Kreon. Gerade die Verbindung der Rolle des Obersten mit der des Vaters ist für Laios typisch; wenn Ödipus an Laios' Stelle tritt, gewinnt er Anteil an beiden Rollen-Aspekten. Daß Ödipus Iokaste heiratet, ist nicht der Versuch eines auf irgendeine Weise gewählten bündischen Obersten, die Rolle des Vaters zu usurpieren, sondern die einzige Möglichkeit für den Fremden, überhaupt Herrscher zu werden. Daß der thebanische Königsthron in Iokastes Familie vererbt wird, kann man ja auch daraus ersehen, daß ihr Bruder Kreon nach Laios' Tod und wieder nach Ödipus' Verbannung die Regentschaft übernimmt. Als „Konflikt zwischen familiären und bündischen Gemeinschaftsstrukturen" (Hofstätter 1959, 348) ließe sich allenfalls die Antigone des Sophokles interpretieren, wenngleich dieser Aspekt nur eine und sicher nicht die bedeutsamste Seite des Dramas erfaßt.

Der methodische Hauptfehler von Hofstätter liegt darin, daß er nicht zwischen der Tragödie des Sophokles und der mythischen Überlieferung unterscheidet, und die Tragödie wiederum ziemlich willkürlich verwendet. Der Gesichtspunkt, daß der Mythos auch soziologische Probleme oder Entwicklungen auf seine (spezifisch mythische) Weise erläutert, ist an sich recht fruchtbar, aber ohne kritische historische Abstützung der soziologischen Hypothesen wird er zu keinen brauchbaren Ergebnissen führen können.

2 Die Ödipus-Deutungen von Pellegrino und Speer

Methodisch bringen diese Deutungen nichts Neues; es wird lediglich versucht, die Motive des Ödipus in der Schilderung von Sophokles auf eine andere Art zu erklären als die Psychoanalyse. Sie stehen sämtlich im Schatten der Arbeit Freuds, dem sie widersprechen, freilich ohne auch nur das kritische Niveau seiner Auseinandersetzung mit dem Mythos zu erreichen. Man wundert sich oft, daß die Autoren die von ihnen postulierte Beschränkung der empirischen Gültigkeit der Hypothese des Ödipus-Komplexes (um die es auch Fromm, Rattner und Lazarsfeld zu tun ist) nicht nur empirisch zu beweisen, sondern gewissermaßen zu legitimieren suchen, indem sie gegen die angebliche Behauptung Freuds polemisieren, der mythische Ödipus habe einen Ödipus-Komplex gehabt. Das hat Freud nie behauptet, und selbst der sehr viel weniger vorsichtige Rank sieht in der poetischen Gestaltung von Inzestproblemen lediglich Sublimierungen von Inzestphantasien der Dichter.

In seiner Ödipus-Interpretation überträgt Pellegrino die Lehre von prägenitalen und präödipalen Impulsen auf den Mythos. Der Inzest des Ödipus ist „nicht eine Äußerung genitaler Liebe gegenüber seiner Mutter mit nachfolgendem Haß und Rivalität gegenüber dem Vater (...) er stellt vielmehr einen Versuch dar, das frühe Urtrauma seines Lebens, von Iokaste verstoßen und kurz nach seiner Geburt ausgesetzt worden zu sein, auszulöschen" (Pellegrino 1961, 477). Die sexuelle Vereinigung mit der Mutter ist also in Wirklichkeit eine Regression zum „Oralen"; die Vatertötung andrerseits (wobei Pellegrino nicht umhin kann, den Stock als unverkennbar phallisches Symbol zu identifizieren) schließt zugleich das erste „böse und verfolgende Objekt" ein, nämlich die Mutter, die den Sohn verworfen hat.

Aber auch die Sphinxtötung ist in Pellegrinos Augen eine Muttertötung, ist doch die Sphinx, wie Iokaste, eine Mutter, die ihre eigene Mutterschaft verleugnete. Pellegrino begründet diese eigenartige Schlußfolgerung damit, daß die Sphinx ihre Mutterschaft „verleugnet, indem sie jungfräulich blieb" – eine schon logisch höchst fragwürdige Folgerung, die mythologisch völlig unsinnig ist, und von Pellegrino aus der späten morphologischen Beschreibung der Sphinx – Kopf und Brüste einer Jungfrau, Krallen des Löwen, Leib des Hundes, Flügel eines Vogels – abgeleitet wurde. Pellegrino weiß auch zu sagen, warum die Sphinx in so viele Tiere aufgeteilt wurde: dank eines schizo-paranoiden Abwehrmechanismus, der die Verfolgungsängste vor der bösen Mutter mildern soll.

Insgesamt kann man sagen, daß Pellegrino nicht den Ödipus-Mythos interpretiert, sondern den Traum eines Patienten, der äußerlich mit diesem Mythos identisch ist, wobei er das wichtigste Hilfsmittel einer korrekten Deutung, nämlich die freien Einfälle des Träumers, durch die eigene theoretische Lehrmeinung ersetzt. Diese wiederum ist deutlich von Melanie Kleins Aussagen über Vorstufen des Ödipuskomplexes motiviert, in denen die verfolgende Mutter eine zentrale Rolle spielt und die Überwindung einer „schizoid-paranoiden Position" im Mittelpunkt der therapeutischen Arbeit steht.

Behutsamer, aber mit einem letzten Endes der Absicht Pellegrinos vergleichbaren Ziel deutet Ernst Speer die Ödipussage. Während Pellegrino in Ödipus den prägenital traumatisierten Neurotiker erkennt, sieht Speer nicht nur in Ödipus, sondern in den drei Generationen der Labdakiden – Laios, Ödipus, und die Brüder Eteokles und Polyneikes – eine ausgesprochene Sonderlingssippe und damit den grundlegenden pathologischen Typus seiner „Kontaktpsychologie". Zusammen mit Rattner ist Speer der Meinung, daß „nicht so sehr das inzestuöse Geschehen, als vielmehr die Besitzergreifung" im Vordergrund steht (Speer 1953, 42). Im Gegensatz zu Fromm, der in der ganzen Sage eine Auseinandersetzung des Patriarchats mit dem Matriarchat erkennt, gesteht Speer den Frauen in der Ödipussage nur „Nebenrollen" zu; das Grundmotiv sei der männliche Generationskonflikt, die Grundfrage des Ganzen, wie auch seine grundlegende Tragik die Tatsache, daß sich die Mitglieder dieser Familie nie richtig kennengelernt haben. Nur so konnte Ödipus den Laios töten, nur so konnte er seine Söhne verfluchen. Dieses Verhängnis erklärt die Sage zwar durch Orakelspruch und Wirkung der Götter; „in Wirklichkeit läuft ein bekanntes Schicksal ab" (Speer 1953, 44): nämlich das Schicksal einer Familie kontaktschwacher Sonderlinge. Immer wieder erlebte Menschheitserfahrung ist zu einer Sage „zusammengesintert" (Speer 1953, 45).

Speers zurückhaltende und nicht in Details gehende Deutung greift nur einen Aspekt des Mythos heraus, der implizit als eine Sammlung praktisch-psychologischer Weisheiten aufgefaßt wird. Alles übrige ist lediglich „Sprache der Zeit". Diese Auffassung ist einseitig und dürftig; man fragt sich, ob die banale Lehre, daß die Menschen besser miteinander auskommen, wenn sie sich besser verstehen, auch nur ein Motiv des komplexen Mythos der thebanischen Königsfamilie ausreichend erklären kann. Wozu dieser Aufwand, um Gemeinplätze zu beweisen?

3 Der Ödipus-Mythos in der Individualpsychologie A. Adlers

a) Vorbemerkungen

Im Gegensatz zur Jung-Schule, welche die mythologische Amplifikation (die im Grunde ja mit Mythendeutung identisch ist) in den Rang einer wichtigen psychotherapeutischen Methode erhoben hat, und ebenso im Gegensatz zur Freud'schen Psychoanalyse, deren Anhänger eine eigene Zeitschrift zur Anwendung analytischer Erkenntnisse auf die Kulturgeschichte gründeten (Imago), hat sich die Adler-Schule, von wenigen Ausnahmen abgesehen, kaum der Probleme der Mythendeutung angenommen. Ihrer ganzen Tendenz nach war die Individualpsychologie zu sehr auf die Betrachtung aktueller Probleme eingestellt, als daß sie der archaischen Vergangenheit viel Interesse abgewinnen hätte können. Zwar zitierte man gerne Demosthenes als Beispiel einer geglückten Überkompensation: der stotternde, schwachstimmige Redner, der endlich mit Kieseln im Mund die Brandung überschrie. Aber keinem der von ihr beschriebenen Komplexe hat die Individualpsychologie den Namen einer mythischen Person gegeben. Im Gegenteil hat sie versucht, eine Behauptung zu widerlegen, die zumindest Freud gar nicht aufgestellt hat: Litt Ödipus wirklich an einem Ödipuskomplex? So Lazarsfeld (1959) und Rattner (1963).

Schon in dieser Frage drückt sich eine Auffassung des Mythos aus, die man als naiv-psychologisch kennzeichnen möchte. Er wird als realistische Kasuistik, etwa in der Art einer psychiatrischen Krankengeschichte verstanden. Rattner bezweifelt, daß Ödipus in der gealterten Iokaste „die Erfüllung sinnlicher Begierden suchte. Die Überwindung der Sphinx brachte ihm in erster Linie den Königsrang als Erhöhung seiner Würde und seines Wertes" (Rattner 1963, 116). Das Drama des Sophokles wird auch hier mit dem Mythos gleichgesetzt, nicht sexuelle Rivalität, sondern Machtstreben ist Ursache von Ödipus' Scheitern. Laios hoffte, der Konkurrenz durch seinen Sohn dadurch zu entgehen, daß er ihn aussetzte; aber dieser „Verstoß gegen die Bande des Familienlebens" (Rattner 1963, 116) reißt ihn ins Verderben.

b) Die Methode der individualpsychologischen Mythendeutung bei E. Fromm

Während Lazarsfeld und Rattner die Motive der im Ödipus-Mythos auftretenden Gestalten analog zu den Motiven etwa eines individualpsychologisch behandelten Patienten betrachten und somit nicht einmal so weit kommen, das eigentliche methodische Problem zu erkennen, hat sich Erich Fromm ausdrücklich mit der „vergessenen Sprache" des Mythos befaßt. Fromm ist, wenn überhaupt, ein sehr selbständiger Adler-Schüler; Toman rechnet ihn zur Kultur-Schule der Psychoanalyse (Toman 1954), andere Autoren zählen ihn zur (mit der „Kultur-Schule" weitgehend identischen) Neopsychoanalyse, was G. Róheim ablehnt, der (1950) in Fromm einen Neo-Adlerianer sieht. Solche Klassifikationen sind unfruchtbar, vor allem, wenn sie, wie von Róheim, fast im Sinn eines Schimpfwortes gebraucht werden. Wir besprechen den Beitrag Fromms zu dem hier diskutierten Problem im Rahmen der Individualpsychologie, weil ihr seine Deutung am nächsten steht.

Fromm geht davon aus, daß „die Träume des antiken und modernen Menschen (...) in der gleichen Sprache verfaßt" sind, wie auch „die Mythen, deren Urheber im Anbeginn der Geschichte gelebt haben" (Fromm 1957, 9). Zwar sind die Mythen verschiedener Völker verschieden, aber ihre dem modernen Menschen fremde Sprache ist durchweg gleich: Es ist die Symbolsprache, „eine Ausdrucksweise, in der unsere Erlebnisse, Gefühle und Gedanken so wiedergegeben werden, als wären sie sinnliche Erfahrungen, Ereignisse in der Außenwelt" (Fromm 1957, 9).

Die Kategorien der Symbolsprache sind anders als die der gewöhnlichen Sprache; nicht die Gesetze der Logik, und nicht Raum und Zeit beherrschen sie, sondern „Intensität und Assoziation" (Fromm 1957, 9). Für besonders wichtig hält Fromm die Tatsache, daß die Symbolsprache die einzige Universalsprache ist, welche die

Menschheit je hervorgebracht hat. Sie gilt für alle Kulturen, und alle Zeit- und Entwicklungsstadien dieser Kulturen im Verlauf der Geschichte. In den letzten Jahrhunderten der westlichen Kultur, führt Fromm weiter aus, ist diese Sprache „vergessen" worden. Erst in den letzten Jahrzehnten hat sich die wegwerfende Einstellung der westlichen Zivilisationen, Mythen seien „naive Erzeugnisse des vorwissenschaftlichen Geisteslebens" (Fromm 1957, 9), gewandelt, zum großen Teil dank der Arbeiten Freuds (und wohl auch des hier von Fromm nicht erwähnten C. G. Jung). Trotz dieser Belebung des Interesses an Mythen steckt ihre Erforschung nach Ansicht Fromms noch in den Kinderschuhen; schuld daran ist in erster Linie der Dogmatismus der psychoanalytischen Schulen, von denen jede darauf bestand, ausschließlich sie verstehe die Symbolsprache richtig. Ein weiteres Hindernis war, daß man Traum- und Mythendeutung nur bei der Behandlung neurotischer Patienten für richtig und notwendig erachtete. „Ich hingegen bin der Ansicht, daß die Symbolsprache die einzige Fremdsprache ist, die jeder lernen sollte. Ihr Verständnis bringt uns in Beziehung mit einer der bedeutendsten Quellen der Weisheit, mit der des Mythos, vermittelt uns die Kenntnis der tieferen Schichten unserer eigenen Persönlichkeit" (Fromm 1957, 11).

Anschließend versucht Fromm, das „Wesen" der Symbolsprache zu bestimmen, die er allgemein als eine Ausdrucksweise definiert, die innere Erlebnisse ausdrückt, als wären sie äußere Sinneswahrnehmungen. Um den Begriff des Symbols genauer zu erfassen, unterscheidet Fromm drei Arten von Symbolen: Konventionelle, zufällige und universelle Symbole. Nur der beiden letzteren bedient sich die Symbolsprache. Während beim konventionellen Symbol der einzige Grund des Zusammenhangs zwischen Signifikant und Signifikat, d.h. etwa zwischen dem Wort und dem Gegenstand Tisch, eine Konvention ist, an der eine bestimmte Gruppe von Menschen teilhat, beruht diese Verbindung beim zufälligen Symbol auf einem persönlichen Erlebnis. Dem zufälligen und dem konventionellen Symbol gemeinsam ist der Mangel an einem inneren Zusammenhang zwischen Signifikant und Signifikat; diese Gemeinsamkeit trennt beide vom universellen Symbol, bei dem dieser innere Zusammenhang zwischen dem Symbol und dem, was es darstellt, besteht. Als Beispiel für ein zufälliges Symbol nennt Fromm eine Stadt, in der man einmal ein besonders trauriges Erlebnis gehabt hat: Im Wesen der Stadt liegt nun nichts Trauriges oder Freudiges; aber die assoziative Verbindung ist für den Betroffenen gültig. Da die Symbolsprache auch die Sprache des Traumes ist, wird diese Stadt vielleicht in einem Traumbild die durch sie symbolisierte Gemütsverfassung bezeichnen. Man fragt sich, warum Fromm das zufällige Symbol nicht einfach das sein läßt, was es ist, nämlich eine Verknüpfung, die mit dem Symbolbegriff nichts zu tun hat, der ja immer einen kommunikativen Aspekt einschließt. Wahrscheinlich tut er es aus theoretischen Gründen: Der Traum spricht eben nur die „Symbolsprache", und darum muß alles, was im Traum vorkommt, symbolisch sein. In Märchen, Mythen und „in symbolischer Sprache geschriebenen Kunstwerken" (Fromm 1957, 17) werden zufällige Symbole nicht verwendet, weil sie nicht ohne Kommentar verständlich sind.

Die Methode, mit der Fromm universelle Symbole bestimmt und deutet, ist subjektiv-phänomenologisch, wobei er ziemlich schnell von seinen eigenen Erfahrungen auf die „Erfahrung eines jeden menschlichen Wesens" schließt (1957, 17). Er schildert etwa das Feuer:

> „Es macht den Eindruck von Kraft und Stärke, von Beschwingtheit und Leichtigkeit, als ob es tanzte und eine unerschöpfliche Quelle von Energie besäße. Gebrauchen wir das Feuer als Symbol, dann beschreiben wir unsere inneren Erlebnisse, die durch die gleichen Elemente charakterisiert sind, wie sie der Eindruck des Feuers auf unsere Sinne hervorruft; ein Gefühl von Kraft, Leichtigkeit, Bewegung, Grazie, Fröhlichkeit, wobei bald das eine, bald das andere dieser Elemente vorherrscht" (Fromm 1957, 17f).

Fromm stellt die Fähigkeit des Menschen, universelle Symbole zu bilden und zu verstehen, in eine Linie mit der Fähigkeit des Körpers, den Zustand der Seele auszudrücken. Stimmungen, Einstellungen und Gefühle drücken Bewegungen und Gesten deutlicher aus als Worte; das universelle Symbol ist auch hier dem konventionellen überlegen. „Der Körper ist in der Tat ein Symbol – keine Allegorie – der Seele" (Fromm 1957, 18). Während sich das konventionelle Symbol auf eine Menschengruppe beschränkt, ist das universelle „die einzige von der Menschheit entwickelte gemeinsame Sprache" (Fromm 1957, 19), jeder Mensch ist imstande, sie zu lernen, ja er versteht sie, ohne sie je gelernt zu haben, „so wie wir das Weinen nicht lernen müssen, wenn wir traurig sind" (1957, 19[21]).

Während Fromm also den Kulturbedingungen einen Einfluß auf die Symbolsprache kurzerhand abspricht, billigt er den Naturbedingungen diesen Einfluß zu. Die Sonne zum Beispiel muß in nördlichen Ländern, wo Wasser reichlich vorhanden, Wärme jedoch für das Wachstum unentbehrlich ist, einen ganz anderen symbolischen Charakter gewinnen als im Wüstenklima, wo die Sonne eine gefährliche, ja lebensbedrohende Macht, Wasser aber die Quelle alles Lebens ist. Derartige klimatische Bedingungen können zur Ausbildung von „Dialekten" der Symbolsprache führen. (Deshalb ist die Hölle der Edda eine nebelerfüllte, kalte Höhle, während in der Hölle der Südländer ein Feuer brennt, das die von ihnen gefürchtete Hitze noch steigert). Daß Fromm die Möglichkeit kultureller Dialekte der Symbolsprache ablehnt, ist eine kaum mit pädagogischen Absichten zu entschuldigende Vereinfachung. Länder in ähnlichen klimatischen Zonen haben *keine* gleiche Symbolik; ein Beispiel von zahllosen möglichen: Weiß ist in China die Farbe der Trauer, während für den Europäer schwarz diese Bedeutung hat.

c) *Fromms Deutung des Ödipus-Mythos*

Seiner Theorie der „Symbolsprache" und der daraus folgenden Methode einer Übersetzung der universellen, heute nicht mehr verstandenen Symbole des Mythos in die konventionellen Symbole der

---

21 Es scheint, daß zumindest die Anlässe, aus denen geweint wird, außerordentlich kulturabhängig sind. Bei manchen Völkern gehört Weinen zur Begrüßung eines lieben Gastes (Frazer 1924), bei anderen dürfen nur Frauen weinen, Männer aber nie. Zahlreiche „Dialekte" menschlichen Ausdrucksverhaltens sind bei Weston de la Barre (1966) beschrieben.

Sprache bleibt Fromm in seiner Ödipus-Interpretation glücklicherweise nicht treu. Er verläßt sie fast ganz zugunsten einer historisch-sozialpsychologischen Argumentation. Diese Verbindung tiefenpsychologischer mit sozialpsychologischen Gesichtspunkten ist – nicht nur in der Mythendeutung – ein Verdienst Fromms, das eine historische Betrachtung der Entwicklung der Psychologie nicht übersehen sollte. Der Vorwurf mangelnder methodischer Trennschärfe ist leicht zu erheben und auch einem so klugen und umfassend gebildeten Autor wie Fromm ohne große Mühe nachzuweisen; aber die Kritik muß auch berücksichtigen, daß übergroße methodische Selbstdisziplin eine eingängige, anschauliche Darstellung psychologischer Probleme sehr erschwert. Freilich, was der Rezensent von Fromms Buch loben würde, darauf dürfen wir hier nicht Rücksicht nehmen.

Von Anfang an ist sich Fromm sicher, wo die wirkliche Bedeutung des Mythos liegt. Die raum-zeitliche Erzählung drücke „religiöse und philosophische Ideen und Seelenerlebnisse" aus, behauptet er (Fromm 1957, 183). Darin liegt schon eine kritische Distanzierung zu Freuds Ödipus-Deutung, die Fromm ausführlich, aber mit Auslassung einiger methodisch wichtiger Einzelheiten (der Mythos sei die Reaktion auf ödipale Träume, die Selbstbestrafung spiegele die Ablehnung dieser Träume) referiert. Für Fromm ist die Mutterheirat nur eine mehr oder weniger zufällige Beigabe zu dem Machtkampf des Ödipus gegen seinen Vater. Doch anstatt sich wie die anderen individualpsychologischen Autoren mit dem Ersatz der Libido-Thematik durch die Macht-Thematik zu begnügen, setzt Fromm hier zu einer anthropologischen Erörterung über die Wurzeln dieses Machtkampfes an. Er kommt zu dem Resultat, daß Ödipus und die anderen Helden der Trilogie (Hämon, Antigone) das matriarchale Prinzip im Gegensatz zum autoritär-patriarchalen vertreten; sie kämpfen gegen Laios und Kreon als Vertreter einer auf Macht und Privilegien des Vaters beruhenden sozialen Ordnung.

Fromm übernimmt hier die historische Theorie Bachofens, daß in Griechenland vor der Einsetzung der olympischen Religion Frauen im religiösen und sozialen Bereich tonangebend waren und Muttergottheiten vor allen anderen verehrt wurden. Das matriarchale

System, das Bachofen einem hypothetischen Stadium höchster Primitivität mit promiskuösen Sexualbeziehungen folgen läßt, ist durch Blutsverwandtschaft nur zur Mutter, (als Beweis zieht Bachofen hier die Argumentation der Erynnien in der Orestie des Aischylos heran), passive Hinnahme der Naturgesetze, freizügige Sexualmoral und soziale Gleichheit der Menschen (jeder ist ein Kind der Mutter Erde) gekennzeichnet; das patriarchale System hingegen durch strenge Monogamie, Autorität des Vaters und Vorherrschaft der Männer in einer hierarchisch organisierten Gesellschaft.

Kaum eine Frage ist in der Anthropologie so heftig diskutiert worden, hat so glühende Befürworter und harte Kritiker gefunden wie die These Bachofens von der matriarchalischen Begründung von Sitte, Zivilisation und Religion. Von Morgan (1877) von Briffault (1927) und kritischer von Graves (1960, 1962) weitergeführt, ist sie von den meisten Historikern und Anthropologen angefochten, völlig abgelehnt oder zumindest eingeengt worden. Fromm versäumt nicht, gegen diese Kritik, um die er sich nicht weiter kümmert, nach bewährtem psychoanalytischen Vorbild den Verdacht auszusprechen, sie sei „nicht ganz frei von einem affektbedingten Vorurteil gegen eine dem Denken und Fühlen unserer patriarchalen Kultur so fremden Annahme" (Fromm 1957, 197). Die Ablehnung der Matriarchatstheorie durch Ethnologen (z. B. Malinowski 1963) betrifft aber nicht die Annahme eines Matriarchats in bestimmten Gesellschaften zu bestimmten Zeiten ihrer Geschichte, sondern nur die Theorie Bachofens von einem universalen, für die früheste Stufe menschlicher Gesellung und Gesittung überhaupt typischen Matriarchats.

Rein matriarchale Gesellschaften sind, ethnologisch gesehen, ebenso „ein Produkt spezieller Bedingungen, die sich in der Regel erst auf einem hohen Kulturniveau finden" (Malinowski 1963, 13) wie ausschließlich patriarchale.

Trotzdem ist der methodische Fortschritt, der Fromm dazu führte, auf Bachofen zurückzugreifen, bemerkenswert. Der Mythos wird nicht mehr wie bei Freud und vielen anderen Psychologen als eine Funktion ausschließlich individueller psychischer Prozesse (etwa der Auseinandersetzung mit inzestuösen Träumen) angesehen, sondern als eine Funktion allgemeiner sozialer Vorgänge, ja Widersprüche (im Falle des Ödipus-Mythos der Widerspruch von Matriarchat und Patriarchat). Das paßt freilich an sich nicht zu der eigenen methodischen Konzeption Fromms von der „Symbolsprache", die ja auch eine ausschließlich individual-psychologisch konzipierte Hypothese darstellt. Nicht weniger interessant ist noch eine zweite Eigenart von Fromms Ödipus-Interpretation: Als einer der ersten psychologischen Autoren greift er auf die präsophokleische Überlieferung des Mythos zurück. Er stützt sich dabei in erster Linie auf C. Robert, der (1915) auf die Beziehung des Ödipus zu Demeter-Heiligtümern hingewiesen hat. Freilich ist der Schluß, weil Ödipus nach einer Lokalsage in einem Heiligtum der Demeter begraben wurde, sei er ein Exponent der vorolympischen, „matriarchalen" Religion, nicht haltbar, solange er nicht durch weitere Argumente gestützt wird.

Die methodengeschichtlich bemerkenswerte, in ihren konkreten Erfolgen allerdings noch recht dürftige Zuziehung der Quellen in der psychologischen Betrachtung läßt Fromm bald wieder im Stich. Er konzentriert sich auf die Deutung der Sphinx-Episode und des Rätsels, wobei gerade das Rätsel eine ziemlich späte Einfügung in den Mythos darstellt. Die Begründung dieses Standpunktwechsels zeigt das für ein methodengeschichtliches Zwischenstadium typische Verhalten, nämlich den willkürlichen Übergang von der einen Methode zur anderen, in diesem Fall von der historisch-soziologischen zur tiefenpsychologisch-individualistischen. Das wichtigste Element „im wirklichen Gehalt eines Traumes oder Mythos", argumentiert Fromm, erscheine oft als ein „viel weniger wichtiger oder gar unbedeutender Teil der äußeren Formulierung, während derjenige Teil der äußeren Formulierung, auf dem der Hauptakzent liegt, im wirklichen Gehalt nur eine untergeordnete Rolle spielt" (Fromm 1957, 198). Es handelt sich hier um nichts anderes als das Konzept der Verschiebung aus Freuds von Fromm sonst so abgelehnter Traumdeutung.

Man kann schon erwarten, daß Fromm den „Abwehrmechanismus" der Verschiebung da heranziehen wird, wo das historische

Material seiner Deutung einen unerwarteten Widerstand entgegengesetzt. Tatsächlich ist seine Interpretation des Sphinx-Rätsels sehr wenig plausibel; vor allem setzt sie bei dem Erfinder dieses Märchenmotivs (Nilsson 1951) eine allegorische Gelehrsamkeit voraus, die man weit eher Fromm als dem Mythos zutraut. Wenn wir die Worte der Sphinx aus der Symbolsprache übersetzen, behauptet Fromm, „hören wir sie sagen: Derjenige, der weiß, daß die wichtigste Antwort, die ein Mensch auf die schwierigste an ihn gestellte Frage geben kann, der Mensch selber ist, vermag die Menschheit zu retten" (Fromm 1957, 199). Für Fromm ist das Rätsel nur ein Schleier über dem verborgenen Sinn der Frage nach dem Menschen; die Betonung der Wichtigkeit des Menschen aber gehört der matriarchalen Welt an, wie sie Bachofen beschrieb. Für Bachofen steht Ödipus zwischen der patriarchalen und der matriarchalen Welt: Er kennt seinen Vater nicht, das weist auf seine matriarchale Abstammung hin (aber Ödipus kennt auch seine Mutter nicht; wir bemerken bei Bachofen dieselbe Inkonsequenz wie bei Fromm). Daß Ödipus endlich seinen wahren Vater entdeckt, bezeichnet laut Bachofen den Beginn des Patriarchats.

Fromm ergänzt diese Interpretation durch eine Analyse der Entstehungszeit des Sophokles-Dramas: Der Peloponnesische Krieg verwüstete Attika; während ein Teil des Volkes zu „jenen hilfreichen untergeordneten Mächten, die immer dem Glauben der Massen näherstanden als die aristokratischen Olympier" (Schmid 1934, zit. n. Fromm 1957, 216) zurückkehrte, untergruben die Sophisten die moralische Autorität und predigten ungezügelte Selbstsucht des „egoistischen Übermenschen" (Fromm 1957, 216); auch Kreons Reden in der Antigone tragen sophistischen Charakter.

Sophokles stelle sich auf die Seite der Volksreligion, der „untergeordneten Mächte", in denen Fromm die „Mütter" erkennt.

„Man kann wohl annehmen, Sophokles habe den Gedanken vermitteln wollen, daß die patriarchale Welt zwar den Sieg errungen habe, aber dennoch unterliegen werde, wenn sie die humanistischen Prinzipien der alten matriarchalen Ordnung nicht annehme" (Fromm 1957, 215).

Kritisch ist hier anzumerken, daß Sophokles' Humanismus sicherlich keine Erinnerung an die alte matriarchale Ordnung einschloß; man muß sich hier nur an die Verständnislosigkeit erinnern, mit der Herodot (er war mit Sophokles persönlich befreundet) von einigen Völkern am Mittelmeer spricht, bei denen sich die matriarchale Ordnung in Resten erhalten hatte. Sie war dem Griechen, selbst wenn er der Volksreligion nahestand, längst ein unverständlicher Greuel geworden.

d) Zur Kritik der individualpsychologischen Mythendeutung

Fromms Konzeption einer universalen, historisch und kulturell konstanten Symbolsprache ist zunächst einmal eine ungeheure Vereinfachung, eine der für die Entwicklung der Forschung so hemmenden deduktiven Generalisationen. Geschichte, Mythenforschung, Ethnologie, Volkskunde und Kulturanthropologie kennen keine universal gültige Symbolik, sondern nur innerhalb einzelner Kulturen, und noch viel mehr interkulturell stark wechselnde, einander oft radikal widersprechende Ausdrucksformen des „animal symbolicum" (Mühlmann 1966). Ganz unrichtig ist auch Fromms Auffassung, „man" habe in der Antike die „Symbolsprache" noch unmittelbar verstanden. Es genügt, etwa Plutarchs Studie über Isis und Osiris zu lesen, um zu erkennen, daß man diesem Mythologem schon in der Spätantike eine Fülle teilweise widersprechender symbolischer Bedeutungen zulegte (siehe auch Kap. I, C, 1). Noch eindrucksvoller sind hier die Allegorienlexika der Spätrenaissance, etwa der „Sylva Allegoriarum" (Venedig 1620): Allein dem Wasser werden mindestens hundert verschiedene Bedeutungen zugeschrieben. Auch wo sich die bildende Kunst mit Symbolik beschäftigte – wie etwa in der „Iconologia" des Cesare Ripa – erkennt man die starke Bindung der laut Fromm so symbolträchtigen „sinnlichen Erfahrungen" an kulturelle Determinanten.

Ebenso wie die These der Universalität einer „Symbolsprache" enthüllt sich die Behauptung Fromms, daß die „Sprache der Träume" interkulturell und historisch immer sich selber gleich geblieben sei, als trügerisch. Tiefenpsychologische Traumanalyse ohne den Rückgriff auf die freien Einfälle des Träumers ist unwissenschaftlich, darauf hat schon Freud nachdrücklich hingewiesen. Gerade diese Assoziationen zeigen aber notwendigerweise, daß es keine überkulturelle „Traumsprache" gibt.

So wird auch die Theorie fragwürdig, daß die Mythen in der gleichen „Sprache" verfaßt seien wie die Träume moderner und, wie Fromm betont, antiker Menschen. Daß einfache Übertragung von aus Traumanalysen gewonnenen Prinzipien auf Mythen nicht gerechtfertigt werden kann, haben wir schon bei der Besprechung der diesbezüglichen Auffassungen Freuds festgestellt. – Auch die Überzeugung Fromms, die Menschen hätten in der Antike und in den westlichen Kulturen noch bis vor wenigen Jahrhunderten die „Symbolsprache" allgemein verstanden, hält einer historischen Überprüfung nicht stand. Seit es Mythen gibt hat es auch Mystagogen gegeben, priesterliche Deuter, esoterischen Sinn, Gelehrtenstreit, fromme Allegorien, Ausschmückungen, Verfälschungen, Ent- und Um-Mythologisierungen – aber nur sehr wenig „unmittelbares Verständnis" der Mythologeme, das man auch bei Naturvölkern, in deren Welt der Mythos noch lebt, keineswegs bei allen Mitgliedern der Gemeinschaft voraussetzen darf (Jensen 1951).

Die Deutung des Ödipus-Mythos. Fromm, der die individualpsychologische Mythendeutung durch eine Zuziehung sozialpsychologischer Fragestellungen und historischer Hypothesen zu vervollständigen suchte, hat diesen an sich wertvollen neuen Ansatz nicht genau durchdacht und methodisch von der Annahme einer aus theoretischen Gründen nicht haltbaren „Symbolsprache" nicht abgegrenzt. Es ist wohl möglich, einen Zusammenhang zwischen der Matriarchats-Theorie Bachofens und dem Ödipus-Mythos herzustellen; doch ist es dabei unerläßlich, historische und psychologische Interpretation genau zu trennen. In dieser Richtung haben Borkenau (1957) und Graves (1960, II) Fromms unklare Andeutungen zu konkreten Hypothesen fortentwickelt (siehe Kap. III, C).

Rattner und Lazarsfeld hingegen dürften im Grunde ihre Bemerkungen zur Ödipussage gar nicht als Deutung des Mythos ausgeben, sondern lediglich als Analyse der Motive der dramatischen Gestalt des Ödipus in der Tragödie des Sophokles. Eine solche Analyse steht naturgemäß mit der Entstehung des Mythos selbst nur in einem sehr losen Zusammenhang; man wird gelegentlich den Eindruck nicht los, daß die individualpsychologischen Autoren gar nicht wissen, daß Sophokles die Grund-Thematik seiner Tragödie nicht erfunden hat, sondern Vorgefundenes ausgestaltete. Darüber hinaus wird eine solche Fragestellung („Aus welchen Motiven handelte dieser mythische Held so und nicht anders?") immer nur das theoretische System des Psychologen, der sie stellt, beweisen, kaum je aber über die psychischen und sozialen Vorgänge bei der Mythenbildung Aufschluß geben.

Diese Kritik gilt ebenfalls für Gerhard Szonns Darstellung über Ödipus und Minos (Szonn 1992), in der er versucht, Ödipus' Geschichte familiendynamisch zu deuten und dazu hoch spekulative Konstruktionen über Freuds Familiendynamik hinzuzieht (Krüll 1979, Roazen 1973, 1976). Manches an Szonns Freud-Kritik erinnert an die „deutsche Seelenheilkunde" der Nationalsozialisten (Göring 1934), etwa die Konstruktion, Freud sei „schizoid" gewesen, habe überall Antisemitismus gewittert und sei in allen seinen freundschaftlichen Beziehungen gescheitert. Nur jene seien seine treuen Anhänger geblieben, die sich – gleich Ödipus – „selbst blendeten" (Szonn 1992,88). Derlei klägliches Allegorisieren (und darin auch Moralisieren) kennzeichnet auch Szonns Ödipusdeutung selbst, in der er aus Laios einen Mann macht, der einer „homoerotischen Entwicklungsstufe verhaftet bleibt", die „normalerweise nur ein pubertäres Durchgangsstadium ist"; dieser in seiner unterstellten Homosexualität moralisch abgekanzelte Laios muß nun den Sohn aussetzen lassen, weil dieser den pädophilen Laios verführen könnte; zudem muß Laios fürchten, von seinem Sohn irgendwann „an Reife übertroffen zu werden. Dies würde ihn in seiner charakterlichen Schwäche bloßstellen, und genau dies kann der Schwächling am allerwenigsten vertragen." (Szonn 1992, 68) Diese Proben reichen aus; Szonn dokumentiert noch 1992, wie tiefenpsychologische Mythendeutung zum Tummelplatz der borniertesten Vorurteile wird.

4 Die Ödipus-Deutung Paul Diels

a) Ödipus in der Pan-Psychologie

Jeder Mythos bietet Gelegenheit, die Funktion der Symbolisation unmittelbar zu erforschen, stellt der französische Autor Paul Diel fest. Diese Funktion ist „une fonction psychique naturelle"; zur psychologischen Deutung eines Mythos genügt es, die mythischen Symbole in die Sprache der modernen „panpsychologie" zu übersetzen (Diel 1952, 7). Der Mythos enthält alles, was die moderne Tiefenpsychologie ans Licht gebracht hat, stellt Diel weiter fest; die mythische Person hat ein Überbewußtsein (surconscient), ein Ich und ein Unterbewußtes (subconscient); sie hat Sublimationsmöglichkeiten und steht der Gefahr gegenüber, im Unbewußten zu versinken (Diel 1952, 8).

Unter Diels Interpretation, die mit den Quellen noch unbekümmerter umgeht als Freuds Ödipusdeutung (so wird Polybos nicht erwähnt; Odipus wächst bei einem Hirten auf), wird der thebanische Heros zu einem Nervösen, einem Neurotiker, der durch Vernachlässigung in der Kindheit (durch den „Schwellfuß" symbolisiert: in Diels System mythologisch-psychologischer Gleichungen ist der Fuß die Seele, und die Durchtrennung der Sehne „ist" das Trauma frühkindlicher Frustration) den Weg zur Vergeistigung (spiritualisation, der zentrale Wert in Diels Pan-Psychologie) nicht finden kann. Die Deutungen des französischen Psychologen sind kompliziert angelegt, laufen aber immer auf ein Schema hinaus. Dazu gebraucht Diel eine eigenwillige Terminologie, die psychoanalytische Gesichtspunkte mit denen einer idealistischen Geschichtsphilosophie vermengt.

„Ödipus, Symbol des Nervösen, ist ein Opfer des tragischen Irrtums: Sein realer Vater, Laios, besitzt auf der symbolischen Ebene die Bedeutung der Banalisation (banalisation, s. u.). Ödipus tötet ihn (...) aus einem Übermaß von Nervosität heraus und wird so schuldig gegenüber dem positiven Geist (l'esprit positif)" (Diel 1952, 155; Übers. W. S.).

Die Sphinx ist laut Diel ein Symbol der schlechten Regierung des Laios; Ödipus, der sich in Überkompensation eines Minderwertigkeitskomplexes (wegen des lahmen Beins) als Welterlöser phantasiert, zieht aus, um sie zu bekämpfen. Auf der mythischen Ebene aber (Diel wechselt willkürlich zwischen der von ihm „mythisch" genannten und der zweiten, „realen" Ebene des Mythos) ist die Sphinx wiederum ein Symbol der Banalisation, die den Menschen auf seine niedrigsten Instinkte reduziert und in ihm nicht mehr sieht als ein Tier (Diel 1952, 162). Ödipus löst das Rätsel der Sphinx, aber er tut das nur verbal, wie jeder Neurotiker die Banalisation ablehnt: aus Eitelkeit und Angst, nicht aus echtem geistigen Impuls. So weiß er sich zwar gegen die Banalisation (symbolisiert durch Laios und seine Schuld, die Sphinx) zur Wehr zu setzen, aber seine heftige Abneigung ist nur Zeichen einer geheimen Anziehungskraft, die das heimlich beneidete Beispiel primitiver Enthemmung auf den Neurotiker ausübt (Diel 1952, 163).

Ödipus heiratet nun seine Mutter, das Symbol der Erde, doch unter ihrem negativen Aspekt als übermäßige Gebundenheit an die Wunsch- und Triebwelt. Jetzt hätte er, König geworden, Gelegenheit, den Traum seiner Jugend zu verwirklichen, und das Land Theben („symbole du monde", 1952, 164) zu erlösen. Er tut es nicht, denn weil er die Mutter-Erde heiratete, unterdrückte er den „Vater-Geist" und widerstand der Versuchung nicht, zu herrschen. So sucht eine neue Pest das Land heim, wie bei Laios Folge der Herrschaft eines Schuldigen. Mit den Maßnahmen des Ödipus zu ihrer Bekämpfung (die ja auch das Drama des Sophokles einleiten) setzt der Kampf zwischen Verdrängung und Sublimierung ein, denn „die mythische Geschichte des Nervösen wäre sicherlich unvollständig, würde sie den bedeutungsvollen Konflikt, den Kampf zwischen der Tendenz zur Verdrängung und der Tendenz zur Sublimierung vernachlässigen" (Diel 1952, 164).

Die wichtigste Gestalt in diesem Kampf ist laut Diel der Seher Teiresias, Abgesandter des „esprit". Doch Ödipus widersteht auch dieser Gelegenheit, seine Verdrängungen zu lösen und sich zu Paul Diels Pan-Psychologie zu bekehren. So kommt es, daß „der Spiegel der Wahrheit vor ihn tritt; er aber, statt seine Schuld zu erkennen, blendet sich die Augen des Geistes" (Diel 1952, 165). So tötet Ödipus seinen mythischen Vater nicht nur unter seinem negativen Aspekt als Laios, sondern auch unter seinem positiven als Geist, als Vision der Wahrheit.

b) Kritik

Diels Interpretation ist ein Beispiel der Zwitterwesen, die notwendig entstehen müssen, wenn die (Pan)Psychologie sich theologische Machtvollkommenheit anmaßt. Das Konzept des französischen Autors verbindet die Übertragung einer im Grunde gleichfalls weltanschaulichen Bewertung des Neurotikers auf den Mythos mit methodischen Prinzipien der vor allem von C.G. Jung verwendeten „Deutung auf der Subjektstufe" (die im Mythos handelnden Personen symbolisieren Seelenteile – Geist, Ich, Triebwelt usw.) und spekulativ-philosophischen Elementen. Die symbolischen Übersetzungen sind völlig unkritisch gehandhabt und großenteils höchst simpel: Vater = Geist, Mutter = Erde, Fuß = Seele. Die auf den Mythos projizierte Entwicklung von den „materiellen Trieben" vorbei an den Klippen der Banalisation zu Sublimierung und Spiritualisierung entspricht einem vereinfachten platonischen Schema.

Jedes der philosophischen, psychologischen und religiösen Elemente, aus denen sich Diels Pan-Psychologie des Mythos zusammensetzt, besitzt einen durchaus achtenswerten Platz innerhalb der Metaphysik, der Ethik oder der Neurosentheorie; Diel aber wird sich des metaphorischen Charakters seiner *traduction* nie bewußt und versäumt es völlig, zu erläutern, wie er sich denn konkret die Entstehung eines Mythos vorstellt. Auch innerhalb seiner Methodik wechselt er willkürlich von einer Interpretationsebene zur anderen, wie es sich gerade am bequemsten ergibt. Nicht nur „das Unaussprechliche und Unsagbare der griechischen Mythologie ist in diesem Buch nicht erschienen, so sehr wird gewußt, gedeutet und ‚traduit'", wie ein Kritiker in seiner Besprechung von Diels Buch tadelte (Müller-Eckhart 1953, 1857), sondern der Text der Mythen selbst ist kaum je wirklich berücksichtigt. Ein dogmatischer Symbolismus überwuchert alles und jedes; methodisch wird die Arbeit Diels zu einem Rückfall auf die Stufe eines Ovid moralisé, – mit der einzigen Ausnahme, daß der Glaube, auf den hin die Mythen interpretiert werden, nicht mehr das Christentum, sondern eine spiritualistische Pan-Psychologie ist.

5 Ein Biologe auf Exkursion in die Mythologie: Norbert Bischof

Zum Inzesttabu, das in den Kontext der Ödipus-Deutungen gehört, hat der Verhaltensforscher Norbert Bischof (1985) einiges beigesteuert. In einem ausufernden Essay über das „Rätsel Ödipus" bietet Bischof eine bunte Mischung an Beobachtungen, Thesen und Spekulationen an. In diesem Potpourri bleibt kaum ein Welträtsel unangesprochen. Obwohl Bischof viele Einzelheiten bald lose, bald fester mit dem Inzestthema verknüpft, ist seine Grundthese schlicht: Es gibt bei manchen höheren Wirbeltieren eine (instinktive?) Neigung, Distanz zu jenen Artgenossen herzustellen, zu denen in früheren Phasen besonders enge Bindungen bestanden. Daß Bischof diese These, die auf seinen ethologischen Beobachtungen an Graugänsen basiert, mit vielen Spekulationen Spekulationen über die kulturelle und psychologische Regulation von Nähe und Distanz in menschlichen Beziehungen verknüpft, klärt die Grundproblematik einer Übertragung von Tierbeobachtungen auf soziale Systeme nicht zufriedenstellend.

In seiner neueren Arbeit „Das Kraftfeld der Mythen" (1996), grenzt sich Bischof rhetorisch von den Modellen C. G.Jungs und Erich Neumanns ab, schreibt dann aber in anderen Worten deren Grundthese aus, daß Mythen Urkonflikte der menschlichen Entwicklung spiegeln. Schließlich mündet Bischof in eine nicht weniger projektive Mythenauffassung, in der die Sagen von einer Urflut für Symbiose, die Mythen von einer Insel für die anale Phase und die Autonomie, die Trennung von Himmel und Erde für die Ödipus-Situation stehen. Trickster-Mythen verknüpft er mit der Latenz, Heldenmythen mit der Adoleszenz.

Besonders deutlich werden die Grenzen dieses Vorgehens, wenn Bischof versucht, „linke" und „rechte" politische Richtungen wie Mythen zu behandeln. Er kann sich nicht mehr von den Trivialisierungen der Tagespresse distanzieren: „Zwar setzen auch hier Kernkraftgegner und Umweltschützer heute etwas andere Akzente als Karl Marx sie vorausgesehen hat; gesamthaft ergibt sich aber doch ein vergleichsweise einheitliches Erscheinungsbild." (Bischof 1996, 671). Das ist keiner von den „degenerativen Abkömmlingen der Mythen", wie Bischof in der unerschütterlich biologisierenden Metaphorik der Lorenz-Schule schreibt, sondern Denkunschärfe, in der so disparate historische Erscheinungen wie die Ökologiebewegung und der Marxismus in eins gesetzt werden, weil Teile der konservativen Presse diese Vereinfachung pflegen.

Ähnliches gilt für Bischofs Mythologisierung von Rollenerwartungen – Mädchen erzählen deshalb keine Helden- sondern Liebesgeschichten, weil „dem Verhaltensrepertoire subadulter Säugetierweibchen (...) nicht das unstillbare Verlangen nach vorehelicher Rumtreiberei mit Raufkumpanen eingepflanzt" ist (Bischof 1996, 647). In altethologischer Tradition macht Bischof seine Alltagsbeobachtungen zum Naturgesetz. Er zimmert ein Denkgebäude aus psychologischen und biologischen Wissensfragmenten, das sich über die historische Detailforschung[22] hinwegsetzt und überall die eigenen Vorurteile bestätigt findet.

22 Ein weiteres Beispiel ist Bischofs Deutung von Hitlers Entschluß zur Judenvernichtung als Folge von Hitlers angeblich übertriebener Mutterloyalität. Hitlers Mutter starb unter der Behandlung durch einen jüdischen Arzt an Krebs. Obwohl Bischof hier an der historischen Wahrheit nicht vorbeikommt, daß Hitler diesen Arzt ausdrücklich vor der Gestapo schützte, klittert er an der alten, bereits von Binion und Stierlin vertretenen These weiter. „Der Jude, so sah es schließlich aus, hatte den Tod der Mutter verschuldet und sich daran auch noch bereichert" (Bischof 1996, 717). Das ist ein historischer Fehlschluß, der aufrechterhalten wird, um eine fragwürdige These zu stützen; vgl. Hamann 1996.

III Der Ödipus-Mythos

A Die Überlieferung des Ödipus-Mythos

1 Die Quellen

Außer den Philologen hat sich bisher kaum jemand für die ursprüngliche Gestalt der Ödipussage interessiert, die wohl einen ganz anderen Charakter des Helden dargestellt hätte, als die faßbare Überlieferung. Das Schicksal der Angehörigen des thebanischen Königshauses ist so sehr Gegenstand der tragischen Bühne geworden, daß sich der wahre Zusammenhang des alten Mythos kaum aus den künstlichen Verknüpfungen herausschälen läßt, mit denen ihn die Dramatiker überformten und bereicherten (Höfer 1897). Nicht nur Freud, sondern auch fast alle anderen psychologischen Autoren haben nicht, wie sie glaubten, den Ödipus-Mythos interpretiert, sondern das sophokleische Drama, den vielleicht künstlerisch hochstehendsten, historisch und mythologisch aber nicht unbedingt zuverlässigsten Ausschnitt aus einer umfangreichen literarischen Tradition, die wir im folgenden anhand der Werke von Robert (1915 II), Graves (1960 II) und Höfer (1897) kurz zusammenstellen wollen.[23]

Die Anspielungen auf den Ödipus-Mythos in der ältesten Quelle, Homers Ependichtung, setzten – nicht anders als das Drama, welches einen wesentlichen Effekt daraus gewinnt, daß die Zuschauer von Anfang an mehr wissen als der so rätselkundige Ödipus – eine

---

[23] Sämtliche Literaturangaben der Quellen nach Roschers Lexikon (Höfer 1897). Die gesamte faßbare Überlieferung ist auf einigen hundert Seiten bei Robert (1915 II, im Urtext) kompiliert.

Kenntnis des Mythos schon voraus. Danach sieht Odysseus auf seinem Besuch im Hades neben anderen berühmten Männern und Frauen auch Epikaste (die in der späteren Überlieferung durchweg Iokaste genannt wird), die schöne Mutter des Ödipus (Hom. Odyssee, Ges. 11, 271ff). Schon Homer weiß, daß Ödipus seinen Vater getötet und seine Mutter geheiratet hat, doch wurde damals die Mutterheirat wohl noch vor der Zeugung von Kindern aufgedeckt. Ödipus ging nicht in die Verbannung, er kann sich auch nicht geblendet haben, da er endlich ruhmreich in einer Schlacht fiel.

Nur eine antike Tradition, ein spätes Scholion zu den „Phoinikerinnen" des Tragödiendichters Euripides nennt als Vater des Ödipus nicht Laios, sondern den Sonnengott Helios. Laios ist der Sohn des Labdakos aus dem Geschlecht des Kadmos, des mythischen Gründers von Theben, der auf der Suche nach seiner von Zeus entführten Schwester Europa von Kanaan nach Griechenland kam (Apollodor III, 1, 1). Laios' Vormund Lykos, nach dem frühen Tod des Labdakos Herrscher in Theben, fiel einer Verschwörung zum Opfer; nachdem aber Amphion, der Führer dieser Verschwörung, kinderlos gestorben war, kehrte Laios aus seinem Exil auf dem Peloponnes zurück. Dort war er Gast bei Pelops, dem Sohn des Tantalos, gewesen (Apollodor III, 5, 5. 7.; Pausanias 9, 5, 2. 3. 5.; Hyginus fabula 9). Hier spielt sich auch eine Szene ab, die nach einer späteren, teilweise rationalisierenden und moralisierenden Überlieferung für die Schuld des Laios und den Fluch, der auf seinem Hause lasten wird, entscheidende Bedeutung gewinnt. Laios verliebt sich in den schönen Sohn seines Gastgebers Pelops, Chrysippos, und raubt ihn, – das erste Beispiel von Knabenliebe bei den Griechen.

Diese auch von Aischylos aufgegriffene Fassung der Schuld des Laios wird bei einigen Autoren (Hypothesis des Vaticanus 909) durch einen grausigen Fluch des Pelops unterstrichen. Nach Apollodor und Dio Chrysostomus war es Hera, die Schützerin der Frauenliebe, welche den Thebanern die Sphinx sandte, weil sie ein Verbrechen wie die Päderastie ihrem Fürsten durchgehen ließen. In der ältesten Überlieferung ist die „Phix" ein noch gestaltloses Ungeheuer, das später die Gestalt der ägyptischen Sphinx annahm. Robert spricht von dem „unheimlichen Daimon des Phikionberges" (1921, 891); vielleicht war die Sphinx aber auch ein Bild einer geflügelten Göttin (Graves 1960 II, 11; s. a. Kap. III, C).

Die zweite Fassung der Schuld des Laios scheint ziemlich eindeutig zum Ruhm Delphis gesungen, wie ein großer Teil der Überlieferung, aus der die Tragödiendichter schöpften. Danach hat Laios ein Orakel Apolls vernachlässigt, welches ihm verkündete, sein eigener Sohn werde ihn töten. Sophokles erwähnt im König Ödipus (V, 711) dieses Orakel; dort verkündet es nur den Vatermord, während spätere Quellen (Nikolaus von Damaskus, s. a. Höfer 1897) auch schon den Inzest voraussagen lassen. Aber im Rausch (Apollodor III, 5), oder verführt durch die Sinnlichkeit seiner Gemahlin (Aischylos-Kommentar) zeugt Laios einen Sohn; seitdem ist sein Geschlecht Apollon verhaßt.

Schon drei Tage nach seiner Geburt wird Ödipus auf dem unwirtlichen Bergrücken des Kithairon bei Theben ausgesetzt. Nach dem Aischylos-Kommentar ist es Winter. Bei Sophokles übergibt Iokaste ihr Kind eigenhändig einem Hirten, der es auf den Berg bringen soll.

Laios läßt (laut Schol. Eur. Phoen. um ganz sicherzugehen, daß auch etwaige Finder das Kind seiner Verstümmelung wegen nicht aufnehmen würden) die Fußgelenke des Neugeborenen durchbohren. Die Aussetzung verkrüppelter Kinder war eine verbreitete Sitte; diese indirekte Tötung sollte verhindern, daß sich die Totengeister an die Spur des Mörders hefteten.

Nach Sophokles übergibt der von Laios beauftragte Hirt Euphorbos, von Mitleid bewegt, das Kind einem anderen Hirten, der es nicht selbst aufzieht, sondern seinem Herrn Polybos übergibt, dem König von Korinth. Über den Namen des Polybos stimmen praktisch alle Quellen überein; seine Gattin Merope hingegen heißt nach anderen Überlieferungen auch Medusa, Tochter des Orsilochos, Enkelin des Flußgottes Alpheios, oder aber auch Periboia (Höfer 1897).

Für den letzten Namen spricht auch eine Vasenmalerei, auf der neben zwei als Ödipus und Periboia bezeichneten Gestalten Hermes und eine delphinreitende Nereide zu sehen sind. Falls diese, was wahrscheinlich ist (Robert 1915, Bethe 1891), das Meer symbolisiert, dann kann man annehmen, daß nach einer wohl älteren, aber erst im Scholion zu den Phoinikerinnen faßbaren Überlieferung Ödipus nicht anders als Danaes Sohn Perseus (dessen Großvater gleichfalls durch ein Orakel erfahren hatte, sein Enkel werde ihn töten) in einem Kasten auf dem Meer ausgesetzt worden war und von dort nach Sikyon getrieben wurde. Dort war Periboia gerade am Strand, um die königlichen Waschfrauen zu beaufsichtigen (dieses aus der Odyssee geläufige Motiv – Nausikaa-Szene – deutet laut Höfer und Robert auf das hohe Alter dieser Tradition). „Periboia barg Ödipus, zog sich in ein Dickicht zurück, und gab vor, von Wehen überrascht worden zu sein. Da die Waschfrauen zu beschäftigt waren, um zu bemerken, was sie tat, täuschte sie alle. Sie ließ die Frauen im Glauben, daß der Knabe gerade geboren worden war", schildert Graves (1960, II, 7) diese Version. Interessant ist in diesem Zusammenhang noch, daß die antike Rechtsprechung (Textstellen bei Bethe 1891) gelegentlich dafür plädierte, Vatermörder in einen Sack oder ein Gefäß zu stecken und in ein fließendes Wasser oder das Meer zu werfen. Ödipus hat also die Strafe für eine Tat, die er erst begehen wird, schon erlitten, ja diese Strafe scheint notwendig dahin zu führen, daß er diese Tat begehen kann. Wichtig ist noch, daß in der älteren Überlieferung nicht Korinth, sondern Sikyon (Schol. Hom. Od. 11, 271) der Ort der Kindheit und Jugend des Ödipus ist. Pferdehirten ziehen ihn auf, oder Polybos ist ein phokischer König, der das ausgesetzte Kind auf der Jagd findet.

Fast noch reicher an Variationen ist die Überlieferung über den Totschlag an Laios. Die homerische Tradition vermerkt lakonisch, Ödipus habe auf der Suche nach seinen Eltern unwissend den Vater erschlagen und die Mutter geheiratet (Schol. Hom. Od. 11, 271). Bei Sophokles wächst Ödipus geehrt in Korinth auf; als ein Zechgenosse ihn „untergeschoben" nennt, befragt er das Delphische Orakel nach seinen wahren Eltern und erhält die Auskunft, er werde seinen Vater töten und seine Mutter heiraten. Ratlos meidet er Korinth und begegnet auf seiner Wanderung durch Phokis Laios an einem Kreuzweg (der anhand antiker Reisebeschreibungen heute noch lokalisierbar ist, vgl. Robert 1915). Die Wege des antiken Griechenland waren – im Gegensatz zu den gepflasterten römischen Straßen – tiefeingeschnittene Wagengeleise, Ausweichmanöver also selbst für Fußgänger nicht ganz einfach (Sprague de Camp 1965). Der Anlaß zum Streit ist in verschiedenen Überlieferungen beschrieben: Wortwechsel, ein Geißelhieb des Laios, oder der Wagenlenker des Königs fährt Ödipus über den Fuß (Hyginus fabula 66; Schol. Eur. Phoen. 13 u. 26; Apollodor III, 5, 8; Pausanias X, 5, 2). Bei Sophokles will ein Herold Ödipus aus dem Weg drängen; er schlägt ihn nieder, wird selbst von Laios mit dem (zum Antreiben der Pferde benutzten) Stachelstab geschlagen und tötet in aufwallendem Zorn ihn und seine Begleiter – alle, wie er meint; doch einer entkommt und berichtet in Theben, Laios sei von Räubern überfallen und erschlagen worden.

Andere verknüpfen den Totschlag unmittelbar mit der Knabenliebe des Laios: Ödipus wollte entweder dem geraubten Chrysippos beistehen und tötete Laios im Handgemenge, oder er war selbst in den Jüngling verliebt, raubte ihn, und verwundete den nachsetzenden Laios tödlich (Höfer 1897). Bei Nikolaus von Damaskus begegnet Ödipus dem Laios und der Iokaste, erschlägt den Herold und Laios, verschont aber die Königin. Weil diese Schonung betont wird, hält es Höfer für möglich, daß die Überlieferung, aus der Nikolaus schöpft, gegen eine Version der Sage polemisiert, nach welcher Ödipus auch seine Mutter getötet habe, worauf nicht nur Schol. Eur. Phoen. 26 hinweist, sondern auch ein kleinrussisches Märchen, das den Ödipus-Stoff variiert. Leider ist der Schluß von Nikolaus' Bericht verdorben. Nach anderen, noch späteren Quellen fällt Laios übrigens in einer Schlacht, als er verhindern will, daß die von Ödipus' Sieg über die Sphinx begeisterten Thebaner Ödipus zum König machen.

Daß Ödipus nach dem Totschlag weiter seines Weges zieht und ahnungslos auf die Sphinx stößt, wie es Sophokles schildert, scheint anderen Autoren unwahrscheinlich: Was geschah mit den Leichen, den Pferden, dem Wagen? Nach den Scholien zog der Heros mit dem Gespann nach Korinth und ließ sich dort von seinem Pflegevater vom Mord reinigen; die Pferde schenkte er ihm zum Dank (Höfer 1897). Laios verscharrte er entweder selbst (nachdem er ihm Schwert und Gürtel genommen hatte – Schol. Eur. Phoen.), oder ein benachbarter König. Die Lokalisierung des Begräbnisortes schwankt ebenso wie jene der Wegkreuzung, an welcher der Mord geschah. Laios befand sich nach dem Euripides-Scholion auf dem Weg nach Delphi, weil er sich – von Träumen geängstigt – nach dem Geschick seines ausgesetzten Sohnes erkundigen wollte. Die Überlieferung von der phokischen Schiste (schiste hodos = Wegkreuzung) hat eine ältere Tradition überlagert, welche die Kreuzung in die Nähe des Kithairon verlegt (Robert 1915); dann hätte Laios ein thebanisches, kein delphisches Orakel befragt (Schneidewin 1851, Bethe 1891). Das delphische Orakel erlebte erst im 7. Jahrhundert vor Christus einen steilen Bedeutungsanstieg.

Man wird wohl mit Bethe, Robert und Dirlmeier der Meinung sein dürfen, daß der Selbstmord der Sphinx, weil Ödipus ihr Rätsel gelöst hatte, die spätere Version des Mythos ist. Wie Herakles die lernäische Hydra, Bellerophon die Chimaira und Perseus die Gorgo erschlug sie der Ödipus des verlorenen thebanischen Heldengedichtes (das wir uns etwa der Ilias analog vorstellen müssen; vgl. die Rekonstruktionen bei Deubner 1942 und Nilsson 1951). Bethe trifft dieses Urteil nach einer Analyse der Text-Tradition; Höfer und andere Autoren ergänzen seine Argumentation durch eine Zusammenstellung entsprechender bildlicher Darstellungen auf Gemmen und Pasten. Wir erkennen hier, wie ungerechtfertigt eine ausgreifende psychologische Deutung des Sphinxrätsels im Kontext des Ödipus-Mythos ist, (wie sie etwa Fromm gibt), ehe man sich mit der Quellenkritik befaßt hat.

Auch die Sphinx dankt ihre Zeugung einem Inzest, zumindest nach einer böotischen Lokaltradition, auf die Dirlmeier hingewiesen hat. Nach Hesiod ist die Mutter der Sphinx die Schlangenfrau Echidna, welche außer dem dreiköpfigen Kerberos, dem Höllenhund, auch die Chimaira, den nemeischen Löwen und die lernäische Hydra geboren hat. Ihr erstes Kind ist der Hund Orthros. Sie paart sich mit ihm, und aus dieser Vereinigung geht die Sphinx hervor.

Von Hesiod an ist bei den späteren Mythographen freilich durchweg Typhon der Vater aller dieser Ungeheuer (Dirlmeier 1964, 25).

Nach einer späteren Überlieferung (Pausanias, alexandrinische Homerkommentare), die allerdings durch ältere attische Vasenbilder belegt zu sein scheint (Höfer 1897), war die Sphinx eine gefürchtete Räuberin, deren Schar sich Ödipus anschloß. Sie bewundert seine Schönheit; er teilt das räuberische Leben, paßt den Augenblick ab, in dem nur wenige ihrer Genossinnen da sind und tötet sie mit einem Lanzenstich. Die betreffende Vase steht im Britischen Museum, eine attische Lekythos; Apollon, Athena, Kastor und Polydeukes wohnen der Tat bei. Keine entsprechende literarische Tradition läßt sich für einige Gemmen finden, auf denen Ödipus, nackt oder in Reisekleidern, die Sphinx mit Dolch, Schwert oder Speer bekämpft; auf einer im etruskischen Volci gefundenen Vase schlägt er mit einer Keule auf sie ein.

In der klassischen Überlieferung, die sich bei Sophokles, Pindar (Nemeische Oden I, 91) und Apollodor (III, 5, 8 und III, 6, 7) findet, gibt die Sphinx jedem vorbeiziehenden Thebaner ein Rätsel auf.[24] Wenn einer es nicht lösen kann, erwürgt sie ihn und verschlingt ihn auf der Stelle. Unter den Unglücklichen befindet sich auch Iokastes Neffe Haimon. Das Rätsel lautet: „Welches Wesen, das nur eine Stimme hat, hat manchmal zwei Beine, manchmal drei, manchmal vier, und ist am schwächsten, wenn es die meisten Beine hat?" Ödipus erriet die Antwort: „Der Mensch, denn er kriecht als Säugling auf allen vieren, steht in seiner Jugend fester auf seinen zwei Füßen, und stützt sich in hohem Alter auf einen Stock" (Graves 1960, II, 8). Die Sphinx raste (maneisa) darauf gegen sich selbst und zerfleischte sich (Hypoth. Aisch. Sept. p. 44), oder stürzte sich von ihrem Sitz auf dem Berg Phikion in den Abgrund und zerschellte.

24 Von Turandot bis Rumpelstilzchen ist die Macht, die durch Rätsellösungen gewonnen werden kann, eines der beliebten Motive von Märchen und Sagen; J. R. R. Tolkien hat in „Der kleine Hobbit" die jüngste Variante gegeben.

Nach einer sehr späten Tradition über die Abstammung der Sphinx (Lysimachos in Schol. Eur. Phoen. 26) ist auch sie eine Tochter des Laios; Ödipus wäre dann Vater- und Schwestermörder zugleich. Pausanias ergänzt diese Angabe mit der von Höfer als euhemeristisch eingestuften Feststellung, die Sphinx habe als einziges Kind von ihrem Vater einen geheimen Orakelspruch erfahren, der ihr Macht über alle ihre Geschwister gab, die nach der Macht strebten und diesen Spruch nicht kannten. Sie strafte alle, die ihr die Herrschaft streitig machen wollten, mit dem Tode – bis Ödipus kam, der durch einen Traum von dem Spruch erfahren hatte (Paus. 9, 26, 3f).

Kreon, Iokastes Bruder, der nach Laios' Tod die Regentschaft übernommen hat, löst sein Versprechen ein und gibt seine Schwester und die Herrschaft dem Fremden, der die Stadt von dem Ungeheuer befreit hat. Im alten Epos ist diese Ehe kurz und kinderlos gewesen (Höfer 1897); die Oidipodie nennt als zweite Frau des Ödipus Eurygameia, Tochter des Hyperphas (Scholien; Pausanias, zit. b. Höfer 1897). Sie wird die Mutter von Antigone, Ismene, Eteokles und Polyneikes; nach Pausanias' Reisebeschreibung hat der Maler Onasias im Platäischen Tempel der Athene Areia Eurygameia auf dem Schlachtfeld des Bruderkampfes dargestellt. Erst die Tragödie hat das Thema der Mutterheirat ausgesponnen und diese Ehe mit vier Kindern zugleich gesegnet und doppelt verflucht. Ödipus weiß nicht, wie er seine Kind-Geschwister nennen soll: einer der ergreifendsten Züge der Tragödie des Sophokles.

Manche Genealogen haben versucht, der Mutterheirat das von Sophokles so drastisch hervorgekehrte Motiv der Blutschande zu nehmen: So vermerkt Epimenides im Schol. Eur. Phoen 13, daß Ödipus zwar der Sohn des Laios, Iokaste aber dessen zweite Frau gewesen sei – eine Umkehrung, wie sie Otto Rank in seiner psychoanalytischen Deutung des Don Carlos in entgegengesetzter Richtung vornahm (Rank 1912). Neben dieser Version gibt es noch eine andere, welche die Auffassung der Oidipodie und der Tragödie zu verbinden sucht: Danach hat Iokaste dem Ödipus zwei sonst nicht näher bekannte Kinder, Phrastor und Laonytos geboren; seine zweite Frau Eurygameia die vier allgemein bezeugten Kinder. Nach dem Tod seiner zweiten Frau heiratete Ödipus dann noch Astymedusa (Höfer 1897); Dirlmeier hält diese Reihung der Gattinnen für einen Versuch, die verschiedenen Überlieferungen des Namens der Mutter-Gattin nachträglich in Übereinstimmung zu bringen.

Über den Zeitpunkt der Eheschließung vermerkt nur das Schol. Eur. Phoen., daß sich Iokaste schon auf den Begräbnisfeiern für ihren toten Mann dem Ödipus hingab. Homer läßt die Götter schon bald nach der Hochzeit den Frevel kundmachen; über das „wie" schweigt er nicht anders als die faßbare Überlieferung durch Aischylos, Pindar und Euripides. In der Oidipodie, dem alten thebanischen Epos, fuhr der neue König bald nach der Eheschließung auf den Kithairon, um (gewiß der Ehe-Schützerin Hera) ein Opfer darzubringen. Bei der Rückkehr erzählte er die Geschichte von der Tötung des Laios. Obschon Iokaste ihn als den Mörder ihres ersten Gatten erkennt, schweigt sie; erst als ein Pferdehirt aus Sikyon Windeln und den Stachelknebel bringt und eine Belohnung für die Erhaltung des Lebens des Kindes fordert, kommt die Wahrheit an den Tag. Iokaste stirbt, wohl durch eigene Hand. (Rekonstruiert durch Höfer 1897). Robert (1921) hält eine andere Fassung für die ursprüngliche, in der Iokaste den Ödipus an Narben erkennt, – wie seine Amme den Odysseus bei Homer. Hyginus berichtet, daß nach dem Tod des Pflegevaters Polybos Periboia nach Theben kam und Ödipus sagte, sie sei nicht seine leibliche Mutter; durch den thebanischen Hirten, der das Kind ausgesetzt hat, kommt die volle Wahrheit an den Tag. Bei Sophokles ist es der korinthische Hirt, der die Botschaft vom Tod des Polybos überbringt und zusammen mit dem (zur Wahrheit gezwungenen) Sklaven des Laios die Geschehnisse enthüllt.

Ob schon Homer die Blendung des Ödipus kannte, läßt sich nicht mit Sicherheit nachweisen; daß der König „Schmerzen duldend" nach dem Tod seiner Mutter weiterherrscht, läßt keinen Schluß zu; daß er in der Schlacht fällt, spricht gegen die Blindheit des Ödipus. Schon ein alexandrinischer Kommentator (Schol. Eust. ad Hom. Od.; s. a. Höfer 1897) hat vermerkt, daß Ödipus' Blindheit von Homer erwähnt worden wäre, hätte er sie gekannt. Nicht nach allen Quellen, die von der Blendung berichten, blendet sich Ödipus selbst. Nach dem Schol. Eur. Phoen. (61) wurde er blind in Erfüllung eines Fluches gegen sich selbst (der auch bei Sophokles angedeutet ist: „Nie will ich diesen Tag schauen" sagt Ödipus von der Erfüllung seiner Ahnung, daß er es war, der Laios erschlug). Nach einer anderen Version (Schol. Eur. Phon. 36) blendete ihn Polybos, um sich selbst vor dem geweissagten Vatermord zu schützen, – was voraussetzt, daß er gar nicht weiß, daß Ödipus nicht sein leibliches Kind ist. Wie dieser blinde Ödipus dann Laios tötet, ist freilich schwer vorzustellen; vielleicht wurde Ödipus erst geblendet, als er vom Mord an Laios nach Korinth zurückkam. Werkzeuge der Blendung sind bei Sophokles und vielen anderen Autoren die goldenen Spangen vom Gewand der Iokaste; aber auch die Nägel des Königs werden erwähnt (Höfer 1897). In dem verlorenen Ödipus-Drama des Euripides wurde er wahrscheinlich von Kriegern des Laios, welche den Totschlag rächen wollten, geblendet; diese Version stellt wohl auch eine Aschenkiste im florentinischen Etruskermuseum dar.

Daß der schon Hesiod bekannte Zwist der Söhne-Brüder des Ödipus, Eteokles und Polyneikes auf einen Fluch des Vaters zurückgeht, erwähnt diese älteste Quelle nicht. Die von späteren Autoren beschriebenen Flüche des Ödipus werden durch merkwürdig geringfügig scheinende Anlässe ausgelöst, wie es bei mythischen Flüchen nicht selten ist. Patai und Graves glauben allerdings, daß z.B. dem Fluch Noas gegen seine Söhne ursprünglich eine Kastration zugrunde lag, die später zu einer unkeuschen Betrachtung herabgemildert wurde (Graves/Patai 1964, 120ff).

Einmal setzt Polyneikes, ohne daß es der Bruder hindert, dem Vater die Familienkleinode des Laios (einen goldenen Becher und silbernen Tisch) vor; der blinde Greis erkennt darin eine Verhöhnung und verflucht seine Söhne. Immer solle Krieg und Zwietracht zwischen ihnen herrschen (Höfer 1897). Nach einer anderen Überlieferung (Schol. Soph. Oed. Kol. 1375) hat ein fast noch belangloserer Anlaß einen viel schrecklicheren Fluch ausgelöst. Die Söhne pflegten dem Vater das Ehrenstück jedes Opfertiers, den Rücken, zu schicken. Als sie einmal den minderwertigen Schenkel sandten, verfluchte sie der König: Eteokles und Polyneikes würden im Bruderkampf fallen, und jeder des anderen Mörder sein. Sophokles (Oed. Kol.), Zenobius und Apollodor (III, 5, 9) nennen einen anderen Grund für die Verfluchung der Söhne durch Ödipus: Sie verhinderten seine Vertreibung aus Theben nicht, ja sie vertrieben ihn gar selbst. In einem Homer-Scholion schließlich wird ein Motiv der Theseus-Sage übernommen: Wie der attische Heros habe auch Ödipus seine Söhne verflucht, weil ihre Stiefmutter Astymedusa sie verleumdete, sie hätten ihr nachgestellt (Schol. Hom. II. 4, 375). Bei Sophokles stirbt der König noch vor dem Bruderkampf; nach anderen (Oidipodie-Rekonstruktion bei Höfer 1897) hat er den Tod seiner Söhne noch erlebt. Auf etruskischen Aschenkisten ist er zwischen den sterbenden Söhnen dargestellt; fackeltragende Erinnyen rahmen die Reliefs.

Ödipus selbst stirbt nach dem alten Epos in Theben. Von Rachegeistern geplagt (er hatte den Tod seiner Mutter verschuldet), fällt er im Kampf (Graves 1960, II, 10) – eine Version, die späte Mythographen (Vat. 2, 230) wieder aufgenommen haben. Die durch die (von attischen Lokalinteressen gegen Theben geprägte?) Tragödie geläufige Version läßt ihn, blind und verbannt, nach Athen kommen und dort entrückt werden. Das ist, wie schon Höfer feststellte, ein schroffer Bruch mit der alten Tradition, wohl aus Lokalpatriotismus geboren, denn wie der Leichnam anderer mythischer Könige besaß auch jener des Ödipus die Kraft, eine Polis uneinnehmbar zu machen. So konnte Tegea von den Spartanern nicht eingenommen werden, ehe sie nicht den Tegeaten die Gebeine des Orestes (auch eines Muttermörders, den die Erinnyen hetzten) gestohlen hatten. Tatsächlich gelingt es dem Spartiaten Lichas, von einem delphischen Orakel geführt, das sieben Ellen lange Skelett in einer Schmiede zu finden und nach Sparta zu entführen. Tegea fällt (Herodot I, 67 und 68).

Ein Bindeglied zwischen beiden Überlieferungen ist vielleicht der Bericht von Lysimachos im Schol. Soph. Oed. Kol. 91: Ödipus'

Freunde bestatteten ihn, da sich die Thebaner weigerten, den Leichnam zu beerdigen, in dem kleinen böotischen Ort Keos. Als die Einwohner dieses Dorfes darauf vom Unglück verfolgt wurden, suchten sie die Schuld bei dem Grab des Ödipus; seine Freunde mußten ihn fortschaffen und begruben ihn nachts, ohne es zu wissen, im Demeter-Heiligtum zu Eteonos in Böotien. Als das ruchbar wurde, fragten die Eteoner das Delphische Orakel um Rat und bekamen die Auskunft, den Leichnam dort zu lassen.

Pausanias berichtet, daß die Gebeine des Ödipus nach Athen gebracht und dort innerhalb der Semnai, einem Tempelbezirk beim Areopag, bestattet worden seien (Pausanias 1, 28, 7). Dort befand sich ein Mnema Oidipodos. Von dieser Darstellung ist es nur noch ein Schritt zu der des Sophokles, welcher den Blinden, von Kreon vertrieben, nach Attika kommen läßt, wo er in Kolonos, im Tempel der Demeter und Athene (oder in einem den Eumeniden, d.h. Erinnyen geweihten Hain) Schutz sucht. Kreon, der inzwischen von dem magischen Wert des Leichnams erfahren hat, will Ödipus zu unwürdigen Bedingungen nach Theben zurückführen, notfalls mit Gewalt. Doch Theseus schützt ihn und Ödipus widersteht auch der Bitte des Polyneikes, sich ihm bei seinem Krieg gegen Eteokles und Kreon anzuschließen. Rohde hat schöne Worte für Sophokles' dichterische Gestaltung des attisch-lokalpatriotischen Schlusses der Kolonos-Szene gefunden: Ödipus „erhöht die Gottheit zum ewig lebendigen Heros, minder fast ihm selbst zu seliger Genugtuung als zum Heile des attischen Landes, des Landes der Menschlichkeit, das den Unglücklichen schützt und aufnimmt, und für immer seine Segenskraft festhalten wird: wie es einst dem Göttlichen gefallen hat, den Schuldlosen in Frevel und Leiden zu verstricken, so gefällt es ihm nun, den Leidgeschlagenen, ohne neues und hohes Verdienst von seiner Seite, zu übermenschlichem Glückslose zu erhöhen" (Rohde 1910, 171). Nach einer prosaischeren Tradition wohnen Theseus und Antigone dem Begräbnis des Ödipus bei; sein Begräbnisplatz wird geheimgehalten (Höfer 1897, s.a. Graves 1960, II).

Die Klugheit des Ödipus ist in der Antike nicht weniger sprichwörtlich gewesen als seine Vergehen. Während auf der einen Seite

„wenn du zur Sphinx wirst, werde ich zu Ödipus" eine geläufige Formel für „ich rate dein Rätsel" war (das Gegenteil drückt die lateinische Floskel aus: davus sum, non Oedipus, – davus = Sklave, Tölpel; vgl. Terenz, Andr. 194), ist die Vatertötung des Thebaners nicht weniger bekannt als der Muttermord des Orest; die Inzestüberlieferung tritt demgegenüber an Bedeutung zurück (Höfer 1897). Das Schicksal des mythischen Helden wurde in Tänzen (Lukian, Makrobios), Epen und vor allem im Drama dargestellt; neben den erhaltenen Tragödien des Sophokles werden solche von Aischylos, Euripides, Achaios, Theodektes, Xenokles, Karkinos, Diogenes, Nikomachos, Philokles, Lykophron und anderen, sowie von unbekannteren griechischen Dichtern erwähnt. Nach Sueton hat auch Gaius Julius Caesar eine Ödipus-Tragödie geschrieben; Nero besang Orestem matricidam et Oedipodem excalcatum (Sueton, Nero, 21). In den Phoinikerinnen des Euripides tritt Ödipus auf. Erhalten ist noch eine „grellere, pompösere und plumper motivierte" (Frenzel 1963, 478) Fassung des Stoffes durch Seneca, der anstelle von Teiresias' Seherspruch eine Beschwörung von Laios' Schatten bringt; Iokaste ersticht sich auf offener Bühne. Auch in Satyrspielen ist Ödipus aufgetreten, so wohl in einem verlorenen Stück von Aischylos, auf das Crusius (zit. b. Höfer 1897) satirische Darstellungen der Rätsellösung zurückführte: Ödipus mit ziegenbocksartiger Maske und mächtigem Phallos vor der nackten, vogelgesichtigen, geflügelten Sphinx.

Die historische Naivität der Psychoanalytiker läßt aus solchen Darstellungen auch noch 1989 einen Interpreten ableiten, „die Spinx repräsentiert also die verführende Mutter, auf die sich die Sexualneugierde des Sohnes richtet, und die mit ihrem haarigen Genitale (Löwenunterleib) in dem kleinen unreifen Jungen sexuelle Erregung verbunden mit angstvoller Faszination weckt" (Vogt 1989, 82). Solche Deutungen sagen viel mehr über die Gedankenwelt des Deuters als über die Rätselhaftigkeit des Gedeuteten. Sie werden zur Satire, diesmal einer unfreiwilligen.

2 Das Fortleben des Ödipus-Stoffes

Noch 1877 wurde in Griechenland ein Märchen erzählt, das einige seiner Motive aus dem Ödipus-Mythos schöpfte. Damals lernte B. Schmidt in Arachoba, südlich vom Parnaß, die Erzählung von einer thebanischen Königin kennen, die auf einem Felsen am Weg saß und an alle Vorübergehenden drei Rätselfragen stellte. Wer alle drei erriet, den wollte sie ungekränkt ziehen lassen, ja heiraten, wer hingegen die Rätsel nicht raten konnte, der mußte sterben. Viele Wanderer kommen um, bis endlich ein Königssohn trotz allen Abratens das Wagnis unternimmt und die drei Rätsel löst. Es gelang B. Schmidt nicht, das Ende des Märchens zu erfahren (Schmidt 1877).

Nur noch lockere Beziehungen zum Ödipus-Stoff zeigt ein von Comparetti mitgeteiltes zypriotisches Märchen. Ein Vater findet keine Gatten für seine drei Töchter; deshalb hängt er – er wohnt in einer Hafenstadt – die Bilder der Mädchen neben die Tür seines Hauses. Die Werbung hat Erfolg; vor allem die jüngste, Rose, hat es den Schiffskapitänen angetan. Aber immer träumen sie in der Nacht, ehe sie Rose heiraten wollen, daß diese einen Sohn von ihrem Vater empfangen, und dann diesen Sohn heiraten werde. So nehmen die Bewerber lieber die älteren Schwestern. Rose aber überredet erst die älteste, dann die mittlere Schwester, ihr die Männer doch für eine Nacht abzutreten, in der sie ihnen dann das Geheimnis entlockt. Um der Weissagung zu entgehen, dingt Rose Mörder, die ihren Vater töten. Aber aus dem Grab des Vaters wächst ein Apfelbaum; als Rose eines Tages einen der Äpfel ißt, wird sie von ihm schwanger. Sie gebiert einen Knaben, den sie durch Messerstiche in die Brust verwundet und in einer Schachtel ins Meer wirft. Er wird gerettet, erfährt bei einem Aufenthalt in der Stadt von den drei Schwestern, heiratet Rose, die ihn eines Tages an den Narben erkennt, sich von einer Terrasse stürzt und stirbt (Comparetti 1881). Aussetzung auf dem Meer, Wiedererkennung durch Narben sind Motive der alten Oidipodie; im Sturz von der Terrasse mag man den Selbstmord der Sphinx wiedererkennen, aber schon in diesem Märchen deutet sich ein charakteristischer Zug vieler Inzest-Geschichten an: die Steigerung der Greueltat des Inzests durch eine unwahrscheinliche Häufung blutschänderischer, mit Totschlag verknüpfter Beziehungen. Schon Cholevius sagt in seiner Geschichte der deutschen Poesie (Band I, 167ff), die Inzestthematik sei nicht dank des fortlebenden Ödipus-Mythos so oft aufgegriffen worden, sondern um Phantasien zu befriedigen, die sich ein Spiel daraus machten, die rätselhaftesten und widernatürlichsten Beziehungen zu konstruieren. Lange vor Freud hat schon die Myrrha in den Metamorphosen des Ovid festgestellt, daß die Inzestschranke der menschlichen Triebkonstitution widerspricht. Die ungebrochene Anziehungs des Stoffes in der Moderne zeigt Thomas Manns Roman „Der Erwählte", eine ironisch gebrochene Nacherzählung der Gregor-Legende.

Die christliche Legende hat den Ödipus-Stoff schon bald aufgegriffen; er schien gleich gut geeignet, höchste Schuld und höchste Gnade darzustellen. Unverkennbar ist der Einfluß des thebanischen Mythos auf die Judaslegende, die Jacopo da Voragine nach einer verlorenen „historia licet apocryha" in seiner Legenda aurea überliefert hat. Danach wird die Frau eines Juden, Ruben von Jerusalem, eines Nachts durch ein entsetzliches Traumbild gewarnt: Das Kind, das sie gebären würde, sei so böse, daß es das ganze Volk verdürbe. Ruben hält zunächst einen bösen Geist für den Traum verantwortlich, erklärt sich aber endlich doch bereit, das Kind in einem Binsenkörbchen auszusetzen. Das Meer trägt es zu einer Insel; wie die griechische Königin im Ödipus-Mythos und die ägyptische Prinzessin in der Mosesgeschichte findet auch hier eine kinderlose Königin den Knaben. Sie stellt sich schwanger, gibt den kleinen Judas als eigenes Kind aus, und nennt ihn nach dem Namen der Insel Scarioth. Als später diese Königin doch einen leiblichen Sohn bekommt, tötet ihn Judas aus Eifersucht und flieht nach Jerusalem, wo Pilatus bald findet, „daß Judas zu seinen Sitten sich schickte" und ihn zum Hofmeister über seine Knechte macht (Benz 1964, 233). Eines Tages gelüstet es Pilatus nach Äpfeln in einem Fruchtgarten; Judas stiehlt sie für ihn, wird vom Besitzer überrascht und erschlägt ihn: es ist Ruben, sein Vater. Pilatus übergibt ihm nun zum Dank für diese Tat den ganzen Besitz des Ruben und verheiratet ihn mit dessen Frau. Einmal erzählt Cyborea, die Mutter-Gattin des Judas von dem ausgesetzten Kind, und das Verbrechen wird offenbar. Judas wendet sich nun zu Jesus und sucht Vergebung für seine Sünden.

Der zweite „Christliche Ödipus" hat ein von jenem des Judas kaum verschiedenes Vorleben bei weitem nicht so unglücklich beschlossen; die Legende erhob ihn vom größten Sünder zu einem der größten Päpste, welche die Kirchengeschichte kennt. Die Legenda aurea kennt freilich diese Form der Gregor-Legende noch nicht. In der deutschen Literaturgeschichte ist sie vor allem durch das Epos des Hartmann von Aue bekannt geworden; die älteste Fassung liegt in einem altfranzösischen Gedicht vor, dem Vie du Pape Gregoir (um 1190). Gregorius ist das Kind einer Geschwisterehe; er wird auf dem Meer ausgesetzt, während der Vater auf einer Wallfahrt ums Leben kommt. Über seine Herkunft durch eine Tafel unterrichtet, die man bei dem von Fischern geretteten und in einem Kloster aufgezogenen Kind fand, setzt sich bei Gregorius die Neigung zu ritterlichem Kampf gegen die geistliche Erziehung in dem benachbarten Kloster durch. Er befreit seine Mutter von einem Feind, der ihr Land belagert, und heiratet sie. Endlich enthüllt die bisher von ihm sorgfältig verborgene Tafel seine Herkunft, und damit einen doppelten Frevel. Gregor büßt 17 Jahre lang auf einem Felsen, bis ihn Gott zum Papst bestimmt; seine Mutter und Gattin, die er an ihrer Beichte erkennt, verlebt den Rest ihrer Tage in seiner Nähe (Constans 1881, Neussel 1886).

Während kaum ein Zweifel besteht, daß die Judaslegende bereits unmittelbar vom Ödipus-Mythos beeinflußt wurde, leugnet schon Comparetti, der die Parallel-Motive als erster untersucht hat, jede Beziehung zwischen der Ödipussage und der Gregor-Legende. Die Unterschiede sind deutlich: Statt des Vatermordes ist schon das erste Verbrechen ein Inzest; das zumindest für die sophokleische Version entscheidend wichtige Motiv der unfreiwilligen Erfüllung der Orakel durch den Versuch, ihnen auszuweichen, fehlt. In der Judas-Legende und in dem zypriotischen Märchen, das eine Zwischenstellung einnimmt, ist es hingegen durchaus erkennbar. Gegen Comparetti wendet Constans ein, daß man im Mittelalter sehr freizügig mit

antiken Mythen umzuspringen pflegte, zweifelt aber selbst an einem
engeren Zusammenhang der beiden Sagenkreise. Wahrscheinlich ist
die Inzest-Legende unabhängig von einem bestimmten Heiligen
entstanden (d'Ancona, zit. n. Constans 1881), und zwar nicht nach
dem Ödipus-Modell, sondern nach den Geschichten des Darab aus
Firdusis Königsbuch (Frenzel 1963, 218). Der Name Gregorius
wurde erst später eingesetzt; daß gerade dieser Name gewählt wurde, erklärt sich vielleicht aus Gregors Bemühungen um eine Reform
des kirchlichen Eherechts (haeresis incestorum, s. a. Constans 1881).

In einem albanischen Märchen wird das Ödipus-Thema mit dem
Perseus-Thema verknüpft: Ein König erfährt durch ein Orakel, daß
sein Enkel ihn töten werde. Deshalb läßt er alle Kinder seiner Töchter ins Meer werfen. Das dritte Kind ertrinkt nicht, es wird von Hirten großgezogen. Ein Ungeheuer erscheint, welches das Land verwüstet; es will nur weichen, wenn ihm eine Königstochter vorge-
worfen wird. Sie wird an einen Baum gebunden; der junge Hirt
kommt hinzu, rettet sie und tötet das Untier. Er feiert Hochzeit mit
seiner Mutter, tötet durch ein Mißgeschick seinen Vater, und folgt
ihm auf den Thron. Das Märchen ist unvollständig (Constans 1881).

In einer ebenfalls von Constans mitgeteilten finnischen Erzählung ist das Ödipus-Thema in eine bäuerisch-christliche Welt ver-
pflanzt. Zwei Hexenmeister übernachten bei einem Bauern. Eine
Stute kommt nieder; der jüngere Zauberer will helfen, der ältere wi-
derspricht: Das Fohlen werde ohnedies im Rachen eines Wolfes en-
den. In derselben Nacht kommt die Frau des Bauern nieder, und
wieder will der jüngere Zauberer helfen. Der ältere widerrät: Das
Kind wird seine Mutter heiraten, nachdem es den Vater getötet hat.
Dieser hat das Gespräch der Magier gehört, schenkt ihm aber keinen
Glauben, bis das Fohlen tatsächlich von einem Wolf gefressen wird.
Jetzt setzt er das Kind aus; es wird auf eine Insel getrieben und vom
Abt eines Klosters aufgenommen (Anleihe aus der Gregorsage?).
Mit dem geistlichen Leben unzufrieden, macht sich der junge Mann
auf die Wanderschaft. Er findet Arbeit bei seiner Mutter, die ihn da-
mit beauftragt, ein Feld mit reifem Getreide zu bewachen; der Vater,
welcher wenig später kommt und das Feld abernten will, ohne von

dem neuen Knecht zu wissen, gerät mit ihm in Streit und wird von ihm erschlagen. Die Frau spricht den Fremden von jeder Schuld frei und heiratet ihn später. Nach geraumer Zeit erzählt sie von dem ausgesetzten Kind; mit Schrecken sehen beide das Orakel erfüllt. Der Frevler setzt sich nun nicht wie Gregor selbst eine Buße, sondern fragt Mönche um Rat. Der erste schlägt in einem Buch nach und findet keine Sühne für dieses Verbrechen; dem Täter sei die ewige Verdammnis gewiß. Der Sünder hat jetzt nichts mehr zu verlieren, erschlägt halb verrückt vor Schmerz diesen Mönch und später auch einen zweiten, der ihm keine bessere Antwort gibt. Erst ein dritter tröstet ihn: es gebe keine unauslöschliche Schuld. Er rät ihm, an einem Felsen zu kratzen, bis Wasser hervorspringe; seine Mutter-Gattin aber solle ein schwarzes Schaf halten. Wenn es weiß werde, so sei er entsühnt. Nach langer Buße hält ein Reiter bei dem Helden der Geschichte an und fragt ihn nach seinem Schicksal. Der Büßer erzählt es, glaubt sich durch eine Antwort des Fremden verspottet, und erschlägt ihn. Da öffnet sich der Fels, Wasser quillt hervor; zur selben Stunde ist das schwarze Schaf weiß geworden. Doch der Mörder weiß nicht, wie er seine neue Schuld sühnen soll, er geht deshalb zu dem weisen Mönch, der ihm die Buße auferlegte, und wird von ihm getröstet. Gerade der Totschlag habe seine Sühne erfüllt, denn der, den er erschlug, sei noch viel schuldiger gewesen als er selbst, und längst dem Satan verfallen (Constans 1881).

Obschon man sich kaum mehr eine Steigerung der inzestuösen Frevel vorstellen kann, findet sich in den Novellen der Marguerite de Navarre (Heptameron XXX) eine neue Variation. Ein Sohn wohnt nachts seiner Mutter (und nicht, wie er glaubte, ihrer Zofe) bei; sie, die sich in das Bett der Zofe gelegt hatte, um den Liebhaber zu entlarven, schweigt und bekommt eine Tochter, die sie aussetzt. Später trifft der Sohn durch Zufall die Waise und heiratet sie; zu spät erkennt die Mutter den Zusammenhang. Ganz ähnlich ist eine Geschichte von G. Brevio (Rime e prose volgari 1545), in der eine verschleierte Frau dem Bischof von Venedig diese doppelt inzestuöse Verbindung schildert. Sie ist die Mutter der beiden; der Bischof rät ihr, sie in ihrer Unwissenheit weiterleben zu lassen. Spiegelbildlich ist das Geschehen in der italienischen Novelle über einen Baron von Faragona, das eine Grabschrift in San Prassede in Rom resümiert haben soll: „Hier ruhen zwei Tote, Mutter und Sohn, Bruder und Schwester, Gatte und Gattin, geboren von einem großen Baron des Königreiches von Faragona, und sie sind im Paradies." Solche Inschriften soll es auch noch in Spanien und in Arlincourt bei Amiens geben (Constans 1881, 120).

Wir können hier nicht auf alle Märchen und Legenden eingehen, in denen das Motiv des Mutter-Sohn-Inzestes auftaucht. Wir haben uns hier auf eine kurze Darstellung der wichtigsten Erzählungen beschränkt, und vor allem die Geschichten erwähnt, in denen das (relativ seltene) vollständige Ödipusmotiv mit Vatertötung und Mutterheirat anklingt. Viel häufiger als die Mutter-Sohn-Inzeste sind die auch biologisch wahrscheinlicheren (zumindest in einer Zeit, in der zahlreiche Geburten die Frauen rasch altern ließen und viele im Kindbett starben) Vater-Tochter- und Geschwister-Inzeste. Die Mythen, Märchen und Legenden, in denen diese Motive anklingen, würden ein ganzes Buch füllen. Viele Heroen, darunter Roland, Siegfried, Gawein, Cuchulainn gehen aus Geschwisterehen hervor, wie auch der Inzest nach der mythischen Kosmologie immer Menschen hervorbringt, die – im guten wie im bösen – „Extreme" sind oder übernatürliche Kräfte besitzen. Obschon das mutatis mutandis mit den Resultaten von Inzucht-Experimenten der Genetik übereinstimmt, wäre es unsinnig, hier einen Zusammenhang anzunehmen.

Daß ein echter Zauberer einem Inzest entsprossen muß, war ein verbreiteter römischer Aberglaube: Nam magus ex matre et gnato gignetur oportet (Denn ein Magier muß von Sohn und Mutter gezeugt sein, – Catulli Carmina – 90). Hier könnte sich ein religiöses Konzept widerspiegeln, das für die Mitanni und Perser bezeugt ist: In einigen Kulten ist die Ehe zwischen leiblichen Geschwistern oder von Eltern mit ihren Kindern Voraussetzung für das Priesteramt (Velikovsky 1960, 99). Analog dazu berichtet Quintus Curtius Rufus von einem Satrapen des Perserkönigs, der seine Mutter geheiratet habe. „Diese Vereinigung zwischen Vater und Tochter, Sohn und der, die ihn gebar, ist die am meisten vollendete, die sich denken läßt" (Velikovsky 1960, 101). Nach einer Zusammenstellung Peukerts war im alten Ägypten, bei den Nabatäern, in Parthien, Armenien, Kleinarmenien, Adiabene, Kommagene, Pontos, Karien und im hellenistischen Achaemenidenreich die Geschwisterehe (wohl in sehr verschiedenem Maß) üblich (Peukert 1955, 65).

Noch kurz ein Wort zu den literarischen Bearbeitungen des Ödipus-Mythos selbst. Daß zahlreiche Dramatiker der Antike den Stoff aufgriffen, sagten wir schon. Für das Wissen des Mittelalters um den Mythos zeugt außer einer lateinischen Ödipus-Klage aus dem 11. Jahrhundert (Frenzel 1963, 479) der Roman de Thèbes (1150/55), dessen einleitende, kurze Ödipus-Erzählung sich allerdings an Hyginus, nicht an den heute so bekannten Sophokles hält. Ödipus gesteht Iokaste, daß er einen Mann erschlagen hat; zur Entdeckung führen schließlich die Narben an seinen Füßen (Constans 1881). Der Hauptteil des altfranzösischen Epos schildert die Kämpfe der Epigonen.

In der Renaissance überwiegt die Zahl unselbständiger Bearbeitungen und Übersetzungen vor allem des Ödipus-Dramas von Seneca. Frenzel nennt die Dramen von A. dei Pazzi (1520), G. A. dell Anguillara (1565), J. Prévost (1605) und Saint-Marte (1614). Der Elisabethaner W. Gager konzentrierte um 1580 den Stoff; sein fünfszeniges Drama umgreift auch die Kämpfe der Epigonen. Französische Klassiker, als erster Corneille (1659) suchten den Stoff durch Einfügung einer Liebesgeschichte zu bereichern und aufzulockern. Theseus und Dirke (Dice), eine Tochter des Laios, lieben einander; das Orakel „ein Laios-Nachkomme muß geopfert werden" bringt eine Steigerung der Spannung, bis die Entdeckung der Abstammung des Ödipus die Zweifel des Liebespaares, ob sich Dirke nicht selbst opfern solle, beschwichtigt. Bei Voltaire (1718) gerät ein Geliebter Iokastes in den Verdacht, Laios getötet zu haben. In anderen Fassungen des 18. Jahrhunderts konzentriert sich das Geschehen um das Opfer eines Labdakiden: Bei M. de Folrad soll ein Sohn des Kreon geopfert werden, bei A. Houdar de La Motte sind Ödipus und seine Söhne zum Opfer bereit; Iokaste klärt in einem Brief Ödipus über seine Abstammung auf. Der Comte de Lauraguais schließlich

beendet sein Drama „Iokaste" (1781) mit dem Selbstmord des Ödipus (Frenzel 1963, 480).
Der Oper „Œdipe à Colone" von N. Guillard und A. Sacchini blieb es vorbehalten, ein Happy-End für die Labdakidensage zu finden: Ödipus verzeiht Polyneikes; dieser heiratet die Tochter des Theseus. J.-F. Ducis (Ödipus bei Admetos, 1778) verknüpft den Ödipus-Mythos mit dem Mythos von Admets Bedrohung durch Hades (wenn er nicht am Tage seiner Hochzeit sterben wolle, müsse er einen Ersatz stellen, der an seiner statt in die Unterwelt gehe). Ödipus opfert sich (im klassischen Mythos Alkestis, die Braut Admets; Herakles holt sie zurück).
Auch im 19. Jahrhundert überwiegt die Auffassung des Ödipus-Mythos als Machtkampf. Dem Krieg der Epigonen wird größeres Gewicht beigemessen als dem Inzest und dem Vatermord. In Giovanni Battista Niccolonis Ödipus-Drama (Edipo, 1823) erscheint der König von Theben als blutiger Tyrann, der am Altar der Erinnyen vom Blitz erschlagen wird, während sein Sohn in den Bruderkrieg zieht. Klassizistische Neubearbeitungen stammen von M.J. Chénier und A. Klingemann (1818 bzw. 1820), eine Rationalisierung, die auch schon bei spätantiken Mythographen anklingt, von G. Prellwitz (1898), der die Orakel aus der Handlung ausklammert. Ödipus weiß, daß er Iokastes Gatten erschlagen hat, und heiratet sie trotzdem. Die Steigerung von der Aufdeckung des Mordes zur Aufdeckung des Inzests, aus der die meisten Dramatiker von Sophokles bis Voltaire Spannungselemente gewannen, entfällt. Platen hat übrigens 1828 in einem Stück „Der romantische Ödipus" den Stoff in eine Literatursatire eingebaut, in der Immermann als Verfasser eines besserwisserischen „Familienmordgemäldes" auftritt – ein naheliegender Gedanke in der Zeit der Schicksalstragödien.
Erst im zwanzigsten Jahrhundert, gleichzeitig, aber wahrscheinlich zunächst unabhängig von Freuds Ödipusdeutung (Frenzel 1963, 481), gewinnt die inzestuöse Beziehung zwischen Mutter und Sohn in den Neubearbeitungen Gewicht. Hugo von Hofmannsthal konzentriert sich in „Ödipus und die Sphinx" ganz auf die geheimnisvolle Anziehung zwischen Mutter und Sohn, bis zu der scheinbar

glücklichen Heirat des zwischen Gott und Mensch schwankenden Ödipus (Frenzel 1963, 481). Der Holländer M. Croiset schließlich läßt in „Oidipoes en zijn moeder", einem 1950 verfaßten Schauspiel, Ödipus wissend die Ehe mit der Mutter eingehen. Er wird darin freilich deutlich von Freuds Auffassung geleitet, von der sich erst die neuere französische Fassung von Jean Cocteau (der auch das lateinische Textbuch zu Strawinskis Oratorium Oedipus rex schrieb), „La machine infernale", und André Gides Neufassung frei machen. Bei Cocteau wird der schon von Bachofen (und in seinem Gefolge von Fromm) betonte Gegensatz zwischen „väterlicher" und „mütterlicher" Welt erneut aufgegriffen; erst die Unterordnung unter das Prinzip des Weiblichen in der Gestalt des Geistes der Iokaste befreit den blinden Ödipus aus der höllischen Maschine unentrinnbarer Nötigungen, und macht ihn so wirklich sehend. Bei Gide wird „die Enthüllung des Lebensirrtums und die Selbsterkenntnis von der Ebene des Botenberichts in die geistige einer langsamen Erschütterung des Selbstgefühls" verlegt (Frenzel 1963, 481).

3 Das Inzestmotiv in der antiken Traumdeutung und Literatur

Die fünf Bücher über Traumdeutung des Artemidor von Daldis enthalten eine ausführliche, merkwürdigerweise nach Koituspositionen geordnete Zusammenstellung der Bedeutungen inzestuöser Träume. Artemidor selbst nennt das Kapitel über den Mutterinzest „vielseitig und reichhaltig" (I, 79; zit. n. Kaiser 1965); die Tatsache des Inzestes allein genüge noch nicht, um eine Deutung zu ermöglichen, vielmehr ergäben die verschiedenen Arten der Vereinigung durchaus verschiedene Prognosen.

Freud hat Artemidor gekannt, aber nur in der unzulänglichen Übersetzung von S. Krauss, die 1875 erschienen war und die anstößigsten Abschnitte (wozu jener über den Mutterinzest zweifellos gehört) ausgelassen hatte. Trotz des kopernikanischen Standpunktwechsels von Artemidor zu Freud – der antike Autor will aus den

Träumen zukünftiges, sich in der Außenwelt abspielendes Geschehen voraussagen, der Begründer der Psychoanalyse die „inneren", im Unbewußten verborgenen und durch die Vergangenheit, das „Infantile" geprägten Wünsche des Träumers erkennen – ist die Betonung, welche beide dem inzestuösen Traum zuerkennen, bemerkenswert. Artemidors Ausführungen bestätigen allerdings die Gültigkeit der Zensur-Hypothese zumindest für die Lebenszeit des Autors nicht; auch das sozialpsychologische Korrelat dieser Zensur, nämlich die scharfe moralische Ablehnung des inzestuösen Traumes (bzw. die generelle Abwertung des Traumlebens an sich) scheint in der Antike gefehlt zu haben, sonst wären diese Träume nicht so leidenschaftslos und ausführlich von Traumdeutern kommentiert und von Geschichtsschreibern auch bei bedeutenden Personen überliefert worden. Sueton berichtet etwa, daß Cäsar in Gades (Cadiz) als Quästor vom Geschlechtsverkehr mit seiner Mutter träumte. Man prophezeite ihm Herrschaft über den Erdkreis, weil die Mutter, die er im Traum unter sich gesehen hatte, nichts anderes sei als die Allmutter Erde (Sueton, Leben Cäsars, Kap. 7, zit. n. Kaiser 1965, 116).

Diese Deutung steht in vollem Einklang mit der Interpretation solcher Inzeste durch Artemidor: In der Besprechung des Inzests in der normalen Koitushaltung – „Leib an Leib, und zwar mit der lebenden Mutter" (I, 79) – erwähnt er ausdrücklich, daß dieser Traum gut für Staatsmänner sei, denn die Mutter bedeute auch das Vaterland, und wie der Mann in dieser Form der Vereinigung über den Leib der Frau gebiete, so werde der Träumer die Leitung seines Staatswesens übernehmen. Gerade im Hinblick auf die typisch ödipale Konstellation im Sinne der Psychoanalyse interessant ist Artemidors Prognose, der Träumer werde sich mit seinem Vater verfeinden, wenn er vom Mutterinzest träume. Das allerdings nur, wenn der Vater gesund sei, „wegen der Eifersucht, die ganz allgemein zwischen Nebenbuhlern entsteht" (I, 79); wäre der Vater schon krank, dann lasse der Traum seinen Tod erwarten, „denn der Träumende wird als Vormund der Mutter Sohn und Mann zugleich sein" (I, 79).

Schon sehr früh muß dem Traum, mit der Mutter zu verkehren, die Bedeutung einer Rückkehr in die, ja einer Eroberung der Heimat gegeben worden sein. Wie Herodot berichtet, träumte der aus Athen vertriebene, mit einem persischen Heer zurückgekehrte Tyrann Hippias vor der Landung in Attika vom Verkehr mit seiner Mutter. Dieser Traum, glaubte Hippias, kündige ihm neue Herrschaft und ein friedliches Begräbnis in der Heimaterde an. Doch als er das Schiff verließ, mußte er heftig niesen und verlor dabei einen Zahn, der auf attische Erde fiel und nicht mehr aufzufinden war. So hatte sich der Traum schon erfüllt; Hippias mußte nach der verlorenen Schlacht bei Marathon die Heimat, jetzt für immer, verlassen (Herodot VI, 107). Der Glaube, daß die Verwirklichung eines Traums an einem „Modell" seine Erfüllung in der Realität vorwegnehmen und unterbinden kann, findet sich bei Herodot noch an einer anderen Stelle, wo der Mederkönig Astyages dem jungen Kyros nicht mehr nachstellt, den er wegen eines prophetischen Traumes aussetzen ließ. Dieser Traum hatte Kyros als König gezeigt; nun aber hatte der Knabe im Spiel mit Altersgenossen die Rolle des Königs übernommen; der prophetische Traum schien also dem König und seinen professionellen Traumdeutern „entschärft", so daß er den wiedergefundenen Enkel am Leben ließ. In diesem Fall allerdings kostete dieser Glaube den Astyages Herrschaft und Leben (Herodot I, 107–121). Die Deutungen des Artemidor lassen sich wie folgt zusammenfassen:

1. Verkehr mit der lebenden Mutter in normaler Position: Günstig für Politiker (s.o.), für Arme (sie werden von einer reichen Mutter beschenkt werden), für Kranke (Gesundung) und für Getrennte (sie werden vereinigt). Ungünstig für Träumer mit einem kranken Vater: dieser wird sterben.
2. Verkehr mit der toten Mutter in normaler Position: Allgemein ungünstig, da der Träumer bald sterben wird (denn die Erde ist die Mutter). Günstig aber für einen Träumer, der um Land prozessiert oder Land kaufen will, und für einen, der verreist ist und in seine Heimat zurück möchte. Wer um das Vermögen seiner Mutter prozessiert, wird am Geld, nicht aber am Leib der Mutter seine Lust haben. Wahlweise zum

Tod als allgemeine Prognose bietet Artemidor schließlich noch die Verbannung: Wenn man den Inzest noch im Traum bereut, ist sie unfreiwillig; wenn nicht, freiwillig.
3. Andere Koitus-Positionen zu gebrauchen, ist nicht günstig, weil es unnatürlich ist.
3.1. Wer träumt, die Mutter in der Abwendung zu koitieren, von dem wird sich entweder die Mutter oder das Vaterland, sein Beruf oder ein anderes Vorhaben des Träumers abwenden.
3.2. Wer träumt, stehend zu verkehren, wird arm werden. Weil bei dieser Stellung Decken und Bett überflüssig sind, bedeutet sie Einschränkungen.
3.3. Wer träumt, mit der knieenden Mutter zu verkehren, wird große Schwierigkeiten haben.
3.4. Verkehr von unten mit der Mutter in Reithaltung bedeutet Tod, denn Erde kommt nur über die Toten, nicht über die Lebenden; die Mutter aber gleicht der Erde. Artemidor fügt hinzu, daß diese Regel nicht allgemein gültig sei; er selbst habe beobachtet, daß nur Kranke im Anschluß an diesen Traum sterben, Gesunde aber unbeschwert weiterleben. Das sei „vernünftig", denn bei dieser Stellung erschöpfe sich die Frau mehr als der Mann (I, 79; s. Kaiser 1965, 119).
3.5. Mehrere verschiedene Stellungen zu gebrauchen, ist ungünstig, weil es unrecht ist, mit der Mutter ein Spiel zu treiben.
3.6. Höchst unheilvoll ist es, von Fellatio durch die Mutter zu träumen. Es bedeutet Tod der Kinder, Verlust des Vermögens, schwere Krankheit und Kastration (!).

Diese differenzierte Aufschlüsselung der Inzestträume, verbunden mit dem neutralen Kommentar des Artemidor zeigt, daß solche Träume in der Antike häufig genug waren. Ohne Entrüstung oder inneren Widerstand, ohne sie abzulehnen und lächerlich zu machen, trat der Träumer vor den orakelkundigen Priester oder den geschulten Traumdeuter, die vor allem um die Heiligtümer des Asklepios und Serapis eigene Praxen hatten. Diese Haltung glauben wir zumindest aus den Berichten antiker Schriftsteller erschließen zu können. Die Reaktion auf die Betrachtung ähnlicher Träume durch die Psychoanalyse war anders; aber gerade das sollte uns argwöhnisch machen, wenn Freud in den Mythen dieser Zeit Traum-Motive wiedererkennen will, die man ohne methodische Veränderungen nach den Regeln der analytischen Traumdeutung interpretieren könne. Gerade wenn die grundlegenden theoretischen und methodischen Konzeptionen der Psychoanalyse richtig sind, dann kann ein solches Vorgehen nicht richtig sein, da in der Antike die Prüderie der viktorianischen Epoche, der strenge sittliche Kodex des Bürgertums im 19. Jahrhundert fehlten, und mit ihnen eine sehr wesentliche Variable des psychoanalytischen Systems. Auf andere, grundlegendere methodische Einwände gegen die Übertragung der Traumdeutung auf Mythen haben wir schon hingewiesen.

Von Herodot, also schon in der klassischen Zeit, bis zu Sueton und Artemidor bedeutete der Inzesttraum zuallererst eine Besitznahme von Land. Wahrscheinlich leitet sich diese Interpretation von einem in vielen Gebieten des Mittelmeers nachweisbaren juristischen Grundsatz her: der Vererbung von Landbesitz in der weiblichen Linie. Dieses Prinzip spiegelt nach der (wohl die tatsächliche Entwicklung sehr vereinfachenden) Ansicht einiger Forscher die ursprüngliche, durchgängig matriarchale soziale und religiöse Struktur der alten, später durch patriarchale Einwanderer überformten Mittelmeervölker wider (Graves 1960 und 1962). Zu diesem Schluß ist auch M. Delcourt in ihrer Untersuchung des Ödipus-Mythos gekommen. Nach ihr ist der Mutter-Sohn-Inzest ursprünglich eine Hierogamie, welche die Besitznahme des Landes symbolisiert (Delcourt 1944, 193). Das schließt keineswegs aus, daß die erstmals von Freud aufgedeckten infantil-sexuellen Wünsche bei der Entstehung und vor allem der späteren Entwicklung des Inzest-Motivs eine Rolle spielten. Menschliches Verhalten ist fast immer mehrfach determiniert – eine Erkenntnis, auf die Freud ausdrücklich hingewiesen hat, die er aber meist zugunsten der Sexualtheorie vernachlässigte. Auf dieses Vorrecht des Pioniers darf sich heute eine entwicklungsfähige psychologische Hermeneutik nicht mehr berufen.

Für die rituelle Bedeutung des Inzests in den alten Mittelmeerkulturen spricht schließlich noch ein Bericht Herodots aus Ägypten, der uns zu einer letzten Verdeutlichung der nötigen Kautelen einer psychologischen Interpretation von Mythen dienen soll.

„In Papremis pflegen sie die heiligen Bräuche wie auch anderwärts (...) Sie bringen das Götterbild in einem kleinen vergoldeten Gehäuse aus Holz schon am Tage vorher in ein anderes heiliges Gebäude. Die wenigen Priester, die noch um das Bild beschäftigt sind, ziehen nun das Götterbild mit dem Gehäuse auf einem vierrädrigen Karren herbei; die anderen Priester, die sich draußen vor der Tür aufhalten, verwehren ihnen den Eintritt (...) Es kommt zu einem heftigen Kampf mit den Holzkeulen. Sie schlagen sich die Köpfe ein, und ich glaube, viele sterben sogar an den Wunden. Die Ägypter leugnen allerdings, daß es dabei Tote gibt. Über die Entstehung dieses Festbrauches erzählt man in jener Gegend folgendes: In diesem Tempel wohne die Mutter des Ares; aber Ares wuchs fern von der Mutter auf (!). Als er später als Mann die Mutter besuchte und sich mit ihr vermählen wollte (!), verwehrten ihm die Diener, die ihn vorher nie gesehen hatten, den Einlaß und hielten ihn zurück. Da holte er aus einer anderen Stadt Männer heran, richtete die Diener übel zu und ging zur Mutter hinein. Von daher soll diese Schlägerei kommen, die dem Ares zu Ehren an seinem Fest stattfindet" (Herodot II, 63; Übers. v. Josef Feix 1963).

Obschon nicht klar ist, wer „Ares" sein könnte (Horus?), ist Herodots Bericht illustrativ für die enge Beziehung zwischen Mythos und „heiligem Brauch", die uns gegen die unmittelbare Ableitung des Mythos aus dem Traum oder aus (kollektiv) unbewußten Phantasien, wie sie sich bei vielen psychologischen Autoren findet, höchst mißtrauisch machen müßte. Das heißt weder, daß das mythische Aition wirklich in einem inneren Zusammenhang mit dem Brauch steht, auf den es sich bezieht, noch daß eine Verbindung der Mythen – in zahlreichen Fällen eben über die Brücke von Riten und Bräuchen – mit bewußten und unbewußten psychischen Vorgängen nicht Gegenstand wissenschaftlicher Forschung werden kann, wie zumindest einige Autoren (Jensen 1951, Graves 1960) anzunehmen scheinen. Die psychologische Interpretation ist nur dann abzulehnen, wenn sie an der falschen Stelle ansetzt, d.h. in vielen Fällen beim (möglicherweise ätiologischen Mythos), und nicht beim Ritus.

B Das Inzestmotiv in der vergleichenden Anthropologie

Wir müssen uns hier auf einen kurzen Überblick beschränken, und darauf verzichten, selbst vergleichend-mythologisches Material zu referieren. In einer sorgfältig ausgelesenen Stichprobe von 50 gleichmäßig über die Erde verteilten Kulturen hat Clyde Kluckhohn nach häufig wiederkehrenden mythologischen Themen gesucht, wobei er sich an den Kriterien von Stith Thompson's Motif Index orientierte (Kluckhohn 1960). Es ist interessant, daß „Inzest" das häufigste Thema ist, das in nicht weniger als 39 der von Kluckhohn untersuchten Mythologien auftaucht, gefolgt von „Töten von Ungeheuern" (37 der 50 Mythologien), „Sintflut" (34) „Geschwisterrivalität" (33), „Mannweibliche Gottheiten" (7) und „Kastration" (4). In drei Mythensammlungen (Keltisch, Griechisch und Hinduistisch) sind sowohl Mutter-Sohn wie auch Vater-Tochter und Bruder-Schwester-Inzest erwähnt, in elf Mythologien werden zwei Inzestformen beschrieben, und in den restlichen 25 von Kluckhohns Stichprobe erfaßten Mythologien nur ein einziger Inzest-Typus. Dabei ist die Form des Mutter-Sohn-Inzestes eindeutig am seltensten (sieben Fälle), während der Inzest zwischen Bruder und Schwester am „populärsten" ist (28 Fälle), gefolgt vom Vater-Tochter-Inzest. In zahlreichen Schöpfungsgeschichten ist die erste Ehe inzestuös; die Verführung einer Schwiegermutter durch ihren Schwiegersohn (Phaidra-Motiv) ist ein sehr verbreitetes Thema.

Die Auffassung einiger Freud-Schüler (Rank 1912, Róheim 1950), daß der Ödipus-Mythos der Prototyp aller menschlichen Mythen sei, ist durch Kluckhohns Studie nicht bestätigt worden. Die 48 angeblichen „Ödipus-Mythen", die Rank zusammenstellte, sind in ihren Details sehr ungleich. Nur durch eine willkürlich bald „Verschiebungen" und „Verdichtungen" aufhebende, bald aber (wie im ursprünglichen Ödipus-Mythos) mit der überlieferten Form der Erzählung argumentierende Interpretation lassen sie sich in die eine

Form pressen, die für Rank von Anfang an feststeht. In nur vier der 48 Mythen heiratet der Held seine Mutter; in nur acht ist das Inzestthema manifest. Alles hängt also davon ab, bis zu welchem Grad man die Deutungen eines „latenten Inhaltes" akzeptiert, und z. B. in der Tötung eines Drachens die Tötung des Vaters sehen will. Von Róheim abgesehen dürfte kein zeitgenössischer Mythenforscher mehr die „direkten" psychoanalytischen Symboldeutungen von Mythen im Sinne Ranks akzeptieren. Mythologisch interessierte Psychoanalytiker haben die „Es-Theorie des Mythos", wie sie Martin S. Bergmann nannte, revidiert (Bergmann 1966) und stärkere Berücksichtigung vergleichend-anthropologischer und historischer Untersuchungen gefordert (s. a. Borkenau 1957, Vogt 1989).

William Lessa (1955) hat vermutet, die Verbreitung des Ödipus-Motivs von Europa über den nahen und fernen Osten, Südostasien und den Pazifik (während es in Afrika, China, Amerika und Nordasien fehle) deute auf eine Diffusion dieses Stoffes hin, bei der die Struktur der Erzählung jeweils in großen Zügen erhalten blieb, während sich die Inhalte den einzelnen Kulturen anglichen. Lessa fand unter einigen tausend ozeanischen Erzählungen 23, die dem Ödipus-Mythos ähnelten; keine aber erfüllte die drei wichtigsten Kriterien Kluckhohns (Orakel, Vatermord und Inzest)[25], und nur ein Drittel zeigte die Kombination von Vatermord und Inzest. Lessa hat die Aufmerksamkeit vor allem auf die zahlreichen „Ersatzpersonen" gelenkt: Der Mutterbruder tritt an die Stelle des Vaters (in vielen polynesischen Gesellschaften nicht nur im Mythos, sondern auch in der Erziehung, siehe Malinowski 1962), die Schwester des Vaters an die Stelle der Mutter, der Inzest wird nur angedroht, das Kind wird ausgesetzt, aber nicht um es zu töten. Nach Kluckhohns

25 Eine durchaus anfechtbare Zusammenstellung, da die Orakel erst in den späten Fassungen eine so wichtige Rolle spielen. Die Aussetzung des Ödipus scheint ein mindestens ebenso wichtiger Zug der Sage, ebenso die Tötung der Sphinx. Die Unterscheidung der „wichtigen" und „unwichtigen" Kriterien ist ein methodisches Grundproblem der vergleichenden Motivforschung, das leider nicht immer als solches erkannt und diskutiert wird.

Untersuchungen ist das Ödipus-Thema aber auch in Afrika zu finden (Schilluk und Lamba), was die Gültigkeit der Diffusions-These Lessas stark einschränkt. Da in fast allen bekannten Gesellschaften die drei diskutierten Inzestformen (Mutter-Sohn, Vater-Tochter, Bruder-Schwester) – freilich mit ganz unterschiedlichen Akzentsetzungen – verboten sind, wäre an sich für jede genügend vollständige Mythologie die exemplarische Darstellung einer Überschreitung dieses Verbotes zu erwarten. Denn eine Funktion des Mythos ist ja auch, die typischen Möglichkeiten menschlichen Verhaltens in ihren Möglichkeiten durchzuspielen und zu vollenden. Wenn wir bedenken, daß die reichsten Mythologien – etwa die griechische und die hinduistische – alle drei Inzestformen darstellen und fast 80 % von Kluckhohns Stichprobe mindestens eine Form, wird uns eine Diffusions-Hypothese fragwürdig.

Einer Arbeit von Herskovits und Herskovits (1958) verdanken wir den Hinweis, daß die psychoanalytischen Studien zum Ödipus-Mythos und parallelen Erzählungen versäumt haben, das an sich häufigere Motiv der vom Vater gegen den Sohn gerichteten Rivalität zu untersuchen. Dieser Einwand ist nur teilweise gerechtfertigt; psychoanalytische Studien zum Laios- oder Abraham-Komplex" liegen vor (Wellisch 1954). Analog zu der gut belegten Hypothese, daß die frühesten Erlebnisse des Kindes seine Persönlichkeitsentwicklung am stärksten beeinflussen (Spitz 1967; die Ödipusdeutung von Pellegrino 1961 ist ein freilich mißglückter Versuch, den Ödipus-Mythos auf ein „präödipales" Trauma zurückzuführen) haben sich die meisten Tiefenpsychologen, ihrem praktisch-therapeutischen Ausgangspunkt getreu, auf die Widerspiegelung kindlicher Emotionen und Wünsche in Mythen und Märchen konzentriert. Der Ödipus-Mythos ist das bekannteste Beispiel aus den Anfängen der Psychoanalyse: Vaterhaß und Mutterliebe des Kindes können seinen Charakter sehr viel entscheidender prägen als die Furcht des Vaters, von seinem Sohn entthront zu werden, die dieser als Erwachsener erlebt. Allerdings können sich in dieser Haltung des Vaters gegenüber seinem Sohn frühere Einstellungen wiederholen, so Geschwisterrivalität oder die eigene Konkurrenz mit dem Vater um die Liebe der Mutter, an deren Stelle inzwischen die Ehefrau getreten ist (s. a. Herskovits 1958, 94).

Die psychoanalytische Theorie der Persönlichkeitsentwicklung rechtfertigt es also, den Konflikten der Kindheit vor jenen des Erwachsenenalters Aufmerksamkeit zu schenken und die letzteren im Licht der ersteren zu betrachten. Unmittelbar und unverändert auf mythologische Motive (die ja das Leben der Erwachsenen in der mythenbildenden und im Mythos lebenden Kultur prägen) übertragen, muß diese Perspektive hingegen notwendig zu falschen Ansichten führen. Wir erkennen hier, daß die meisten bisherigen Anwendungen psychoanalytischer Erkenntnisse auf Probleme der Mythenforschung nicht deshalb scheitern mußten, weil die Psychoanalyse den Geisteswissenschaften nichts zu sagen hätte, sondern weil diese Anwendungen an falscher Stelle und mit unreflektierter Methodik vorgetragen wurden. Ein erster Fehler – die Auffassung des Mythos als Traum – zog andere nach sich: gewaltsame symbolische Übersetzungen, Vernachlässigung der Quellenkritik, der Rücksicht auf allgemeine Probleme. Bei diesem letzten Punkt hakt Kluckhohn ein: Die Betrachtung der Mythologien zahlreicher Völker lehrt, daß Geschwister-Rivalität und Vater-Sohn-Eifersucht sehr viel häufiger dargestellt werden als die speziellen Konflikte des „Familienromans". Feindseliges Verhalten des Vaters gegen den Sohn findet sich in 14 nordamerikanischen, vier mediterranen, fünf ostasiatischen, drei pazifischen und vier afrikanischen Mythologien. Es ist innerhalb der von Kluckhohn untersuchten Stichprobe sehr viel häufiger als die Feindschaft des Sohns gegenüber dem Vater. Freilich ist die väterliche Aggression oft präventiv gemünzt: Entweder wurde dem Vater angekündigt, sein Sohn werde ihn töten oder er werde ihn vertreiben. Trotzdem zeigt allein diese Aufstellung Kluckhohns, wie notwendig es ist, in der psychologischen Mythenforschung spezifisch psychoanalytische Gedanken durch allgemeinpsychologische Gesichtspunkte zu ergänzen.

Vergleichend-mythologische Untersuchungen wie die Kluckhohns sind eine wertvolle, aber nur beschränkt anwendbare Methode, Klarheit über die Mythenbildungen unterliegenden sozialen und psychologischen Prozesse zu gewinnen. Ihr Wert ist in erster Linie negativ: Sie können zeigen, inwiefern voreilige Verallgemeinerungen nicht aufrechtzuerhalten sind. Ihr positiver Wert geht nicht sehr weit über die Feststellung hinaus, daß Mythen aus ganz verschiedenen, oft weit voneinander entfernten Kulturkreisen erstaunliche Übereinstimmungen zeigen – eine von den meisten Anthropologen und Religionswissenschaftlern anerkannte Tatsache (Lévi-Strauss 1967, Jensen 1951, Eliade 1959, Campbell 1956). Die Gründe für diese Übereinstimmungen sind allerdings nicht klar; Lehrmeinungen widerstreiten sich, unter denen sich Diffusions- und Evolutions-Theorien heute allerdings nicht mehr so unversöhnlich gegenüberstehen wie noch vor dreißig Jahren.

Über die spezifischen Enstehungsbedingungen des Mythos gibt die vergleichende Methode allein keine Auskunft; sie muß unbedingt durch historische und psychologische Gesichtspunkte ergänzt werden. Gleiche Motive in einer Mythologie können durchaus verschiedene Wurzeln haben, die sich z. B. aus der Entstehungsgeschichte eines Motivs erschließen lassen; schöne Beispiele geben hier etwa die kunsthistorischen Studien E. Panofskys (1955). Die Mythenforschung steht vor einer ähnlichen Situation wie die Psychologie: Erst die Durchdringung und Ergänzung von Querschnitt- und Längsschnitt-Betrachtung, von statistischer Forschung und kasuistischer Vertiefung ermöglicht Fortschritte.

Eine spezifische Qualität der griechischen Mythologie ist die vielfältige Überlieferung, deren unterschiedliche Traditionen dynastische Ansprüche und historische Veränderungen spiegeln. Ähnliche Qualitäten haben in Europa die Rittersagen, vor allem die um den Hof des Königs Arthus, in denen viele Themen der griechischen Mythologie neu bearbeitet werden. Daniel Rubey (1988) hat die Tradition der ödipalen Motive in Chrétiens Neo-Tristan untersucht und mit den politischen Auseinandersetzungen der damaligen Zeit verknüpft.

C Der Ödipus-Mythos: Versuch einer Deutung

Was wir bisher über Mythendeutung im allgemeinen und über den Ödipus-Mythos im besonderen erfahren haben, scheint geeignet, einen neuen Deutungsversuch zu entmutigen. In zu vielen Fällen haben sich ganze Systeme als trügerisch erwiesen: Ödipus, der als Sonnenheld die Wolken-Sphinx besiegte, welche Theben bedrohte, und sich mit der Dämmerung vermählte, die ihn am Morgen geboren hatte, wie die Deutung eines Schülers von Max Müller lautete (Cox 1881); Ödipus, der kindliche Inzestwünsche verwirklichte, Ödipus, der schwellende Penis, dessen Blendung Kastration bedeutet (Freud 1900 und Ferenczi 1912). Diese Interpretationen haben uns gezeigt, daß der Mythenforscher oft in Gefahr gerät, einen neuen Mythos zu schaffen. In der langen Geschichte der Mythendeutung gibt es zu viele Wendungen, zu viele radikale Umwertungen und zu wenig geduldige Fortführung einmal entwickelter theoretischer und methodischer Ansätze. Kein Wunder, daß Resignation um sich greift (siehe auch Dorson 1960 und Thompson 1955).

Von einer Anregung Graves' ausgehend, hat Borkenau eine ausführliche Ödipus-Deutung gegeben, die uns den Ansprüchen einer wissenschaftlichen Mythenforschung in vieler Hinsicht zu genügen scheint, und die selbst da, wo sie auf unsicheren Fundamenten ruht, als anschauliches Beispiel für die Fortführung unserer methodischen Untersuchung wertvoll ist. Daß Mythendeutung sich immer nur der Wahrheit annähern, sie aber wohl nicht erreichen kann, daran dürfte kein Zweifel bestehen. Die schwachen Punkte in der von Borkenau und Graves gegebenen Deutung liegen vor allem in der Matriarchatstheorie Bachofens, die Graves modifiziert und durch neues Beweismaterial angereichert hat. Immerhin verwenden er und Borkenau sie im Gegensatz zu Fromm in einer durchgängig ritualistisch-historischen, erheblich differenzierteren Form. Wir müssen hier darauf verzichten, diese Theorie ausführlich zu diskutieren. Nur soviel: Sie ist überschätzt worden, aber ganz zurückweisen läßt sie sich, auf die griechische Religions- und Sozialgeschichte beschränkt, keineswegs. Bachofen hat fälschlich das Matriarchat für die älteste Form gesellschaftlicher Organisation überhaupt gehalten (ein Irrtum, in dem ihm Neumann – siehe Kap. II, C, 5 – folgte). Bereinigt man diese Irrtümer, dann bleibt durchaus ein für viele griechische Landschaften und ihre Mythen gültiger Kern (s. a. Kerényi 1951 und 1968).

> „War Oidipus im 13. Jahrhundert ein Besieger Thebens, der den alten minoischen Kult der Göttin unterdrückte und den Kalender reformierte? Unter dem alten System war der neue König, obwohl ein Fremdling, ein Sohn des alten Königs, den er tötete und dessen Witwe er heiratete; eine Sitte, welche die patriarchalischen Sieger als Vatermord und Inzucht mißverstanden" (Graves 1960, II, 11).

Borkenau geht (1957) von diesem Entwurf Graves' (die erste englische Ausgabe von dessen Greek Myths erschien 1955) und von Freuds Deutung der Abstammung des Moses aus („Moses ein Ägypter", GW Band XVI): In Findelkindgeschichten sind meist die angeblichen hochgeborenen Eltern nicht die wirklichen Eltern, sondern die „Zieheltern". Bei Moses kehrte Freud dieses Argument um: Nicht die bescheidene hebräische, sondern die hochgeborene Zieh-Mutter und Tochter Pharaos ist die wirkliche Mutter. „Was dem Moses recht ist, ist dem Ödipus billig", fordert nun Borkenau (1957, 9) und stellt den Ödipus-Mythos in eine Reihe mit den zahlreichen legendären und historischen Berichten von Usurpatoren, die sich einen falschen Stammbaum zurechtlegen, um als die Erben einheimischer Familien zu erscheinen.[26] Laios ist also nicht der Vater des Ödipus, Iokaste nicht seine Mutter, – eine These, die schon Delcourt äußerte (1944).

---

26 Es ist erstaunlich, wie nahe Freud selbst an diese Möglichkeit einer Ödipusdeutung gekommen ist. Er sagt etwa: „So ist Kyros für die Meder ein fremder Eroberer, auf dem Wege der Aussetzungssage wird er zum Enkel des Mederkönigs" (Freud, GW XVI, 110) und über Romulus, „wenn eine ihm entsprechende Person gelebt hat, so war es ein hergelaufener Abenteurer" (GW XVI, 110).

Ist Ödipus somit ein korinthischer Königssohn, der sein Elternhaus verläßt und sich Thebens bemächtigt? Der Mythos erfindet, im Gegensatz zum Roman, keine Lokalisierung, stellt Borkenau fest. Die von Pausanias (X, 5, 2) genau bezeichnete Stelle des Mordes an Laios (ein Foto von ihr findet sich in C. Roberts Werk (1915) über die Ödipus-Sage), eine Weggabelung in drei Richtungen, trug keine Kultstätte. Das schließt also aus, daß es sich um eine ätiologische Rationalisierung eines örtlichen Kultes handelt. „Es besteht nur eine Alternative: An der Schiste hodos hat tatsächlich ein in der thebanischen Geschichte wichtiger Mord stattgefunden" (Borkenau 1957, 10).

Es gibt zwei Variationen der Überlieferung dieses Mordes: Nach der ersten kam Ödipus von Delphi, wo er ein Orakel nach seinen wirklichen Eltern befragt hatte, nach der zweiten vom nördlichen Phokis. War er also ein aus Phokis kommender Eroberer, der den thebanischen König im Kampfe – nicht wegen eines Streites um die „Vorfahrt" – erschlug? Später wurde diese Gestalt mit einem zweiten, diesmal korinthischen Eindringling verschmolzen (Borkenau 1957, 12). Konsequenterweise muß dann auch Laios keine geschichtliche Persönlichkeit, sondern nur ein mythischer „Typos" gewesen sein, in dem mehrere reale Personen verschmolzen. Die Etymologie des Wortes spricht dafür: Ihm liegt „laos", das „Volk" zugrunde; Laios ist somit laut Borkenau der „Volkskönig", und seine Gegner wurden deshalb zu einer Gestalt vereinigt, weil es sich jeweils um landfremde Eindringlinge handelte.

Aber nicht nur der Name des Laios, auch der des Ödipus leitet sich nicht unbedingt von dem Namen eines der kämpfenden Heerführer, sondern von einem mythischen Typos her. Da kaum ein Grieche seinen Sohn Schwellfuß nennen würde, erklärt schon die Sage den Namen durch ein Aition. Er soll sich auf die bei der Aussetzung durchbohrten Füße des Säuglings beziehen. Doch ist diese Durchbohrung nicht widersinnig? Man braucht ein Neugeborenes nicht zu lähmen; es kann ohnedies nicht laufen. Borkenau greift hier ein schon 1915 von Robert geäußertes Argument auf, das auch die Kommentatoren der Antike schon beschäftigt hat; im Schol. Eur. Phoen wird bemerkt, daß Laios durch die Verstümmelung sichergehen wollte, daß auch etwaige Finder sich nicht mit einem Krüppel abgeben würden. „Die Durchbohrung der Fußfesseln, an sich gerade wegen ihrer Unerklärtheit als geschichtliches Faktum anzuerkennen, muß in einen anderen Zusammenhang gehören" (Borkenau 1957, 12).

Um diesen zu klären, greift Borkenau auf eine u. a. von Hyginus und Apollodor berichtete Version vom Ende des Laios zurück, der auch Graves (1960, II, 8) einen authentischeren Charakter zuspricht. Danach tötet Ödipus nicht den Laios, sondern seinen Wagenlenker; den König stößt er nur vom Wagen, worauf dieser sich in die Zügel seines Pferdes verwickelt und von diesem zu Tode geschleift wird. Diese Erzählung erscheint unglaubhaft: Wie ist es möglich, daß die Pferde sich plötzlich von der Deichsel losreißen und die Fesseln des Königs sich bei der Jagd über Stock und Stein nicht aus den Schlingen der Zügel lösen? Sicherheit gebe da nur die Durchbohrung der Fesseln und die Verknotung der Zügel, behauptet Borkenau (1957, 13) und zitiert als Beleg den Bericht über die Schleifung des toten Hektor um die Mauern von Troia. Dieser sei aber auch in einem wichtigen Punkt entstellt: Die Schleifung ist als Leichenschändung sinnlos, sinnvoll aber als rituelle Hinrichtung des göttlich-königlichen Paredros (der „Gefährte" der Muttergöttin, der jedes Jahr stirbt, z. B. Adonis). Borkenau führt hier die kurze Bemerkung von Graves, „die Ermordung des Laios stellt die rituelle Ermordung des Sonnenkönigs durch seinen Nachfolger dar; er wurde vom Wagen geworfen und von den Pferden zu Tode geschleift" (Graves 1960, II, 11) weiter aus.

Diese Deutung ist freilich reine Spekulation; wir verfügen über keinerlei direkte Beweise für einen solchen Ritus. Sie erklärt aber auch zahlreiche andere griechische Mythen, so daß man sie zumindest vorläufig akzeptieren kann: Hippolytos, Oinomaos, Abderos und vielleicht auch Phaeton sind Könige, die auf diese Weise ihr Ende fanden. Die Verbreitung des Königsopfers hat (freilich mit einer kaum mehr aufrechtzuerhaltenden Interpretation) am ausführlichsten Frazer geschildert (eine kritische Stellungnahme vom Standpunkt der Religionsgeschichte durch Kerényi 1968). Merkwürdigerweise wurden in Afrika, bei Onitsha am Niger, bis ins vorige Jahrhundert zwei Menschen zu Tode geschleift, um das Land von Sünden zu befreien. Der Missionar J. C. Taylor war am 27. Februar 1858 Zeuge einer solchen Zeremonie. Das Opfer, eine junge Frau, wurde mit nach untem gewandten Gesicht einige tausend Meter weit vom Königspalast zum Fluß geschleift (Taylor 1859; die Identifizierung des Jahreskönigs mit dem „Sündenbock" vor seiner Hinrichtung begründet Frazer 1913).

Verleugnung und Abwehr der zu diesen rituellen Opfern gehörigen Mythen spiegelt sich nach Graves in zahlreichen, bald mehr, bald weniger ausgeprägten Verfälschungen der Erzählungen (Borkenau 1957, 13 und Graves 1960, I, 17ff). Verleugnung und Abwehr kennzeichneten auch die Einstellung der meisten Griechen zu den Menschenopfern selbst, die aber z. B. in Arkadien in klassischer Zeit noch nicht ausgestorben waren (Borkenau 1957, 13; siehe auch Nilsson 1932 und 1950). Im Ödipus-Mythos überschneiden sich also konkrete geschichtliche Vorgänge, freilich verdichtet und vereinfacht, mit der entstellten Erinnerung an ständige Gebräuche der in ihren Sitten und Grundvorstellungen von den Hellenen verabscheuten vorgriechischen Kultur, die durch die beiden großen griechischen Wanderungen zerstört wurde. Borkenau nennt diese Kultur etwas vorschnell „minoisch", und glaubt, daß sie in Kreta am reinsten vertreten war.

Nicht nur das Schicksal des Laios, sondern auch der Name des Ödipus erklärt sich laut Borkenau aus einer rituellen Tötung. Obschon jede Verletzung – wie auch die Durchbohrung der Fesseln mit einem eisernen Dorn – eine vorübergehende Schwellung auslöst, entstehen doch jene sehr schnellen und heftigen Schwellungen, die sich der Erinnerung stark einprägen, nur durch giftige Stiche. Und tatsächlich gehören die Opferungen durch einen Giftdorn oder einen vergifteten Pfeil in den Bereich der Opferung der Paredroi, – nicht als Element des Schleifungs-Ritus, sondern als Alternative, stellt Borkenau fest (1957, 14). Erinnert die Schleifung Hektors an den ersten, so spiegelt der Tod Achilles' den zweiten Tötungsritus wider, freilich auch er als Element eines Zweikampfes verschleiert. Wie wir wissen, traf Paris Achill mit einem vergifteten Pfeil in die Ferse. Auch hier scheinen Parallelen in anderen Mythen die Hypothese eines rituellen Mordes zu bestätigen (wenn man die Erklärung eines aus rein „literarischen" Gründen übernommenen „Märchenmotivs" nicht akzeptiert): Nicht nur Achill, sondern auch die Kentauren Pholos und Cheiron sterben an einer Fußwunde durch die giftigen Pfeile des Herakles; Philoktet, dem der sterbende Herakles von seinem Scheiterhaufen herab seinen Bogen und Köcher gegeben hatte, rächte den Tod des Achill und tötete Paris durch einen Pfeil aus diesem Köcher. Auch der kretische Talos soll durch eine Pfeilwunde am Knöchel gestorben sein; der Argonaut Poias schoß den vergifteten Pfeil ab (Graves 1960, I, 285).[27] „Der heilige König der Thessaler wurde, wie es scheint, von einem Pfeile getötet, der mit Schlangengift bestrichen war. Diesen Pfeil schoß ein Stellvertreter zwischen seine Ferse und sein Fußgelenk", schließt Graves (1960, I, 288). In der indischen Mahabharata wird der Gott Krischna durch den Jäger Jara in die Ferse geschossen und so getötet. Gelegentlich erscheint Jara als Krischnas Bruder, d. h. auch als sein Stellvertreter und Nachfolger (Graves 1960, I, 288).

Borkenau hält die Opferung des Königs durch einen Giftpfeil oder Giftdorn für älter als die während eines Wagenrennens: Während jene für einen ausschließlich nach rituellen Regeln und kalendarisch vorgenommenen Thronwechsel spricht, spielt im Pferdewettkampf schon ein Element persönlicher Tüchtigkeit mit, die schließlich bei der Nachfolge des Priesterkönigs von Nemi, dessen Amtswechsel-Ritus Frazer zum Ausgangspunkt seiner Untersuchung über den sterbenden Gott-König machte, ausschließliche Bedeutung erlangte. In Nemi war jeder nachfolgeberechtigt, der einen Zweig von der heiligen Eiche brach (laut Frazer den „goldenen

27 Dafür spricht allerdings nur eine Überlieferung; andere berichten, daß Medea Talos getötet habe, indem sie einen Zapfen aus seiner Ferse entfernte und ihn verbluten ließ. Talos nämlich, der letzte Überlebende des Bronze-Geschlechts, war unverwundbar und hatte nur eine Vene, die vom Nacken zur Ferse lief, wo sie ein bronzener Zapfen verschloß (Graves 1960, I, 285; Apollodoros I, 9, 26).

Zweig": die Mistel) und den Zweikampf auf Leben und Tod mit dem bisherigen Vertreter des Priesteramts wagte (Frazer 1913; s. a. Kerényi 1968). Tötung im Zweikampf, die ja auch in einigen Quellen des Ödipus-Mythos auftaucht, ist also die jüngste, einer Zeit von Völkerkriegen und Auflösung der alten Thron-Übertragungsriten entsprechende Form der Königstötung. „Der Mythos vom König Ödipus ist aus dem geschichtlichen Ereignis der Erschlagung des letzten thebanischen Volkskönigs durch einen Barbaren aus Magnesia (woher die Tötungsrituale durch den Giftdorn angeblich stammen – W. S.) entstanden, und zwar darum, weil dies das Ende der einheimischen Dynastie und der ihr entsprechenden rituellen Ordnung, also ein tiefeinschneidendes Ereignis war. Die Entstehungszeit des Mythos fällt somit in eine der großen Wanderungszeiten; was vorausliegt, Gift- und Schleifungsrituale des Thronwechsels, ist dem vorgegebenen Rahmen eingepaßt worden, den dieses große politisch-kollektive Trauma bot" (Borkenau 1957, 15f).[28]

Auch hier ist kritisch anzumerken, daß wir keine direkten Beweise für die von Graves und Borkenau mit solcher Selbstverständlichkeit geschilderten Schleifungsrituale und Giftdorntötungen haben. Aber trotzdem werden wir einer solchen Interpretation aus zwei Gründen den Vorrang vor einer rein psychologischen „Übersetzung" (etwa im Sinne Diels: der verkrüppelte Fuß entspricht einer verkrüppelten Seele) geben: Erstens, weil sie durch neue empirische Forschungen (Archäologie, Entzifferung bisher unlesbarer Dokumente, Entdeckung unbekannter Dokumente) bestätigt oder widerlegt werden kann. Zweitens, weil sie sich erheblich besser in ein umfassendes Bild der griechischen Geschichte einfügt und den kulturanthropologischen Erfahrungen über die Entstehung von Mythen sehr viel mehr entspricht als die (voreilige) psychologische

28 Historisch nicht ganz korrekt ist Borkenaus Apostrophierung der nördlichen Eroberer als „Barbaren". Es waren Griechen, die die minoisch-mykenische Kultur zerstörten, Barbaren vielleicht im übertragenen (diese Kultur war der ihren wahrscheinlich in dieser Zeit überlegen), aber sicher nicht im ursprünglichen Sinn des Wortes (Barbar = „stammelnder" Nichtgrieche).

„Übersetzung". Zudem läßt die von Graves und Borkenau vielleicht bisweilen unkritisch und spekulativ gehandhabte historisch-ritualistische Methode sehr viel bereitwilliger Detailkorrekturen zu als die rein psychologische, die durch den Bruch eines Gliedes der Schlußkette hinfällig wird. Bei Borkenaus Deutung ist es hingegen durchaus möglich, rein spekulative Elemente von solchen mit einiger historischer Plausibilität zu trennen.

In ihrer ersten Phase fehlte der Ödipussage jedes Schuldmotiv – denn wann hätte je die Tötung eines fremden Königs und die Eroberung seines Reiches als Schuld gegolten? Etwas davon klingt noch in dem knappen Satz über den Helden Mekisteus in der Ilias Homers an: er habe das Begräbnis des Ödipus in Theben gesehen, „welcher gestürzt; er besiegte dort die gesamten Kadmeer" (Borkenau 1957, 17). Überdeutlich erkennt man, daß Ödipus gar kein Thebaner war, sondern ein fremder Eroberer, der ruhmreich im Kampf fiel, denn sonst wäre er nicht feierlich begraben worden. In welchem Kampf aber? Borkenau glaubt, daß es ein Bürgerkrieg war, in dem sich die Alteingesessenen noch einmal – zumindest teilweise – durchsetzten, denen das Verhalten des Ödipus keineswegs ruhmreich, sondern frevelhaft erschien. Die Partei der Eingesessenen führte alles Unglück, von dem Theben seither betroffen wurde, auf jenen Fluch zurück, den der Frevel des Ödipus über die Stadt gebracht hatte. Fest steht, daß Theben zur Zeit der nordwestgriechischen Wanderungen sehr gelitten hat. Das Fehlen der Stadt im Schiffskatalog der Ilias (wo sich nur der kleine Ort Hypothebai am Fuße der Burg findet) ist dafür ein konkreter Beweis. Die Mythen vom Bruderzwist, dem Wüten Kreons gegen die Kinder des Ödipus und der Zerstörung durch die Epigonen nach dem gescheiterten Zug der Sieben veranschaulichen das Schicksal Thebens, eines weit nach Norden vorgeschobenen Vorpostens der mykenischen Kultur.

In der vorliegenden Fassung ist nun dieser Gesichtspunkt mit der Version der Eroberer zusammengeflossen. Diese erwiderten die Anwürfe der Eingesessenen, Ödipus habe einen Fluch über die Stadt gebracht, mit der Behauptung, er habe sie von einem Fluch befreit, nämlich der Plage durch die Sphinx. Ob nun, wie Borkenau meint, die Sphinx ursprünglich gar nichts mit Ödipus zu tun hatte, sondern ein Krankheitsdämon, ein „Nachtmahr" war (eine Deutung, die auch Delcourt 1944 im Gefolge Laistners gibt), oder ob sie, wie Graves meint, eine Darstellung der geflügelten Mondgöttin Thebens war, deren Kult Ödipus unterdrückte, ist alternativ nicht zu entscheiden, muß aber auch gar nicht entschieden werden. Beide Deutungen schließen sich nicht aus, wenn man eine religionsgeschichtliche Entwicklung annimmt, für die es zahlreiche Parallelbeispiele gibt: Nach einem Religionswandel werden häufig die früheren Götter und Göttinnen zu unheilbringenden Dämonen. Die Sphinx könnte sehr wohl – ähnlich wie die Gorgo Medusa und vielleicht auch die Hydra (Graves 1960) – die Gottheit eines vorgriechischen Kultes gewesen sein, welcher von den einwandernden Hellenen „verteufelt" wurde, nicht anders als der bocksfüßige Pan, der sich in der christlichen Legende zum Teufel verwandelt hat. Vielleicht war die Sphinx ursprünglich die Stadtgöttin Thebens, wie sie zahlreiche Städte der minoisch-mykenischen Kultur hatten (Nilsson 1932).

„Ihr zusammengesetzter Körper symbolisiert die beiden Teile des thebanischen Jahres – der Löwe den zunehmenden, die Schlange den abnehmenden Teil. Ihr bringt der neue König seine Anbetung dar, bevor er ihre Priesterin, die Königin heiratet" (Graves 1960, II, 11).

So bestechend diese Hypothese klingt, so wenig tatsächliches Beweismaterial liegt vor; immerhin wird man Graves das methodische Plus zuerkennen müssen, daß seine Vermutung – etwa durch archäologische Funde, die tatsächlich ein Bild zu Tage fördern, auf der eine Sphinxgottheit angebetet wird – empirisch belegt werden kann. Das ist bei anderen Erklärungen, z.B. bei Vogts These vom Löwenunterleib als „haariges Genitale" (Vogt 1989,82) nicht der Fall. Die Rätsellösung ist eher ein Märchenmotiv; sie gehört nicht in den alten, rituell untermauerten Mythos, sondern in die Volkserzählung (Nilsson 1951).

Die Gestalt der Überlieferung legt nahe, daß Ödipus die Sphinx ursprünglich im Kampf besiegte. Erst später tauchte das Rätsel-Motiv auf und ersetzte die gewalttätigere Version. Ödipus unterdrückte also, können wir mit Graves rückübersetzen, den alten Kult und zwang die Königin und Oberpriesterin, ihn zu seinen, nicht zu ihren Bedingungen zu heiraten. Der patriarchalische Einwanderer und sein Gefolge konnten sich schwerlich damit abfinden, ihrerseits wieder der Gefahr einer rituellen Tötung ausgesetzt zu sein. Bei Homer, in der Odyssee, heißt diese Königin Epikaste; in der späteren Überlieferung meist Iokaste. Io war eine Oberpriesterin der Hera; in anderen Mythen wird sie geradezu mit der Göttin identifiziert. Diese Verkörperung einer Göttin durch ihre Priesterin, im kleinasiatischen Kult der Magna Mater geläufig, schien den späteren Hellenen unrealisierbar, fast absurd; die Götter und Göttinnen thronten unerreichbar im Olymp, und demzufolge sind in der griechischen Mythologie viele ursprünglich kultisch verehrte Gestalten (meist wohl mykenische Stadtgöttinnen) später vermenschlicht worden: Ariadne, Pasiphae, Europa und Semele waren ursprünglich sämtlich Mondgöttinnen, die in Mythen später als sterbliche Frauen erscheinen; ihre Vermählung mit Olympiern, häufig eine Vergewaltigung durch Zeus, drückt laut Graves die Überlagerung der alten durch die olympische Religion aus (1960, I, 17ff).

Iokaste war also die Königin-Priesterin von Theben; der Eroberer mußte sie heiraten, wenn er einen in den Augen der Eingesessenen rechtmäßigen Anspruch auf den Thron erheben wollte. Da sich Iokaste nach der älteren Überlieferung sehr bald nach der Eheschließung tötete, können wir annehmen, daß sie sich nicht freiwillig den Eroberern unterworfen hatte. Borkenau sieht deshalb die früheste Form der Schuld des Ödipus in seiner „Vergewaltigung einer Göttin", einem Verbrechen, das noch dem klassischen Griechen als der schrecklichste der Frevel erschien (Borkenau 1957, 19). Schon dieser Tatbestand würde genügen, um die Erinnyen auf den Plan zu rufen; Iokaste, die eigentliche Trägerin der besiegten Kultur, tat ein übriges, indem sie Selbstmord beging und dadurch Ödipus zu ihrem Mörder machte, „nicht nur übrigens zum Mörder der Gattin, der Priesterin, der Königin, der Göttin, sondern auch zum Muttermörder. Denn die Magna Mater, deren Gestalt die Hera und deren Verkörperung die Priesterin-Göttin Iokaste ist, ist ja aller Menschen Mutter" (Borkenau 1957, 20).

Unter den vielen Aspekten der Beziehung zwischen Ödipus und Iokaste war der inzestuöse – sie ist als Priesterin der Muttergöttin zugleich auch seine Mutter – an sich zunächst nicht kriminell, merkt Borkenau an. Das heißt aber nun keineswegs, daß der Tatbestand des Inzestes keinen Einfluß auf die Gestaltung des Mythos gehabt hätte. Als nach dem Zusammenbruch der vorgriechischen Kultur die Frau dem Mann unterworfen, die promiskuitiven und orgiastischen Aspekte der Fruchtbarkeitskulte gemildert und der Inzest Gegenstand strengster Tabus geworden waren, erschien im Verhalten des Ödipus die Nötigung der Frau zur Ehe recht harmlos, der Inzest aber furchtbar. Da damals die Identität von Priesterin und Muttergöttin nicht mehr geläufig war, wurde der Inzest nicht religiös, sondern konkret aufgefaßt: als Ehe mit der leiblichen Mutter (Borkenau 1957, 21; Graves 1960, II, 11). Wir können hier auch den psychoanalytischen Beitrag zum Verständnis dieser Akzentverschiebung erkennen: Er lehrt uns, daß es sich keineswegs um ein rationales Mißverständnis handelt, sondern um das zentrale Tabu einer patriarchalisch organisierten Gesellschaft, das der zu dieser Zeit wohl zum ersten Mal schriftlich fixierte Ödipus-Mythos so anschaulich vor Augen stellt.

Fassen wir zusammen: Ödipus, ein nordwestgriechischer Eindringling, muß den thebanischen König erschlagen, um Iokaste zur Frau zu erhalten, und er muß Iokaste heiraten, um die Anerkennung seiner noch die matriarchalischen Traditionen achtenden Untertanen zu gewinnen – was ihm letztlich mißlingt. Er kann sich aber nicht mehr völlig an die vorgriechischen rituellen Regeln halten, denn er selbst ist Angehöriger eines Volkes, in dem sich die Herrschaft patrilinear vererbt. So muß er auch für sich väterlicherseits thebanische Abstammung beanspruchen, also seinen Stammbaum fälschen und so einen fiktiven Inzest begehen. Er steht vor demselben Problem wie z. B. auch die Atridenfürsten: Patrilinear aufeinanderfolgende Herrschergenerationen müssen sich vor ihren Untertanen matriarchal legitimieren, was nur über die Hand einer weiblichen Erbträgerin geschehen kann – im Fall des Thyestes z. B. die der eigenen Tochter. Zum größten Teil aus dem rituellen Zusammenhang gerissen, enthält die Sage noch zahlreiche Erinnerungen an vorgriechische Bräuche. Ihre endgültige Form erhielt sie nach der dorischen Invasion, welche der minoisch-mykenischen Kultur ein Ende setzte und die gegenseitige Durchdringung matriarchaler und patriarchaler Kulte, sozialer und politischer Organisationsformen ein für allemal zugunsten des strengen Patriarchats entschied (Borkenau 1957, 24 f, Nilsson 1932).

Wir haben uns hier auf die für eine Kritik der psychologischen Mythendeutung wichtigen Abschnitte der Sage konzentriert. Sie restlos unter den hier nur skizzierten Aspekten zu untersuchen, würde einige hundert Seiten füllen. Daß wir nichts über die Bedeutung der Orakel für die spätere Gestaltung der Sage anführten, heißt nicht, daß wir diese gering einschätzen; auch die Geschichte von Ödipus' Aussetzung mit ihren zahlreichen Parallelen (Perseus, Kyros, Moses, Romulus, Pelias, Hippothoos, Amphion, Aigisthos u v. a., vergleiche Raglan 1939) zu untersuchen gäbe eine interessante historisch-psychologische Studie, die uns aber über unser spezifisches Problem schwerlich etwas Neues sagen würde. Nur mit einem Zug der Sage wollen wir uns noch befassen, der vor allem in der psychoanalytischen Ödipusdeutung eine Rolle gespielt hat: der Selbstblendung des von seinem Gewissen verfolgten Ödipus. Wie wir sahen, deuten sie Freud und ausführlicher Ferenczi als Kastrations-Symbol. Es wäre methodenkritisch falsch, eine solche Interpretation von vornherein abzulehnen, da sie nicht, wie Kritiker den Analytikern oft vorwerfen, aus der blauen Luft gegriffen, sondern durch die Analyse von Träumen meist neurotischer Probanden unserer Zeit nahegelegt werden. Wir müssen lediglich zeitgenössische Quellen an die Stelle der freien Assoziationen setzen, mit denen ein methodisch korrekt vorgehender Analytiker seine Symboldeutungen abzusichern pflegt. Wir erkennen dann, daß in griechischen Mythen Kastrationsszenen ohne jede Scham geschildert werden, sowohl bei der Entmannung des Uranos durch Kronos als auch bei der Selbstkastration des Attis. Es ist somit unwahrscheinlich, daß man in dem an Greueln nicht armen Ödipus-Mythos eine derartige symbolische Übersetzung vornahm, die ja immer voraussetzt, daß der direkte

Ausdruck des unbewußten Inhaltes an dem Einspruch einer Zensurinstanz scheitern muß. Die Blendung des Ödipus ist wahrscheinlich eine Erfindung der Tragödiendichter, in deren Werken sie zuerst auftaucht (s. a. Graves 1960, II, 12). Bei Artemidor bedeutet der Traum, auf beiden Augen zu erblinden, den Tod von Eltern, Kindern oder Geschwistern; wer diesen Traum in der Fremde träumt, wird die Heimat nicht wiedersehen (Artemidor I, 26). Die Prophezeiung, daß Erblindung den Tod naher Verwandter bedeute, hat sich in der thebanischen Sage erfüllt: In den Kämpfen um die Stadt töteten sich Ödipus' Söhne gegenseitig, und sein Schwager Kreon verurteilte seine Tochter Antigone zum Tod. (Sophokles, Antigone; Apollodor III, 7, I).

Die körperbezogene Symbolik des Ödipus-Mythos hat Lowell Edmonds (1985, 1988) untersucht. Er verweist auf die volkskundlichen Parallelen zwischen Auge (Blendung) und Phallos, z. B. auf die mit Augen versehenen Phalloi griechischer Vasenbilder. Das Motiv der verletzten Füße verknüpft er mit dem Rätsel, in dem es ebenfalls um die Frage nach „Füßen" geht: Welches Geschöpf ist vier-, zwei- und dreifüßig? Beide im Mythos erwähnten Körperteile, Augen wie Füße, haben einen starken Genitalbezug.

IV Der Beitrag der Psychologie zu einer wissenschaftlichen Mythendeutung

A Die Zukunft der psychologischen Mythendeutung

1 Künftige Aufgaben

Es hieße kritikloses Vertrauen in die eigene und die Intuition der zitierten Mythenforscher setzen, nun anzunehmen, daß die skizzierte Deutung des Ödipus-Mythos in jedem Punkt richtig, ja auch nur in ihren Hauptpunkten über jede Kritik erhaben sei. Daß die Überformung und schließlich Zerstörung der vorgriechischen Kultur durch die beiden großen griechischen Einwanderungen viele mythische Überlieferungen und religiöse Vorstellungen geprägt hat, ist ein ziemlich sicheres Ergebnis der religionsgeschichtlichen Forschung; wie die minoisch-mykenische Kultur aber tatsächlich ausgesehen hat, bleibt in den meisten Punkten Spekulation, in der sich Graves und Borkenau sehr viel weiter vorwagen als etwa Nilsson. Daß die noch ausstehende Entzifferung sämtlicher minoischen Schriften hier viel mehr Klarheit bringen würde, ist möglich, aber keineswegs sicher.

Für unsere methodenkritische Untersuchung wird durch diese Einwände der Wert einer historisch-ritualistischen Mythendeutung, wie wir die geschilderte Methode vielleicht am besten umschreiben können, nicht geschmälert. Denn sie zeigt klar, daß eine psychologische Deutung, welche die Religions-, Sozial- und Wanderungs-Geschichte des Volkes außer acht läßt, dessen Mythen sie untersucht, mit nahezu unentrinnbarer Notwendigkeit zu Fehlurteilen führt – ob sie jetzt in den Mythen den Ausdruck archetypischer Struktureigenschaften der Psyche oder die Verwirklichung unbewußter, infantiler Wünsche sieht.

Daß wir in unserer Untersuchung psychologischer Mythendeutungen keine fanden, die der Kritik wirklich standhält, heißt nun keineswegs, daß die Psychologen den Mythenforschern ganz und gar nichts zu sagen hätten. Diese Ansicht vertritt Graves mit grimmigem Humor, wobei er es sichtlich für unnötig hält, die psychologischen Erklärungen, die er ablehnt, genauer zu untersuchen.

„Die Theorie Freuds, daß der Ödipus-Komplex ein allen Menschen eigener Instinkt ist, gründet sich auf diese mißverstandene Erzählung (die sophokleische Version des Mythos – W. S.). (...) Obschon Plutarch berichtet (Über Isis und Osiris 32), daß das Flußpferd, seinen Vater tötete und seine Mutter vergewaltigte', so hat er doch niemals angedeutet, daß jeder Mensch einen Hippopotamos-Komplex habe" (Graves 1960, II, 11).

Nüchterner und wohl zutreffender ist folgende Bemerkung desselben Autors: „Eine echte Wissenschaft vom Mythos sollte mit dem Studium von Archäologie, Geschichte und vergleichender Religionswissenschaft beginnen und nicht im Behandlungszimmer des Psychotherapeuten" (Graves 1960, I, 20). Graves versäumt aber anzuerkennen, daß prinzipiell jede Erweiterung unseres Wissens vom Menschen – und daß eine solche auch im Behandlungszimmer des Psychotherapeuten stattfinden kann, hat die Psychoanalyse zweifellos gezeigt – für geisteswissenschaftliche Fragestellungen fruchtbar gemacht werden kann. Wenn die Psychoanalyse hier bislang häufig versagt hat, die ersten Jahrgänge der Zeitschrift Imago sind geradezu ein Panoptikum oft grotesker Irrtümer[29] – dann liegt der Fehler

---

29 Die Haltung der American Imago, welche die Nachfolge der alten Imago angetreten hat, ist nur wenig kritischer. So „bewies" etwa L. Veszy-Wagner (1961) darin, der Mythos der Muttertötung des Orest drücke „eigentlich" einen Mordwunsch gegen den Vater aus (Veszy-Wagner 1961, 371ff).

nicht bei ihr, sondern bei ihrer undisziplinierten Anwendung. Man sollte sich hüten, solche methodische Fehler an der Psychoanalyse selbst zu rächen, auch wenn sie von Freud nicht nur geduldet, sondern gelegentlich sogar selbst gemacht worden sind! So hat Freud in seiner Deutung des Prometheus-Mythos in folgenden Einzelheiten Penis-Symbole erkannt: In dem Fenchel-Stiel, in dem Prometheus den Menschen das Feuer brachte, in dem Adler, der seine Leber fraß, und endlich noch in der Hydra, die Herakles erschlug, sowie im ägyptischen Phoinix (GW Bd. XVI).

Gerade die Psychoanalyse wird aber bei methodisch korrekter Anwendung auch den Mythenforschern, die von anderen Disziplinen ausgehen, etwas zu sagen haben. Sie bietet ein sehr differenziertes Motivationsmodell, in das sich neue Resultate der allgemeinen Psychologie relativ leicht eingliedern lassen (Toman 1954). Außerdem war „nie zuvor (...) eine psychologische Methode von ihrem eigenen Wesen her so universal (...) so offen für den ganzen Menschen und alles Menschliche, so empfindlich gegen falsch gezogene theoretische Grenzen" (Görres 1965, 7). Tatsächlich hat die Psychoanalyse auch schon breiten Eingang in geistes- und sozialwissenschaftliche Disziplinen gewonnen (Soziologie, Ethnologie, Literaturwissenschaft), ihre Brauchbarkeit für bestimmte Fragestellungen – etwa die Beziehungen zwischen Gesellschaftsstruktur und Charakter (Mead 1958) – somit bereits erwiesen.

Wir haben schon oben gesehen, daß uns die Psychoanalyse einen bestimmten Punkt der Entwicklung der Ödipussage tiefer verstehen lehrt: die Verwandlung des Ödipus vom Eroberer, der ruhmreich in der Schlacht fällt, zum Schänder seiner Mutter, der als blinder Bettler in einem Hain bei Athen von den Erinnyen zu Tode gehetzt wird (Graves 1960, II, 10 u. 12; Apollodor III, 5, 9; Hyginus Fabula 67). Für diese Akzentverschiebung war keineswegs ein bloß rationales Mißverständnis, sondern das zentrale Verbot einer streng patriarchalischen Gesellschaft verantwortlich. Wir können also aus der Verwandlung eines Mythos, aus seiner Neu-Interpretation in einer gewandelten Gesellschaft, Aufschlüsse über Veränderungen in der

Überich-Struktur³⁰ der Zeitgenossen ablesen. Hier hat die psychologische Betrachtung von Mythen zweifellos eine Aufgabe, hier kann sie dem Kulturhistoriker wertvolle Informationen bieten. Dabei ist der Ödipus-Mythos nicht einmal ein sehr gutes Beispiel, da er ein durchaus uneinheitliches Gebilde ist. Sehr viel aufschlußreicher wäre hier die Untersuchung „lebender" Mythen in primitiven Gesellschaften; die Psychologie wird gut daran tun, ihre Aufmerksamkeit zuerst auf diese Mythen, über die genügend ethnographisches Material vorliegt, zu konzentrieren.

Hier liegen bereits einige Untersuchungen vor, deren Autoren die methodischen Probleme weitgehend, wenn auch nicht vollständig berücksichtigen. So hat V. Barnouw in „A Psychological Interpretation of a Chippewa Origin Legend" (1955) zwar nicht gesehen, daß die psychoanalytische Interpretation grundsätzlich nur einen Aspekt des Mythos erfassen kann (153f); er berücksichtigt aber bereits die sozialpsychologische Variable.

„Auf den vorangehenden Seiten habe ich eine Ursprungssage der Chippewa analysiert, als ob sie das Phantasieprodukt eines Individuums wäre. Ich bin mir jedoch völlig bewußt, daß diese Sage keine individuelle Phantasie ist, und daß sie einen ganzen Schatz von Chippewa-Traditionen verkörpert. Wenn meine Analyse irgendeine Bedeutung hat, dann muß man annehmen, daß früher eine bestimmte Persönlichkeits-Grundstruktur (basic personality) für die Chippewa bezeichnend war, trotz individueller Unterschiede, und daß diese Grundstruktur jene Grundmerkmale (patterns) der Kultur oder Themen der Folklore (ob geborgt oder unabhängig erfunden) auslas und

---

30 Der von Freud geprägte Begriff des Überich (GW XII, 120, XV, 62ff) meint die introjizierten Normen des gleichgeschlechtlichen Elternteils und in ihm auch der Gesellschaft. Ob Überich und Gewissen identisch sind, wird von philosophisch-theologisch geschulten Psychoanalytikern bezweifelt; sie halten das Überich, im Gegensatz zum Gewissen, „für eine seelische Struktur, die mehr dem Trieb-, Instinkt- und Gefühlsbereich des Menschen zugehört, ein vorpersonales Gebilde, das mehr aus triebhafter und ängstlicher sozialer Anpassung und Dressur entsteht als aus Wertintuition, Werteinsicht und Wertfühlen" (Görres 1965, 169).

behielt, welche ‚ihren' herrschenden Interessen am meisten entsprachen" (Barnouw 1955, 353; Übers. W.S.).

Kluckhohn, der eine Reihe von Navaho-Mythen untersucht hat, kommt zu einem ähnlichen Ergebnis: „Die Mythenbildung liefert Beispiele für eine große Zahl der Mechanismen der Ich-Verteidigung (mechanisms of ego defense)" (Kluckhohn 1960, 58; 1942). Es wäre vielleicht richtiger, hier statt der inhaltlich kaum faßbaren Abwehrmechanismen von Zügen der Überich-Struktur zu sprechen, die in den Mythen aufscheinen.

Die psychologische Betrachtung von Mythen kann uns also zeigen, wann, wo und wie Mythen in den Dienst des Sozialisierungsprozesses gestellt werden und inwiefern sie das „objektive" Korrelat der strukturellen Prägung des individuellen Überich sind. Diese Akzentverschiebung legitimiert die psychologische Betrachtungsweise, die dann nicht mehr der religionswissenschaftlichen und sozialgeschichtlichen vorgreift, sondern sie klärt und bereichert.

Darüber hinaus – auch das wäre eine legitime Aufgabe der psychologischen Mythenbetrachtung – könnte sie sich mit dem Hintergrund der Mythendeutungen befassen, die in der Geschichte der Mythenforschung so außerordentlich widersprüchliche Variationen geboten haben und teilweise heute noch bieten. Es würde sich dabei um eine Art kritischer „Überdeutung" handeln, zu der man auch in unserem kurzen Abriß der historischen Entwicklung der Mythendeutung Material fände. Die Psychologie ist ja eine der wenigen Disziplinen, die nicht nur aus ihren Fehlern lernen, sondern diese Fehler zum Gegenstand ihrer Untersuchungen machen kann. So ist z. B. die religionspsychologische Theorie C. G. Jungs ihrerseits religionspsychologisch höchst interessant. Der Mythos entspricht in der Geistesgeschichte vielfach dem, was in der Theorie der projektiven Testverfahren unter einem „polyvalenten" Material verstanden wird: Er bietet sich als Kristallisationskeim für theoretische Entwürfe an, die oft weit mehr über die (nicht selten unbewußten) Intentionen des Betrachters verraten als über die tatsächliche Beschaffenheit des Betrachteten (s. a. Dorson 1960). Lévi-Strauss sieht in dieser Polyvalenz, in der Qualität des Mythos, immer mehrere Codes zu präsentieren und von einem in den anderen übersetzbar zu sein, ein zentrales Merkmal des Gegenstandes. Freud ist für ihn kein Mythendeuter, kein Forscher, der den Mythos wissenschaftlich erobert, sondern ein Mythenerfinder, dessen Denken unmittelbare Bezüge zum Mythos enthält.

2 Mythos und Traum

Noch kurz ein Wort zu der für die (Fehl-)Entwicklung der psychologischen Mythendeutung so wichtigen Auffassung des Mythos als mittelbar oder unmittelbar Träumen eng verwandtes Geschehen, ja als Reaktion der Phantasie auf Träume (Freud 1900). Wir haben gesehen, daß der psychoanalytische Ansatz zwar außerstande ist, ohne die Zuziehung soziologischer und religionswissenschaftlicher Gesichtspunkte die Entstehung von Mythen zu erklären, daß er aber hinsichtlich der Verwandlung mythischer Themen im Zuge historischer Umschichtungen unmittelbar interessante Aufschlüsse ergibt.

Innerhalb dieser bescheideneren Zielsetzung gewinnt auch die These Freuds von einem Zusammenhang zwischen Träumen, die der imaginären Verwirklichung unbewußter Wünsche dienen, und Mythen neue Gültigkeit, die sie als Erklärung des Mythos keineswegs hat. Die amerikanische Anthropologin Dorothy Eggan hat in einer interessanten Studie gezeigt, wie mythische Gestalten und Geschehnisse in den Träumen eines Hopi-Indianers durch die persönlichen Wünsche und Ängste des Träumers umgeformt wurden, wie also individueller Traum und kollektiver Mythos in lebhafte Wechselwirkung treten können (Eggan 1958, 67ff). Daß für die Untersuchung solcher Zusammenhänge freilich genaues Wissen über die tatsächliche Stellung des Traumerlebens innerhalb der untersuchten Kultur notwendig ist, wird aus Eggans Studie sehr deutlich. Bei den Hopi werden Träume öffentlich erzählt – einer der wenigen sozial gebilligten Wege, sich bei dieser Kultur in das Zentrum der allgemeinen Aufmerksamkeit zu setzen.

Dadurch erhält der Traum eine Bedeutung, die er in keiner europäischen Kultur hat und wahrscheinlich auch nicht im alten Griechenland mit seinem agonalen Prinzip hatte. Die Hopi nämlich lehnen jede Neigung eines Einzelnen, sich durch besondere Leistungen und schöpferische Einfälle hervorzutun, strikte ab. In dem von Eggan geschilderten Fall war die Traumerzählung der einzige (und auch eifrig benutzte) Weg, der dem betreffenden Indianer offenstand, wenn er auf seinen Stamm einwirken wollte. Diese Einwirkung aber führte schließlich zu einem geringfügigen, aber merkbaren Wandel in der Bewertung mancher mythischer Überlieferungen seines Volkes (Eggan 1958, 75).

3 Mythos und Gerücht

Noch von einem weiteren Ansatzpunkt aus können die Resultate psychologischer Untersuchungen für die Mythenforschung fruchtbar gemacht werden. Wir meinen hier in erster Linie die Studien zur Bildung und Verbreitung von Gerüchten (G. W. Allport und L. J. Postman 1947; Knapp 1944; F. H. Allport und M. Lepkin 1945) sowie zum Einfluß sozialer und kultureller Faktoren auf die Erinnerung (F. C. Bartlett 1947).

Wir dürfen allerdings die Möglichkeiten einer Übertragung auf diesen Gebieten experimentell gewonnener Erkenntnisse auf die spezifischen Probleme der Mythenforschung nicht überschätzen. Der „lebendige" Mythos (und zur Zeit seiner Entstehung ist er immer lebendig) umgreift den Gläubigen ganz und gar (Jensen 1951, Otto 1962); die Gerüchte, welche vor allem in Kriegszeiten zu zirkulieren beginnen (Marie Bonaparte (1950) nennt sie geradezu „Mythes de Guerre") bewirken keineswegs eine vergleichbare Beteiligung der Betroffenen; sie haben den Kitzel des Sensationell-Entsetzlichen, aber sie ergreifen nicht. Zudem müssen wir die historischen Gegebenheiten bedenken: Eine Zeit, in der mündliche Mitteilungen praktisch die einzige Informationsquelle für die große Mehrzahl der Bevölkerung darstellen, muß dem Gerücht eine ganz andere Bedeutung geben als unser Zeitalter der Massenmedien, welche die Welt in ein Dorf verwandeln (McLuhan 1964). Allport und Postman haben darauf hingewiesen, daß ihre Experimente nur bedingt auf Gerüchtbildung im gewöhnlichen Leben übertragen werden können. Sie glauben dennoch, daß sie die wichtigsten Grundzüge der Entwicklung von Gerüchten erfaßt haben (Allport/Postman 1947, 551). Gerade wenn wir die von manchen Autoren zur Deutung bestimmter griechischer Mythen vorgeschlagene Ikonotropie-Hypothese (siehe etwa Graves 1960, I, 19f) betrachten, müssen wir die Bedeutung der Experimente, die Allport und Postman durchführten, für eine Mytheninterpretation nach ikonotropischen Gesichtspunkten anerkennen, handelt es sich doch auch in diesen Experimenten mutatis mutandis um Ikonotropie. Diese liegt dann vor, wenn Geschichten erfunden oder verändert werden, um (religiöse) Bilder zu beschreiben, die nicht mehr in ihrem ursprünglichen kultischen Sinn erfaßt werden. Ein jüngeres Beispiel aus Deutschland (zu den vielen, die Graves mit mehr oder weniger Evidenz für griechische Mythen vorschlägt) wäre die Sage von den zwei Frauen eines Kreuzritters[31], der europäischen und einer morgenländischen, die ihn aus der Sklaverei befreite. Sie wird erzählt, um die Darstellung auf einem Grabstein zu erklären, der diesen Ritter zwischen zwei Frauen zeigt. Die echte historische Bedeutung, daß der Ritter, früh verwitwet, ein zweites Mal heiratete, wird in der von vielen Dichtern ausgestalteten Sage vernachläßigt.

Auch bei Allports und Postmans Experimenten ging es um die Beschreibung von Bildern, die von einer Versuchsperson zur nächsten weitergegeben wurde, wobei aber nur die erste Versuchsperson das Bild tatsächlich gesehen hatte. Allport und Postman stellen folgende Grundzüge zusammen, die den Verlauf der mündlichen Weitergabe von „Gerüchten" in dieser Situation kennzeichnen:

31 Der Graf von Gleichen. Die erste Formulierung der Sage diktierte 1539 Philipp der Großmütige von Hessen seinem Rechtsbeauftragten, der bei Luther die Erlaubnis für eine zweite Ehe gewinnen sollte. Die Entwicklung des Motivs und die Begründung der Ikonotropie bei Frenzel 1963, 207.

1. **Nivellierung.** Wenn ein Gerücht „reist", neigt es dazu, kürzer, konziser, leichter verständlich und besser erzählbar zu werden. Details gehen verloren. Die von Allport und Postman (1947, 551f) gegebene Kurvendarstellung entspricht fast genau der zuerst von Ebbinghaus (1885) gezeichneten Kurve des Vergessens, allerdings nur bis zu einem bestimmten Punkt, der meist dann erreicht ist, wenn der Bericht so kurz und einprägsam geworden ist, daß er durch weitere Detailverluste sinnlos würde.

2. **Verschärfung.** Allport und Postman definieren diesen Vorgang als die selektive Wahrnehmung und Erinnerung einer begrenzten Zahl von Details innerhalb eines größeren Zusammenhangs. Verschärfung und Nivellierung bedingen einander. Es kann dabei vorkommen, daß sich die Aufmerksamkeit eines Zwischenträgers ganz auf ein an sich nebensächliches Detail konzentriert, und daß auf diese Weise die gesamte spätere Entwicklung des Gerüchtes beeinflußt wird. Interessant ist noch, daß ein auffälliges (seltenes) Wort des Berichtes häufig die Aufmerksamkeit aller Hörer auf sich zieht, und schließlich die weitere Gestaltung der Erzählung stark beeinflußt (Allport und Postman 1947, 552). Zahlen und Größenangaben werden leicht übertrieben, bewegte Objekte für wichtiger gehalten als unbewegte, und die ersten Sätze einer Beschreibung bleiben durch sehr viel mehr Übertragungen hindurch erhalten als die letzten. Auch die Suche nach einer „Bedeutung" des Gehörten geht in den Verschärfungsprozeß ein.

3. **Angleichung.** Allport und Postman glauben, daß dieser Prozeß für das Auslassen von Details bei der Nivellierung und für die Verschärfung und Akzentuierung verantwortlich ist, obschon sie ihn in ihrer Darstellung gleichberechtigt neben die beiden anderen Prozesse stellen (Allport und Postman 1947, 554). Sie unterscheiden mehrere Komponenten des Angleichungsvorganges:

3.1. Angleichung an ein Hauptthema, das nach den Prinzipien der „guten", geschlossenen Gestalt gewählt ist (zum Begriff der Gestalt s. a. Meili 1955, Köhler 1947, Metzger 1954). Um zu dieser Gestalt zu kommen, werden Elemente unterdrückt, andere hinzugefügt, wobei außer den spontan wirkenden Gestaltgesetzen auch erlernte Erwartungshaltungen mitspielen.

3.2. Angleichung an persönliche Interessen. Allport und Postman konnten eindeutig nachweisen, daß Interessen des Zwischenträgers eines Gerüchtes bei dessen Gestaltung eine wichtige Rolle spielen. So kam es vor, daß weibliche Betrachter sich ganz und gar auf die Kleidung der zu beschreibenden Personen konzentrierten und dabei die Handlung, welche die Bilder darstellten, völlig außer acht ließen. Polizisten hingegen „sahen" und überlieferten nur einen Polizisten auf dem Bild, dem sich zudem deutlich ihre Sympathien zuwandten (Allport und Postman 1947, 556).

3.3. Angleichung an Vorurteile der Betrachter. Sie ist mit den Komponenten des Assimilierungsprozesses verwandt Aus dem Gespräch zwischen einem Schwarzen und einem Weißen, der ein Rasiermesser hielt, wurde ein Afrikaner, der mit einem Rasiermesser einen Weißen bedrohte – weil eben viele weiße Amerikaner „wissen", daß Afrikaner streitsüchtig sind und Rasiermesser als Waffen benützen. Ein Schwarzer hingegen erzählte schließlich (in einer Gruppe von farbigen Zwischenträgern), der Afrikaner auf dem Bild werde schlecht behandelt.

Diese Prozesse, die laut Allport und Postman der Gerüchtebildung unterliegen, gelten mit geringen Abwandlungen für das Behalten komplexer Gedächtnisinhalte überhaupt, was auch Wulf und Gibson in Einzelversuchen (siehe Koffka 1935) und Bartlett im Gruppenexperiment nachgewiesen haben (1932). Allport und Postman fassen ihre Resultate im Konzept des „Einbettungs-Prozesses" zusammen (embedding process, 1947, 556). Sie stellen fest, daß es dem Menschen nicht möglich ist, die Reize der Außenwelt in ihrer tatsächlichen Komplexität zu erfassen und zu behalten. Er muß sie für den persönlichen Gebrauch gewissermaßen zurechtschneidern, so daß sie seinem Verständnis und seiner Erinnerungsfähigkeit angemessen werden, wobei er seine persönlichen Ängste, Wünsche und Erwartungshaltungen in sie projiziert und die Reize nach ihnen strukturiert. Das Gerücht wird somit zum niedrigsten gemeinsamen

Nenner spezifischer kultureller Prägungen, der individuellen Gedächtnisspanne, der in der Gruppe vorherrschenden Gefühle, Erwartungen und Vorurteile.

Die hier geschilderten Resultate experimenteller Untersuchungen zum Einfluß sozialer Faktoren auf die Erinnerung und zur Gerüchtebildung erfassen das reproduktive Element des „embedding process" sehr viel besser als das produktive. Das liegt zum Teil in den Intentionen der Forscher – Allport und Postman polemisieren in ihrem Schlußwort gegen jede Gerücht-Gläubigkeit – zum anderen Teil aber schon in den Instruktionen, die den Versuchspersonen gegeben wurden: Sie sollten die gehörte Beschreibung möglichst getreu weitergeben. Auf diesen Gesichtspunkt haben auch A. Gauld und G.M. Stephenson hingewiesen (1967), die Bartletts Experimente mit verschiedenen Instruktionen wiederholten und feststellten, daß ihre Resultate sehr stark davon abhingen, ob man das „Rekonstruieren" zugunsten des „Reproduzierens" ausdrücklich einschränkte oder nicht (Gauld und Stephenson 1967, 39ff).

Diese Instruktion ist eine eindeutige Bremse für die Bereicherung und Ergänzung der Erzählung, wie sie gerade in Kulturen mit ausgeprägten mündlichen Traditionen wohl eine Rolle spielt (wobei es sicher aufschlußreich wäre, ähnliche Experimente in einer solchen Kultur durchzuführen). Trotzdem ist die Kenntnis der grundlegenden Gesetze der Gerüchtpsychologie auch für den Mythenforscher – ob er nun von der Geschichtsschreibung oder der Ethnologie herkommt – wertvoll. Er kann dadurch nämlich zumindest einen Teil der häufig nötigen Rekonstruktionen ursprünglicher Mythen aus einander widersprechenden oder bruchstückhaften Überlieferungen empirisch absichern und z.B. eine getreuere Version von einer tiefer in ein Individuum „eingebetteten" unterscheiden. Wir wissen, daß die Vertrauenswürdigkeit der Informanten auch heute noch, trotz Tonband- und Filmaufzeichnungen, eines der zentralen methodischen Probleme der Ethnographie ist. Die Gerüchtpsychologie, so unscheinbar sich ihre Resultate neben den hochfliegenden Deutungen anderer psychologischer Mythenforscher ausnehmen mögen, kann hier recht wertvoll werden.

B Idealistische und realistische Mythendeutung

Kann man dem Mythos überhaupt mit den Mitteln der Wissenschaft gerecht werden? Religionsphänomenologische Argumente gegen diese Erwartung finden sich vor allem bei W. F. Otto. Er wendet sich gegen eine Betrachtungsweise, die im Mythos nur das Veraltete, Überholte, Unzeitgemäße sieht und fragt: Gibt es überhaupt eine nichtmythische Wahrheit des Göttlichen? (Otto 1962, 349).[32] Otto kritisiert allerdings weniger die psychologischen Mythendeutungen als die philosophische Betrachtung des Mythos als „Denkweise", die heute entweder durch eine „bessere" überwunden sei, oder zwar in ihrem eigenen Recht bestehe (E. Cassirer, siehe auch unten), aber schlechter geeignet sei, bestimmte Dinge zu erklären. Diese Auffassung zeigt laut Otto nur, wie weit wir vom Mythos entfernt sind.

> „Die moderne Religionswissenschaft kennt, trotz ihrer Gelehrsamkeit, eigentlich nur den Menschen der neuzeitlichen Zivilisation. Sie steht immer noch auf dem Standpunkt des ‚homo faber' (…) Es ist der wollende, zweckhaft (…) denkende Mensch, (…) der Mensch der technischen Leistung" (W. F. Otto 1962, 354).

Die einzige sichere Aussage über den Mythos, die Otto zuläßt, ist gerade seine Objektivität und Welthaftigkeit (im Gegensatz zum „Weltbild", das der Mythos nicht ist). Der echte Mythos hat für Sorge und Angst keinen Raum; diese sind unmythisch, wie überhaupt die gesamte „existenzielle" Problematik nur zur Verfassung des Menschen gehört, „der den Mythos verlassen hat, nur noch aus sich selbst leben will, und da natürlich der ganzen Öde dieser ‚Existenz' gewahr wird." Man kann aber den Mythos nicht aus der Existenz deuten, die ihn verloren hat, obschon laut Otto gerade dieser Verlust ein Impuls zur Deutung ist: „Das Zurücktreten des Mythos bedeu-

---

32 Damit stellt sich Otto in einen Gegensatz zu der Erfahrung, daß immer beim Auftreten eines echten Monotheismus die Mythologie verblaßt, worauf G. Lanczkowski in L. f. Th. u. K2, VII, 747 hinweist.

tet, unter anderem, seit jeher das Vordringen der Selbstbespiegelung, der Psychologie, der Psychoanalyse, sehr bedenklicher und gefährlicher Daseinshaltungen" (Otto 1962, 356). Statt eine lange Diskussion zu beginnen, die W. F. Ottos zweifellos etwas idealisierte Auffassung der mythischen Welt verdiente, wollen wir nur die beiden Schlußsätze des Kleistschen Dialoges über das Marionettentheater zitieren, die auch auf Ottos Kennzeichnung der Psychologie als „bedenklicher Daseinshaltung" zutreffen:

„Mithin", sagte ich ein wenig zerstreut, „müßten wir wieder von dem Baum der Erkenntnis essen, um in den Stand der Unschuld zurückzufallen?"
„Allerdings", erwiderte er; „das ist das letzte Kapitel von der Geschichte der Welt."

Wenn wir nach dem phänomenologischen Aspekt (wir werden auf Ottos Verdikt noch zurückkommen) auch den philosophischen Aspekt des Mythos betrachten wollen, so finden wir, daß die Gedanken Bergsons und Cassirers das zeitgenössische Denken wohl am meisten bewegt haben (siehe auch Bidney 1958). Bergson stellt Mythos und Intelligenz (in einer Bewertung als „zersetzender" Verstand) in ein Gegensatzverhältnis. Der Mythos scheint ihm ebenso wie die Religion im Allgemeinen, ein Erzeugnis von Instinkt und Geist, um gemeinsam die zerstörende und vereinzelnde Wirkung des Verstandes zu dämpfen und den Glauben in die – soziale und kosmische – Gemeinschaft allen Lebens zu fördern. Mythos und Religion sind also nicht durch Angst entstanden (ein Gedanke, der von Tournemine bis Freud die Religionspsychologie durchzieht), sondern als eine positive Reaktion gegen die durch den Intellekt geweckten Ängste zu bewerten.

Bergson konfrontiert uns mit dem scheinbaren Paradox, „daß ein seinem Wesen nach intelligentes Wesen natürlicherweise abergläubisch ist, und daß intelligente Wesen die einzigen abergläubischen Wesen sind" (Bergson 1954, 109). Auf Bergsons Konzeption der infra- und suprarationalen Quellen von Moralität und Religion, und auf den darin implizierten Gegensatz von Konformität und Fortschritt (s. a. Bidney 1958) können wir hier nicht näher eingehen. Nur soviel: Wie in jüngster Zeit Lévi-Strauss gezeigt hat, ist die Kategorie des „Fortschritts" keineswegs allgemeinmenschlich und transkulturell gültig, sondern nur berechtigt, wenn wir ein Modell unserer eigenen Gesellschaft entwerfen wollen (Lévi-Strauss 1967).

Bergsons Konzeption des Mythos wurde von Ernst Cassirer aufgegriffen, weiterentwickelt und erheblich verändert. Nach David Bidneys schöner Darstellung ist Cassirers Mythos-Auffassung zugleich metaphysisch und soziologisch, ohne aber beide Auffassungen widerspruchsfrei zu vereinen (Bidney 1958, 8). Cassirer glaubte, die metaphysische Seite des Mythos beruhe auf einer vorrationalen Erkenntnis der kosmischen Einheit des Lebens. Er ergänzte diese von Bergson angeregte Konzeption aber durch eine Betrachtung des sozialen Aspektes des Mythos, bei der er die Theorie Malinowskis aufgriff. Dieser sah im Mythos ein Mittel, sozial notwendige Bräuche, Riten und Institutionen zu begründen und zu rechtfertigen (Cassirer 1944 und 1946; Malinowski 1926 und 1963). Bidney folgert:

> „Wenn jemand die Wahrheit der ursprünglichen Erkenntnis der kosmischen Einheit des Lebens akzeptiert (…) dann symbolisiert der Mythos allegorisch eine grundlegende metaphysische und religiöse Wahrheit. Für den soziologischen Ansatz hingegen liegt die Wahrheit des Mythos in einem symbolischen Ausdruck von Riten, er hat keinen kosmischen Bezug. Cassirer, so scheint es, war nicht darauf vorbereitet, die rationale Gültigkeit der primitiven Erkenntnis einer organischen und kosmischen Einheit alles Lebens anzuerkennen. Seine einzigen Alternativen waren nun, entweder die rein subjektive Wahrheit der mythischen Erfahrung anzunehmen, oder eine objektive soziologische Wahrheit, die dann freilich dem Mythos die sekundäre Rolle einer symbolischen Überformung von Riten gegeben hätte. In jedem Fall ist es schwierig einzusehen, wie er seine ursprüngliche These (Cassirer 1953 – W. S.) verteidigen konnte, daß der Mythos eine autonome symbolische Form sei, Sprache, Kunst und Wissenschaft direkt vergleichbar" (1958, 9).

Man wird Bidney recht geben müssen, daß es auch Cassirer nicht gelungen ist, den Gegensatz der „metaphysischen" und der „soziologischen" Auffassung des Mythos theoretisch zu überwinden. Aber soll dieser Gegensatz, der in seinen verschiedenen Formen die Entwicklung der Mythenforschung beherrscht, überhaupt überwunden werden? Sind nicht vielmehr die scheinbaren Gegensätze Aspekte, die beide notwendig sind und sich ergänzen? Wie uns auch die phänomenologische Kritik Ottos an der gesamten philosophischen und psychologischen Mythendeutung lehrt, liegt das heuristische Grundproblem darin, daß der gelebte Mythos keine Deutung benötigt, und keine erlaubt, während der wissenschaftlich betrachtete (und damit tote) Mythos durch eben den Akt, der ihn tötete, kaum wiederbelebt werden kann.[33] Daraus zu schließen, daß jede wissenschaftliche Mythendeutung illegitim sei, heißt nun freilich, den asymptotischen Charakter vieler geisteswissenschaftlicher Forschungen zu verkennen (siehe Kap. IV, D). Eine genauere Betrachtung unserer pointierten Formulierung des heuristischen Grundproblems enthüllt hier einen möglichen Ansatzpunkt: Der „tote" Mythos, der „verlorene" Mythos im Sinne der Religionsphänomenologie ist nämlich nicht ganz tot. Non omnis moriar! Teile von ihm leben noch, Teile, die auch in unserer Gesellschaft wiederzufinden sind; Aspekte, die wir rekonstruieren können; Bedeutungen, die nicht die wahre Bedeutung sein mögen, die ihr aber näher kommen als eine überbeanspruchte Intuition sie aufzufinden vermöchte (vor allem, wenn uns die phänomenologische Kritik zeigt, worin unsere Deutungen diese Bedeutung verfehlen). Über den Dualismus hinaus ist ein Pluralismus der Aspekte nicht nur zuzulassen, sondern zu fordern. Was Görres über die Eindeutigkeit von Deutungen in der Psychologie, speziell der Psychoanalyse gesagt hat, gilt auch hier: Der Versuch, sich festzulegen, „verfehlt oft von vorneherein die Sa-

---

33 So gesehen, ist der Mythenforscher der Totengräber des Mythos, ähnlich wie der Ethnologe der Totengräber der primitiven Kulturen oder der Brauchtumsforscher der Totengräber des Brauchtums. Diese drastische Metaphorik verdanke ich Prof. Konrad Köstlin (mündl. Mitteilung und Vortrag auf der Tagung „Heimat – Auf der Suche nach der verlorenen Identität", Wien 1995).

che selbst, weil er den Menschen gleichsam auf eine einzige Dimension seines Wesens einzuengen sucht" (Görres 1965, 14). Der funktional-soziologische wie der metaphysische Ansatz sind, so gesehen, keine einander widersprechenden Positionen. Das zeigt auch die Geschichte der Entwicklung beider Ansätze – wir können dem funktionalen die pragmatische, ritualistische, rational-euhemeristische, kurz „realistische" Auffassung zuordnen, dem metaphysischen die symbolischen, allegorischen, transzendentalen, kurz „idealistischen" Theorien des Mythos und Methoden seiner Deutung. Wenn auch heute die naiv rationalistisch-euhemeristische Auffassung ebenso verlassen ist wie auf der anderen Seite die naiv allegorische, können wir den Gegensatz ebenso in die Widersprüche der psychologischen Mythendeutung hinein verfolgen: Freud und Wundt etwa stehen einer realistischen Auffassung nahe, C. G. Jung und Neumann einer idealistischen Position.

Insgesamt neigen Ethnologen meist dazu, den Mythos grundsätzlich als Ausdruck urtümlichen Denkens zu bewerten, wenn sie auch innerhalb dieser realistischen Auffassung sehr unterschiedliche Positionen bezogen haben. Evolutionistisch und positivistisch eingestellte Forscher wie Taylor und Frazer betrachteten den Mythos rein negativ als eine überholte Art und Weise, die menschliche Umwelt zu erklären, welche später von Wissenschaft und monotheistischer Religion abgelöst worden sei. Funktionalistisch eingestellte Ethnologen wie Malinowski beurteilten den Mythos nach seiner Fähigkeit, individuelle und kollektive „kritische Punkte" im Leben des Individuums und seiner Gesellschaft zu bewältigen". Eine Kritik der bisherigen ethnologischen Mythenauffassung vom religionsphänomenologischen Standpunkt aus findet sich bei Jensen, der jedoch keine Synthese anstrebt, sondern evolutionistische und funktionalistische Ansätze als völlig unberechtigt ablehnt, was sich schwerlich rechtfertigen läßt (1951, 1966).

Pragmatische Philosophen und Soziologen wie Pareto und Sorel erkennen zwar mehr oder weniger zynisch den fiktiven Charakter von Mythen, halten aber nichtsdestoweniger ihre Benützung als Instrumente politischer und sozialer Kontrolle für gerechtfertigt (Bidney 1958). Zu ähnlichen Ergebnissen kommt die großangelegte soziologische Theorie von N. Luhmann. Sorel hat die mythischen Komponenten in Lenins Theorie der Weltrevolution analysiert; später billigte er ausdrücklich Mussolinis Pseudo-Mythos von der Wiederherstellung des römischen Imperiums. Für Sorel waren Mythen Mittel der Propaganda; sie sollten nach ihrer Wirkung auf die Gegenwart beurteilt werden (Levin 1960, 109).

Die „idealistische" Auffassung des Mythos interpretiert ihn als Gefäß transzendentaler Symbole, als Abbild ewiger Wahrheiten, wobei allerdings die Ansichten über die Natur der abgebildeten Wahrheit differieren. Neben Neo-Kantianischen Philosophen wie Cassirer (s. o.) und M. W. Urban (1939), die eine positive Wertschätzung des Mythos anstrebten, hat hier vor allem die Schule C. G. Jungs die Mythenforschung stark beeinflußt. Meist wird eine positive Bewertung des Mythos durch eine skeptische Einstellung gegenüber der Möglichkeit einer rein rationalen Erkenntnis der Realität ergänzt (Bidney 1958, 13); Beispiele dafür sind W. F. Otto und C. G. Jung.

Wir haben gesehen, daß der Mythos nicht „tot" ist, oder nur in jenem Sinne tot, in dem immer eine Struktur stirbt, wenn sie sich verwandelt („entwickelt" wäre vielleicht schon präjudiziert). Der Standpunkt Ottos ist also nur teilweise gerechtfertigt: Von ihm aus kann die realistische Mythendeutung einer durchaus notwendigen Kritik unterzogen werden. Der Wert des rein religionsphänomenologischen Standpunktes für die Mythenforschung an sich ist aber in erster Linie negativ; es dürfte schwer möglich sein, von ihm aus ohne inneren Widerspruch zu wissenschaftlichen Hypothesen zu kommen. Sicher ist der Mythos heute nicht mehr das, was er früher war. Wir werden in ihm immer nur die Aspekte erkennen und verstehen, die auch heute noch „da" sind und nachvollzogen werden können. An dieser Stelle erkennen wir den unschätzbaren Wert der ethnologischen Mythenforschung für die Untersuchung europäischer Mythen.

Nur eine Mythendeutung, die sich dieser Prämisse bewußt bleibt, ist wissenschaftlich. Und diese Prämisse erlaubt es uns auch, den

Widerspruch zwischen idealistischem und realistischem Ansatz zu versöhnen. Beide sind berechtigt, und beide müssen ihren Anspruch auf universelle Geltung aufgeben. Der idealistische Ansatz sucht dem Mythos das zu geben, was er war, als er „lebte", indem er ihm mehr und anderes gibt, als er war, aber nur soviel, als er brauchen würde, um heute wieder das zu sein, was er war; er sucht, meist durch Aufdeckung eines überzeitlichen Sinnes, dem Mythos in unserer modernen geistigen Struktur wieder dieselbe strukturale Position zu geben, die er hatte, als er unmittelbar diese Position ausfüllte. Der realistische Ansatz hingegen sucht dem Mythos zu geben, was er heute noch sein könnte, wenn man ihn noch bräuchte (z. B. als nützliche kollektive Illusion).[34] Der idealistische Ansatz sucht dem Sinn des Mythos gerecht zu werden, der realistische seiner Bedeutung. Beide ergänzen sich, beide erlauben uns eine asymptotische Annäherung an eine Vergangenheit (oder an eine fremde Kultur), die wir freilich niemals ganz wiederherstellen werden können.

Wie bedeutende Werke der bildenden Kunst oder der Literatur, kann der Mythos zweifellos einen tiefen symbolischen Wert auch für den gegenwärtigen Menschen haben. Daraus darf aber keineswegs geschlossen werden, er habe prinzipiell und notwendig, von den Intentionen seiner Schöpfer her, diesen Wert. „Wir müssen annehmen, daß der subjektive, symbolische Wert eines Mythos für uns und der tatsächliche historische Glaube seiner Schöpfer nicht (...) identisch sind", stellt Bidney (1958, 13) fest.

Während der idealistische Ansatz bei korrekter Grenzziehung in den Aufgabenkreis von Theologie und Existenzphilosophie ge-

---

34 Der hier gegebenen Unterscheidung entspricht in mancher Hinsicht die von A. E. Jensen herausgestellte Trennung eines „schöpferischen Stadiums" der Entstehung von Mythen und Riten von einem „Anwendungsstadium", in dem sie laut Jensen zu magischen, oder anderen „Zwecken" mißbraucht werden und „erstarren". Wir lehnen nur Jensens Abwertung des Anwendungsstadiums ab und glauben, daß es sich hier nicht um einander folgende „Stadien", sondern um parallele Aspekte handelt.

hört[35], müssen wir die psychologische Mythendeutung dem realistischen Ansatz zuordnen, innerhalb dessen Mythenforschung zu einem Instrument ethnologischer, volkskundlicher, religions- und sozialpsychologischer Untersuchungen wird. Wir werden abschließend versuchen, die möglichen Aspekte einer umfassenden psychologischen Mythendeutung zusammenzustellen.

---

35 Hinsichtlich der zweifellos idealistischen Auffassung des Mythos bei C.G. Jung hat der indische Psychologe A. U. Vasavada (1968) festgestellt, daß Jung nur deshalb nicht offen über seine Ganzheitserfahrung (Selbst) sprechen konnte, „weil er dann nicht verstanden worden und seine Schicksalsaufgabe unerfüllt geblieben wäre. Er wäre zu einem religiösen Fanatiker unter vielen abgestempelt worden" (1968, 242). Von Jungs Schülern fordert Vasavada, sie sollten „Aussagen und Formulierungen der transzendenten Erfahrung" nicht mehr vermeiden (S. 234).

C Aspekte des Mythos

Angesichts eines komplexen psychologischen Methodenproblems ist es oft hilfreich, sich des Schemas von K. Bühler zu erinnern, das er angesichts der „Krise der Psychologie" (1927) ersann. Bühler unterschied drei Aspekte, unter denen sich der Gegenstand der Psychologie betrachten läßt. Sie hat es

1. mit Erlebnissen,
2. mit dem Verhalten des Menschen,
3. mit den von ihm geschaffenen Gebilden (wie Sprache, Kunst, sozialer Institution) zu tun.

Nur wenn sie diese drei Aspekte in ihrer wechselseitigen Abhängigkeit betrachtet, kann die Psychologie ihrer Aufgabe gerecht werden. Das heißt, daß jede Aussage über einen dieser Aspekte prinzipiell die beiden anderen Aspekte miterfassen und mitberücksichtigen muß. „Ich erlebe nach Maßgabe der mir von meiner Kultur zur Verfügung gestellten Gebilde und der in ihr entwickelten symbolischen Ausdrucksformen, und ich verhalte mich weitgehend diesem Erleben gemäß; indem ich dies aber tue, (und z.B. eine Rechtsnorm verletze oder respektiere), leiste ich einen Beitrag zur Gültigkeit dieser Gebilde, der seinerseits auch mein Erleben in Mitleidenschaft zieht" (Hofstätter 1957, 10). Bühler versprach sich von seinem Schema eine Überwindung gegensätzlicher Positionen und partikularistischer Strömungen; Hofstätter hat zu zeigen versucht, warum ihm das nicht gelang, indem er das von Bühler in dessen Sprachtheorie (1934) entwickelte, ebenfalls dreigliedrige Schema der Sprachfunktionen (Ausdruck – Appell – Darstellung) auf das Schema der „Krise der Psychologie" anwendete (Hofstätter 1957, 11), freilich ohne diesen Gedanken über Aphorismen hinauszuführen.

Es scheint übertrieben, von einer Krise der Mythendeutung zu sprechen; aber bei näherer Betrachtung erkennt man unschwer, daß die bisherige psychologische Mythenforschung daran krankt, daß man praktisch nie alle drei Aspekte in ihrer wechselseitigen Abhängigkeit untersuchte, sondern meist einen einzigen isolierte und die gewonnenen Resultate verallgemeinerte. Dieses Vorgehen ist mit der Vernachlässigung historischer und kulturanthropologischer Gesichtspunkte eng verknüpft, auf die wir schon öfters hingewiesen haben. Bevor wir die Aspekte der psychologischen Mythenforschung der Reihe nach besprechen, kann der nachfolgenden Tabelle ein erster Überblick über ihre Zuordnung zu den von Bühler entwickelten Gesichtspunkten entnommen werden.

	Erlebnis-aspekt	Verhaltens-aspekt	Darstellungs-aspekt
psychologische Dimension	Tiefen-psychologie	Sozial-psychologie	Allgemeine Psychologie
Sprachfunktion	Ausdruck	Appell	Darstellung
Deutungs-kategorien	Therapeutische Deutung	funktionale Deutung	strukturale Deutung
Methode	Deduktion von psychologischen Gesetzen	Frage nach der sozialpsychologischen Wirkung des Mythos	Suche nach „Beziehungs-bündeln" (Lévi-Strauss)

1. Erlebnis-Aspekt

Ihm zugeordnet sind: *Tiefenpsychologischer Aspekt des Mythos,*
Sprachfunktion: Ausdruck,
Deutungskategorie: Therapeutische Deutung,
Grundlegende Methode: Deduktion von bei Menschen unserer Zeit gefundenen psychologischen Gesetzen.

Der Mythos drückt Gefühle, Hoffnungen, Wünsche und Befürchtungen einer Gesellschaft aus. Er gliedert sie in einen typischen

Ablauf ein und schildert ihre Konsequenzen bis zum Ende. Seine Themen und Motive stehen den Mitgliedern der in diesem Mythos lebenden Kultur als Modelle ihres Erlebens und Verhaltens zur Verfügung; deshalb läßt sich die innere und äußere Welt dieser Menschen nicht ohne Kenntnis ihrer Mythologie verstehen. Das hat Malinowski am Beispiel eines britischen Gouverneurs gezeigt, der mit seinen Untertanen – den neuseeländischen Maoris – erst etwas anzufangen wußte, nachdem er ihre sehr komplexe Mythologie kennengelernt hatte (Malinowski 1963).

Wie die Verwendung solcher mythischer Modelle in der psychotherapeutischen Behandlung von Neurosen zeigt, hat die Einordnung individueller Konflikte in das durch „Amplifikation" dem Patienten vermittelte archetypische „pattern" mindestens in einzelnen Fällen eine direkt heilende Wirkung (Jung 1932 und 1934). Hier eingeordnet, und auf lediglich einen Aspekt des Mythos bezogen, ist auch die psychoanalytische Wunscherfüllungstheorie des Mythos berechtigt, weniger in ihrer primitiven Form bei Abraham (1955), da die direkte Analogie zur Traumpsychologie nicht stichhaltig ist, als in der differenzierten Abwandlung durch Arlow und Bergmann (siehe Bergmann 1966). Diese berücksichtigt vor allem Erkenntnisse der psychoanalytischen Ich-Psychologie (Hartmann 1960) und erkennt den Unterschied zwischen Traum und Mythos an: „Dreams are made to be forgotten (...) myths are instruments for socialisation", bemerkt Arlow (zit. n. Bergmann 1966, 259), womit er auch eine Brücke zur funktionalistischen Auffassung des Mythos schlägt. Diese Hereinnahme der Ich-Psychologie im Sinne der Psychoanalyse bahnt auch einer Durchdringung von Tiefenpsychologie und sog. akademischer Psychologie den Weg, die sicher nicht nur auf dem Gebiet der Mythendeutung zukunftsweisend ist (siehe auch Görres 1965).

Die methodische Absicherung psychologischer Aussagen über den Erlebnis-Aspekt von Mythen ist so zu verstehen, daß jede Hypothese, die über die Untersuchung dieses Aspektes hinaus zu allgemeinen Schlüssen vorstoßen will, so formuliert werden muß, daß sie auch die beiden anderen Aspekte mit berücksichtigt.

2. Verhaltens-Aspekt

Ihm zugeordnet sind: *Sozialpsychologischer Aspekt des Mythos,*
Sprachfunktion: Appell,
Deutungskategorie: funktionale Deutung,
Grundlegende Methode: Frage nach der
sozialpsychologischen Wirkung des Mythos
(bzw. des entsprechenden Ritus).

Was griechische Mythen, so auch den oben untersuchten Ödipus-Mythos angeht, so ist es sehr schwierig, über ihre funktionale Deutung mehr als Vermutungen zu äußern, da eine solche Deutung eine einwandfreie Rekonstruktion des ursprünglichen Ritus voraussetzt. Das ist bei den meisten griechischen Mythen überhaupt nicht möglich. Bei den Mythen primitiver Gesellschaften, welche die Ethnologie untersucht, steht man hier auf sehr viel festerem Grund. Die funktionale Mythentheorie stammt denn auch von dem Ethnologen Malinowski, der Anregungen Frazers weiterentwickelt und in eigener Feldforschung bestätigt hat. Die funktionale Entschlüsselung ist sehr wertvoll, um die Bedeutung des Mythos für eine Gesellschaft zu erkennen, in der er noch lebt, bzw. die noch in ihm lebt. Gerade weil die Kategorie des Funktionalen, der Nachweis des Zweckmäßigen im scheinbar verworrenen und sinnlosen Mythos dem modernen Denken des „homo faber" so nahesteht, hat Malinowskis Mythentheorie viel Beifall bei Philosophen (Cassirer, Sorel; s.o.) und Soziologen gefunden.

Malinowski erklärt den Mythos als eine dramatische Entwicklung des Dogmas und stellt fest:

> „Es mag tatsächlich so simpel erscheinen, daß man es kaum als einen wichtigen Beitrag zur vergleichenden Religionsgeschichte anerkennen will, aber trotzdem ist die Feststellung der einfachen Wahrheit, daß der Mythos eher in seinen sozialen, rituellen und ethischen Wirkungen erforscht werden muß, als in seinen Eigenschaften als phantasiereiche, pseudowissenschaftliche Erzählung, fast völlig (...) vernachlässigt worden" (Malinowski 1963, 246).

Mythologie ist demnach die geheiligte Tradition einer Gesellschaft, ein Grundstock von Erzählungen, die mit der betreffenden Kultur verwoben sind, ihren Glauben diktieren, ihre Riten bestimmen, als Charta der sozialen Struktur und als Prägestock des sittlichen Verhaltens wirken. (Der griechische Mythos ist also schon gegen Ende der klassischen Zeit, ja teilweise schon sehr viel früher, kein Mythos in diesem Sinne mehr, was die Deutung griechischer Mythen sehr erschwert, siehe auch Eliade 1967.) Malinowski lehnt die Auffassung des Mythos als Stück primitiver Geschichtsschreibung, als urtümlich-poetischer Allegorie oder als verworrener Wissenschaft strikt ab (1963, 250), wobei er zweifellos über das Ziel hinausschießt. Sicherlich sind diese Aspekte des Mythos überschätzt worden, aber sie sind nicht generell abzulehnen, was auch Murray in seiner umfassenden Mythos-Definition anerkennt (Murray 1960, 300ff). Die geschichtlichen Elemente des Mythos sind laut Malinowski nicht als Chronik gedacht, sondern als Wiederholung glorreicher Ereignisse der Vergangenheit; wunderbare, sinnlose oder obszöne Elemente entsprechen nicht Verdrehungen der Geschichte, sondern sind nur als rituelle, soziale oder ethische Einflüsse auf den Mythos zu verstehen (Malinowski 1963, 251; Beispiele auch in der Deutung des Ödipus-Mythos, Seite 128f). Demzufolge hält Malinowski den Mythos ohne Ritus für ein „Altweibermärchen" (1963, 254). Diese Formulierung ist polemisch und pädagogisch gemeint: Malinowski möchte die Feldforscher dazu zwingen, immer dann, wenn sie einen Ritus beobachten, nach dem zugehörigen Mythos zu fahnden, und umgekehrt – eine Forderung, der sich Jensen mit gleichem Nachdruck angeschlossen hat. Hier ist auch die besondere Situation der Ethnographie zu bedenken: Die von ihr untersuchten primitiven Gesellschaften zerbröckeln unter dem Anprall der technischen Zivilisation; unvollständige, schlampige, überhastete Feldarbeit kann in vielen Fällen später nicht mehr kontrolliert werden.

Die Bedeutung des funktionalistischen Ansatzes für die Methode der psychologischen Mythenforschung haben wir schon in der Kritik an den bisherigen psychologischen Ansätzen gezeigt. Sie lehrte uns, daß eine Mythendeutung in Analogie zu individuellen seelischen Prozessen zu Fehlschlüssen führen muß, wenn man sie über den Erlebnisaspekt hinaus entwickeln will, ohne die funktional-sozialpsychologische Bedeutung des Mythos einzubeziehen. Andrerseits ist aber der funktionale Aspekt auch geeignet, die psychologische Mythendeutung anzuregen, z. B. zu einer genaueren Fassung der Beziehungen zwischen Mythos und Überich-Entwicklung im psychoanalytischen Sinn und zu einer Betrachtung der pädagogischen Seiten des Mythos.

So wertvoll die funktionalistische Theorie des Mythos in vieler Hinsicht ist, ihre Verallgemeinerung muß zu Entstellungen führen. Malinowski hat sehr gut getan, die Existenz eines Mythos ohne Ritus abzuleugnen – nicht, weil es solche Mythen nicht gäbe, sondern weil sie sich seiner Betrachtungsweise entziehen. Was wir schon zum Erlebnis-Aspekt und der ihm zugeordneten Deutungsmethode sagten, gilt auch hier: Sobald funktionalistische Betrachtungsweise und sozialpsychologische Interpretation nicht mehr lediglich eine Seite des Mythos beschreiben, sondern ihn ganz und gar, in seinem Ursprung und seiner letzten Bedeutung aufklären wollen, müssen sie ihre Hypothesen so formulieren, daß die beiden anderen Aspekte[36] einbegriffen werden. Das ist oft nicht geschehen, wogegen vor allem Jensen (1951) seine Kritik gerichtet hat. Diese Kritik ist allerdings insofern ungerecht, als Jensen die (notwendig funktionalistische) Untersuchung des „Anwendungsstadiums" von Mythos und Kult ganz allgemein abwertet, statt nur die Gültigkeit der aus ihr gewonnenen Resultate zu begrenzen.

---

36 Im Rahmen einer ausschließlich realistischen Mythendeutung, die durch die idealistische Interpretation noch ergänzt werden kann, was für alle drei hier beschriebenen Aspekte gilt.

3 Darstellungs-Aspekt

Ihm zugeordnet sind: *Allgemeinpsychologischer Aspekt des Mythos,*
Sprachfunktion: Darstellung,
Deutungskategorie: strukturale Deutung,
Grundlegende Methode: Suche nach
„Beziehungsbündeln" (C. Lévi-Strauss).

Unsere Betrachtung der strukturalen Deutung stützt sich auf die Arbeit von Claude Lévi-Strauss über die Struktur der Mythen (Lévi-Strauss 1967, 226ff). Nach einer herben Kritik der psychologischen und naturalistischen Mythendeutung sucht der prominente französische Ethnologe durch eine stärkere Einbeziehung sprachwissenschaftlicher Gesichtspunkte einen neuen Ansatz zu finden. Er überträgt zunächst die Unterscheidung von Sprache und Gesprochenem auf den Mythos. Die Sprachwissenschaft (Lévi-Strauss richtet sich in erster Linie nach Saussure 1931) trifft diese Unterscheidung nach einem Zeitsystem, auf das sich Sprache und Gesprochenes beziehen lassen.

Die Betrachtung des Mythos unter diesem Aspekt führt nun aber zu einer Vereinigung der von Saussure getrennten Aspekte: Einerseits bezieht sich der Mythos immer auf vergangene Ereignisse, andererseits bilden diese Ereignisse eine „Dauerstruktur" (Lévi-Strauss 1967, 230), sie haben die „Urzeit" gestaltet und gestalten die Gegenwart am Modell illius temporis. Wie Graves, der Mythen mit „Wahlplakaten" vergleicht (Graves 1960, I, 20), stellt auch Lévi-Strauss fest, nichts ähnle dem mythischen Denken mehr als die politische Ideologie: „in unseren heutigen Gesellschaften hat diese möglicherweise jenes nur ersetzt" (Lévi-Strauss 1967, 230).

Der Mythos hat also eine doppelte Struktur: eine historische und eine ahistorische. Er gehört sowohl zum gesprochenen Wort (und kann als solches analysiert werden) als auch zu Sprache (in der er formuliert ist), hat aber auf einer dritten Ebene den Charakter eines absoluten Objekts (Lévi-Strauss 1967, 230). Die Formulierung „absolutes Objekt" ist weit weniger abstrakt gemeint als man beim ersten Blick glauben möchte; Lévi-Strauss versteht darunter die Tatsache, daß der Mythos, unter dem Aspekt der Übersetzbarkeit betrachtet, der lyrischen Dichtung diametral gegenübersteht: Während diese eigentlich immer nur mit Entstellungen übersetzt werden kann („what gets lost in translation" hat denn auch Robert Frost die Lyrik definiert, s. a. Kolers 1968, 80), strebt beim Mythos der Wert der Formulierung traduttore traditore praktisch gegen Null" (Lévi-Strauss 1967, 230). Somit liegt die Substanz des Mythos „weder im Stil noch in der Erzählweise oder der Syntax, sondern in der Geschichte, die darin erzählt wird. Der Mythos ist Sprache, aber eine Sprache, die auf einem sehr hohen Niveau arbeitet, wo der Sinn, wenn man so sagen darf, sich vom Sprachuntergrund ablöst, auf dem er anfänglich lag" (Lévi-Strauss 1967, 231). Diese „Ablösung" sucht Lévi-Strauss auch begrifflich zu fassen: Er fügt der sprachwissenschaftlichen Hierarchie von Phonem, Morphem und Semantem als konstituive Einheit des Mythos das Mythem hinzu. Diese Einheit sei auf dem Satzniveau zu suchen. Der Sinn des Mythos liegt dann in der Beziehung dieser Mytheme zueinander, oder vielmehr in der Zusammenfassung mehrerer solcher Beziehungen zu Beziehungsbündeln.

Wieder sucht Lévi-Strauss diesen höchst abstrakten Ansatz durch ein Beispiel zu verdeutlichen: Man stelle sich vor, Jahrtausende, nachdem alles menschliche Leben erloschen ist, suchen Archäologen einer späteren Zeit die Bücher einer Bibliothek zu entziffern, ohne aber Schrift und Sprache zu verstehen. Das setzt voraus, daß sie herausbekommen, daß wir von links nach rechts und von oben nach unten schrieben. Eine Gruppe von Bänden wird aber auch dann noch nicht zu entziffern sein: die Orchesterpartituren, bei denen die Gelehrten zuerst versuchen werden, sie wie Bücher zu lesen, ehe sie entdecken, daß bestimmte melodische Gebilde, die weit voneinander entfernt sind, ähnliche Intervalle zeigen. Erst die Entdeckung der Harmonie der Partitur macht sie lesbar. Die Noten sind Teile eines Ganzen, das diachronisch von links nach rechts und synchronisch von oben bis unten gleichzeitig gelesen werden muß. Liest man sie entweder nur diachronisch oder nur synchronisch, so bleibt die Partitur sinnlos. Auch die Beziehungen zwischen den einzelnen Mythemen sind solange sinnlos, wie man nicht mehrere oder im Idealfall alle Mythen einer bestimmten Kultur untersucht, behauptet nun Lévi-Strauss. Seine Methode ist zunächst einfach:

„Jeder Mythos wird einzeln analysiert, indem man die Reihenfolge der Ereignisse in möglichst kurzen Sätzen wiedergibt. Jeder Satz wird auf eine Karteikarte geschrieben, die entsprechend ihrem Ort in dem Bericht eine Nummer trägt. Man sieht dann, daß jede Karte in der Zuweisung eines Prädikats zu einem Subjekt besteht. Mit anderen Worten: jede konstitutive Einheit ist ihrer Natur nach eine Beziehung" (Lévi-Strauss 1967, 232).

Nach dieser höchst unanschaulichen Einführung erwartet man von Lévi-Strauss ein konkretes Beispiel seiner Methode, und er enttäuscht diese Erwartung nicht. Er befaßt sich sogar mit einem Mythos, dessen schillernden Deutungen wir nun auch noch eine strukturale hinzufügen können: dem Ödipus-Mythos. Lévi-Strauss behandelt ihn „wie eine Orchesterpartitur, die ein verrückter Amateur Seite für Seite in Form einer kontinuierlichen melodischen Reihe übertragen hat und die man nun in ihrer ursprünglichen Form wiederherzustellen sucht" (Lévi-Strauss 1967, 234). Wir geben Lévi-Strauss' rekonstruierte „Partitur" auf Seite 237 wieder (nach Lévi-Strauss 1967, 235).

Erzählt man den Mythos, so muß man diachronisch vorgehen, von links nach rechts, und von oben nach unten. Will man ihn aber verstehen, fordert Lévi-Strauss, dann muß man ihn von oben nach unten synchronisch lesen, eine Spalte nach der anderen, wobei jede Spalte als Ganzes behandelt wird. Alle in einer Spalte gruppierten Beziehungen haben einen gemeinsamen Zug: Sämtliche in der ersten Spalte links gesammelten Zwischenfälle betreffen „Blutsverwandte, deren nahe Verwandtschaftsverhältnisse, so ließe sich vielleicht sagen, überreizt sind: diese Verwandtschaften sind Gegenstand einer intimeren Beziehung, als die sozialen Regeln zulassen" (Lévi-Strauss 1967, 236). Die zweite Spalte schildert unterbewertete Verwandtschaftsbeziehungen; die dritte Ungeheuer und ihre Vernichtung, die

Darstellungs-Aspekt 237

vierte (nach den schwerlich haltbaren Etymologien, die Lévi-Strauss gibt[37]) Schwierigkeiten der aufrechten Gangart.

Kadmos sucht seine von Zeus entführte Schwester Europa		Kadmos tötet den Drachen	
	Die Spartoi rotten sich aus Ödipus erschlägt Laios		Labdakos = hinkend (?) Laios = linkisch (?) Ödipus = Schwellfuß
Ödipus heiratet Iokaste		Ödipus tötet die Sphinx	
	Eteokles tötet Polyneikes		
Antigone beerdigt trotz Kreons Verbot den Polyneikes			

---

37 Zu Laios siehe Kap. III, C; den Namen Labdakos überträgt Graves durch „Hilfe mit Fackeln" und vermutet, dieser Name könnte sich auf eine verlorene Mythe beziehen, in der die Ankunft („Eleusis") eines göttlichen Kindes, begleitet von Fackeln, geschildert wird (Graves, 1960, II, 10). Auch die Geschichte vom Findling Ödipus, der als König nach Korinth kam, könnte einen ähnlichen Hintergrund haben.

Nach dem einleitenden Aufwand an Begriffen und geistvollen Vergleichen ist man durch das Resultat der strukturalen Ödipus-Deutung enttäuscht. Die Aufstellung der Rubriken scheint willkürlich. So ist der Inzest des Ödipus als „überreizte Verwandtschaftsbeziehung" doch von ganz anderer Art als die Suche des Kadmos nach seiner Schwester Europa, oder die Beerdigung des Polyneikes durch Antigone. Die Beziehungsbündel sind also eher Sammelbecken durchaus ungleichwertiger Verbindungen. Nicht weniger künstlich-allegorisch wirkt die abschließende Deutung von Lévi-Strauss: Der Mythos drücke „eine Aporie aus, vor der eine Gesellschaft steht, die an die Autochthonie des Menschen zu glauben vorgibt, (...) nämlich die Unmöglichkeit, von dieser Theorie zu der Anerkennung der Tatsache zu kommen, daß jeder von uns aus der Vereinigung eines Mannes mit einer Frau geboren wird" (Lévi-Strauss 1967, 238).

Lévi-Strauss scheint sich bei der Überarbeitung seines 1955 zum ersten Mal (in englischer Sprache) veröffentlichten Aufsatzes für die 1957 in Frankreich erschienene Ausgabe der „Anthropologie structurale" (1967 von Hans Naumann übersetzt) dieser Schwäche seiner Ödipus-Deutung bewußt geworden zu sein. Bekennt er doch ausdrücklich: „Der ‚Beweis' (für die Gültigkeit der Deutung – W. S.) soll also nicht in dem Sinne verstanden werden, den der Gelehrte ihm gibt, sondern höchstens im Sinne des Marktschreiers: nicht ein Ergebnis zu erzielen, sondern so rasch wie möglich das Funktionieren der kleinen Maschine zu erklären, die er den Dummköpfen zu verhökern sucht" (Lévi-Strauss 1967, 234). Wer sich die Mühe macht, die erste Fassung (Lévi-Strauss 1955) mit dieser Version zu vergleichen, wird finden, daß dieser selbstkritische Satz dort fehlt. Die Gründe für diese Einschränkung liegen wohl darin, daß Lévi-Strauss erkannte, daß man einen griechischen Mythos nicht so behandeln darf wie den Mythos einer primitiven Gesellschaft, für den seine Methode sehr viel angemessener scheint. Daß sich bei griechischen Mythen oft mehrere Bedeutungsebenen überlagern, erkennt man auch aus der auf Seite 128f gegebenen Ödipus-Deutung (vgl. auch Eliade 1967). Wollte man griechische Mythen nach der von

Lévi-Strauss vorgeschlagenen Methode gültig analysieren, müßte man die historischen Ebenen (etwa: vorgriechisch – mykenisch – Zutat eines Tragödiendichters u. ä.) trennen und auf jeder die Struktur der Beziehungsbündel bestimmen – ein äußerst langwieriges und wahrscheinlich in vielen Punkten wegen der Unsicherheit der zugrunde liegenden Rekonstruktionen nie befriedigend zu lösendes Verfahren.

Die strukturale Methode ist durch Lévi-Strauss unverkennbar mit einem rationalistischen Beigeschmack versehen, der ihr vielleicht gar nicht notwendig anhaften muß, obschon sich die Darstellung zur Ratio so verhält wie der Ausdruck zur Emotion (ein Bindeglied ist die funktionale Deutung). Es wäre zweifellos interessant, die Beziehungen der strukturalen Mythenforschung zu den „Archetypen" der komplexen Psychologie C. G. Jungs zu untersuchen; eine Synthese könnte vielleicht dem Ansatz von Lévi-Strauss das rationalistische Element und dem von C. G. Jung den Charakter der empirisch unkontrollierbaren Spekulation nehmen; Voraussetzung wäre freilich eine eindeutige Fassung des Archetypus-Begriffes (siehe Kap. II, C). In der Mythendeutung muß die strukturale Interpretation unbedingt durch eine funktionale (Malinowski) und religionsphänomenologische (Jensen) Betrachtung ergänzt werden, soll sie nicht zu einem einseitigen Bild führen.

Der Wert von Lévi-Strauss' Ansatz liegt vor allem in seiner Betonung der sprachwissenschaftlichen (linguistischen, nicht philologischen) Seite der Mythenforschung, der auch wir durch die Einbeziehung der von Bühler postulierten drei Sprachfunktionen gerecht zu werden suchten. Weiter überwindet die strukturale Methode, wie sie Lévi-Strauss skizziert hat, die Klippe zwischen der Interpretation einzelner Mythen und der Untersuchung einer ganzen Mythologie. Es ist leicht einzusehen, daß die „Motivbündel" nicht nur einen Mythenkreis (z. B. den thebanischen) erfassen, sondern daß die Resultate anderer, analoger Forschungen unschwer zu einer neuen Struktur geordnet werden können. Mit dieser Methode erreicht man ein hohes Abstraktionsniveau, das freilich in vielen Fällen mit einem erheblichen Verlust an „Farbe" erkauft wird. Mary Douglas beklagt die thematische Verarmung durch den Reduktionismus der strukturalistischen Methode:

> „An Stelle größerer und reicherer Tiefe des Verständnisses erhalten wir ein überraschendes Ergebnis, ein völlig neues Thema und oft ein armseliges dazu. All die erhabenen Themen, von denen wir vorher annahmen, daß der Ödipus-Mythos sie behandle – Schicksal, Pflicht und Selbsterkenntnis – sind nun aufgegeben (...)"(Douglas in Leach 1973, 99).

Ähnlich kritisiert Hans Blumenberg die Preisgabe der Wirkungsgeschichte (Blumenberg 1990, 300), Hübner die Aufblähung der Syntax auf Kosten der Bedeutung (Hübner 1985, 89).

4 Die strukturalistische De-Konstruktion der psychoanalytischen Mythendeutung

> „(...) kann man in der Psychoanalyse etwas anderes sehen als einen Zweig der vergleichenden Ethnologie, die auf die Untersuchung des individuellen Seelenlebens angewendet wird?"
> (Lévi-Strauss 1987, 306)

> „Denn auch die Soziologie, die vom Verhalten der Menschen in der Gesellschaft handelt, kann nichts anderes sein als angewandte Psychologie. Streng genommen gibt es ja nur zwei Wissenschaften: Psychologie, reine und angewandte, und Naturkunde." (S. Freud 1932, GW XV, 194)

Die Spanier, welche um 1500 in Amerika landeten, erklärten die Indianer zu Tieren und nahmen sich das Recht, sie als Sklaven auszubeuten oder abzuschlachten. „Soll es nicht länger erlaubt sein, Lasttiere zur Arbeit zu benutzen?" fragten die Siedler erstaunt, als Fray Bartolomeo de Las Casas die Zwangsarbeit abschaffen wollte. Es sei besser für die Indianer, als Sklaven in Gefangenschaft denn als Tiere in Freiheit zu leben, behauptete Anfang des 16. Jahrhunderts eine Kommission spanischer Theologen: „Einerseits fliehen sie die Spanier und lehnen es ab, ohne Belohnung zu arbeiten; andrerseits sind sie so pervers, daß sie manchmal ihren gesamten Besitz verschenken. Außerdem sträuben sie sich dagegen, jene ihrer Kameraden zu verstoßen, denen die Spanier die Ohren abgeschnitten haben."

Zur selben Zeit berichtet ein Reisender, Fernando Gonzalez de Oviedo, daß die Indianer in Puerto Rico Weiße zu fangen und zu ertränken pflegen. Die Leichen beobachten sie wochenlang, um zu sehen, ob die Toten verwesen oder nicht. Denn die Indios hielten die Spanier für Götter und wollten herausbekommen, ob sie nicht in Wahrheit Menschen seien.

An diesen Beispielen hat Claude Lévi-Strauss in seinem frühen, viele seiner Ideen besonders klar formulierenden Buch „Traurige Tropen" (1958) seinen strukturalistischen Standpunkt verdeutlicht. Die „Primitiven" riefen die Naturwissenschaft zu Hilfe, während die „Zivilisierten" sozialwissenschaftlich klassifizierten. Dieser Gedankengang zeigt die Eigentümlichkeiten des Denkens von Lévi-Strauss: Er nimmt die „Wilden" gerade so ernst wie die „Zivilisierten". Er weigert sich, eine Überlegenheit der europäischen Kultur über andere Kulturen, des europäisch-wissenschaftlichen Denkens über andere – etwa mythisch bestimmte – Weltbilder anzuerkennen. Er widerstrebt schließlich auch den beliebten Entwicklungsmodellen, in denen eine zwangsläufige Entwicklung aus dem Dunkel der Irrationalität zu den Übersichten und Ausblicken wissenschaftlicher Aufklärung führt. Indem er diesen Gedanken vollzieht, kehrt er die Strömungen des Evolutionismus und des Funktionalismus um; er deutet nicht mehr das Frühere und Fremde auf der Grundlage des Späteren und Eigenen, sondern verlangt, jeder geistigen Welt das eigene Recht zu lassen.

Diese Position, die viel eher eine geistige Haltung ist als eine wissenschaftliche Methode oder gar eine Theorie, haben die französischen Strukturalisten nicht entdeckt. Sie ist sehr alt; ein Beispiel stammt von Herodot, der mit ebensoviel Recht Vater der Ethnologie wie Vater der Geschichtsschreibung genannt werden kann.

„Wenn man alle Völker der Erde aufforderte, sich unter all den verschiedenen Sitten die trefflichsten auszuwählen, so würde jedes nach genauer Untersuchung doch die eigenen allen anderen vorziehen", stellt Herodot (Historien Buch III, 38) fest. Als Beweis zitiert er ein „Experiment" des persischen Großkönigs Dareios: Dieser befragte während einer Audienz einerseits die Griechen, um welchen Preis sie die Leichen ihrer Eltern essen würden, andrerseits die indischen Kalatier, um welchen Preis sie die Leichen ihrer Eltern verbrennen würden. In dem einen Fall schrien die Griechen laut auf über die Gottlosigkeit dieses Ansinnens; im anderen die Kalatier. Jeder hielt nur das für menschlich, was er selbst zu tun pflegte, und hätte gern als unbegrenztes Gesetz der Natur gesehen, was er tat.

Freud hat sich in autobiographischen Briefen ein „Konquistadorentemperament" zugeschrieben (siehe Jones 1962, I). Allein schon durch die Wahl seiner Beispiele zeigt Lévi-Strauss, wie wenig er von derlei Eroberungsgelüsten hält. Natürlich geht es nicht an, aus Freuds privaten Sätzen eine Denunziation seiner wissenschaftlichen Absichten abzuleiten, aber der Gestus der psychoanalytischen Deutung ist auch in Freuds Veröffentlichungen als Eroberungstat belegt. In dem berümten Satz „Wo Es war, soll Ich werden" folgt als Illustration die Metapher von der Kulturarbeit und als deren Steigerung die Trockenlegung der Zuydersee durch die Deiche der Niederländer. (Freud 1940, GW XV, 86). Lévi-Strauss hingegen stimmt in den „Tristes Tropiques" die Klage über Verluste und Zerstörungen an, welche durch eben diese Kulturarbeit angerichtet werden. Er gehört zu einer anderen Generation und in eine andere Epoche; der Fortschrittsglaube, den schon Freud angezweifelt, aber durch seinen Glauben an die Deutungsmacht der Psychoanalyse auch gefestigt hat, ist nicht mehr attraktiv. In der Forderung, die archaischen Kulturen zu respektieren, steckt ein Vordenken der Umweltschutzbewegung, in der schließlich die enorme ökologische Stabilität der „Primitiven" den Selbstzerstörungsneigungen der technisch-militärisch hochgerüsteten Industriegesellschaft als eigenständiger, vielleicht sogar überlegener Wert gegenübertritt.

Auch in einer seiner jüngeren Arbeiten greift Lévi-Strauss dieses Verhältnis zur Psychoanalyse wieder auf und betont die Distanz, die das strukturalistische Denken vom psychoanalytischen trennt. Während die Psychoanalyse vorgibt, den Mythos durch eine „modernere" Deutung zu ersetzen, stellt Lévi-Strauss die Frage, „ob das mythische Denken, weit davon entfernt, einen veralteten Modus geistiger Tätigkeit darzustellen, nicht immer dann am Werk ist, wenn der Geist mit sich darüber zur Rate geht, was Bedeutung ist." (Lévi-Strauss 1987, 24)

Der Strukturalist dreht sozusagen Freuds Argumentationslinie um: Während Freud im Untertitel seiner Abhandlung über zwei ethnologische Begriffe („Totem und Tabu") von einigen „Übereinstimmungen im Seelenleben der Wilden und der Neurotiker" spricht, betont Lévi-Strauss die Übereinstimmungen im Seelenleben der Wilden und der Psychoanalytiker (1987, 285). Er behauptet, in den Mythen der Jibaro-Indianer nicht nur die orale und die anale Phase wiedergefunden zu haben, sondern auch Freuds patriarchalische Genesis, in der die Gesellschaft in dem Moment entsteht, indem die Brüder der Urhorde den Totemvater erschlagen, der die Frauen monopolisiert hat. „Die von den Jibaro-Indianer verfochtene These über den Ursprung der Gesellschaft mag der von Freud ähneln; sie haben dennoch nicht auf ihn gewartet, um sie zu äußern. Vielmehr ist es dem Genie der amerikanischen Sprache zu danken, wenn sie die Psychoanalytiker head shrinkers nennt und sie auf diese Weise spontan mit den Jibaro vergleicht!"(1987, 297)

Abgesehen von solchen Scherzen hat Lévi-Strauss durchaus ernste Einwände gegen die psychoanalytische Mythendeutung, die sie aber eher relativieren als entwerten: Er billigt Freud denselben Rang zu wie Max Müller (der alle Mythen meteorologisch deutete): Wie dieser immer von Sonne, Mond, Wolke und Regen sprach, so hat Freud den psycho-organischen Code des Mythos entziffert. Und beide Interpreten irrten sich, sobald sie glaubten, das Wesen des Mythos durch ihre Übersetzung erfaßt zu haben: Dieses liegt eher in der Austauschbarkeit von Codes, der Unmöglichkeit, alles, was ein Mythos meint, in einem einzigen Code zu erfassen.

Was Lévi-Strauss an Freud anerkennt, ist dessen Begabung, selbst nach Art der Mythen zu denken und Mythen zu schaffen. Er verwendet Kunstgriffe wie den der Umkehrung – Eva ist die Mutter, aus der Adam geboren wird; eher gibt der Mann als die Frau den samenreichen Granatapfel, das Labyrinth symbolisiert eine anale Geburt, mit den verschlungenen Wegen der Eingeweide und dem Ariadnefaden als Nabelschnur; das Feuer ist dem Menschen dadurch zu eigen geworden, daß er die Lust beherrschen lernte, es auszupissen. Alle diese Merkmale, die Freuds symbolisches Denken dokumentieren und in psychoanalytischen Kreise eher als Ausdruck seiner Borniertheit gelten, respektiert Lévi-Strauss (1987, 303) als „hervorragende Varianten", die zum Ausgangsmythos ähnliche Beziehungen unterhalten, wie sie sich in der Ethnologie ergeben, wenn Mythen unterschiedlicher Populationen verglichen werden. Und während der französische Autor Freud als Mythendeuter entmachtet, setzt er ihn als Mythenschöpfer neben hochgeschätzte Quellen:

> „Die neuen Interpretationen, die ursprünglichen Versionen, die er vorschlägt, das Echo, das sie in allen Schichten unserer Gesellschaft wachrufen, bezeugen, daß der Ödipus-Mythos – um nur ihn herauszugreifen – bei uns lebendig und wirksam bleibt. In diesem Sinne (…) darf man nicht zögern, unter unseren Quellen für diesen Mythos Freud neben Sophokles treten zu lassen. Die von Freud hervorgebrachten Varianten respektieren die Gesetze des mythischen Denkens; sie gehorchen ihren Zwängen und wenden dieselben Transformationsregeln an." (Lévi-Strauss 1987, 304)

D Auf dem Weg zu einer historisch-analytischen Mythendeutung

Die psychologische Mythendeutung wird dadurch sehr erschwert, daß die von der Psychologie entwickelten Theorien des menschlichen Verhaltens und Erlebens noch keineswegs ausreichen, um ein so vielfältiges Gebiet wie die Mythen wissenschaftlich zu erfassen, selbst wenn die geschichtliche und ethnographische Vorarbeit schon überall geleistet wäre, ja selbst wenn die Quellen lückenlos wären und einander nicht widersprächen. Die Psychologie ist eine Wissenschaft, die ihren Newton noch nicht gefunden hat, bedauert P. R. Hofstätter (1957); es scheint fast zu ihrem Wesen zu gehören, daß sie diesen Newton nicht findet und nicht finden wird, wenn sie nicht einen archimedischen Punkt außerhalb der menschlichen Psyche entdeckt, der das „Unbewußte" Freuds trotz seiner theoretischen und praktischen Bedeutung nicht gewesen ist. Es ist schwer vorzustellen, daß sie einen solchen Punkt finden wird; selbst an die noch weitgehend offenen Entwicklungsmöglichkeiten der Simulation seelischer Vorgänge im Computer dürfen wir kaum solche Erwartungen knüpfen, mag auch die Phantasie mancher Autoren in diese Richtung gehen.

Vorerst, und wohl noch für lange Zeit, müssen wir uns in der psychologischen Hermeneutik wie auf vielen anderen Gebieten der Psychologie mit Theorien behelfen, die sich zwar gelegentlich allerklärend gebärden, es aber nie sind. Es gibt, wenn wir hier diese komplexe Problematik für unsere Zwecke in ein einfaches Schema bringen dürfen, drei Auswege aus diesem Dilemma: Ein Ausweg ist der Verzicht auf jede umfassende Theorie, der auf eine empirizistische Haltung und experimentelle Esoterik hinausläuft. Denn streng genommen ist dann jedes Experiment nur für die eigene Versuchsanordnung beweiskräftig; die rudimentäre Theorie verbindet im besten Falle einzelne Experimente untereinander, aber nicht mit konkreten Problemen. Die zweite Lösung ist die Identifizierung mit einer Theorie, deren Lücken und Einseitigkeiten dann übersehen und deren Anwendungsbereich extrem überspannt wird, wobei im übrigen Erkenntnisgewinne, je nach der Qualität der Theorie und dem Einfallsreichtum in ihrer Anwendung, nicht ausbleiben. Die dritte Möglichkeit wäre, eklektisch-kombinatorisch vorzugehen, das heißt, ein theoretisches Modell oder mehrere auszuwählen, mit dem (oder denen) man im Einzelfall bestimmte Prozesse optimal beschreiben kann. Wenn die Entscheidung im konkreten Fall nicht alternativ getroffen werden kann, ohne an Erkenntnis zu verlieren, d. h. wenn ein anderes theoretisches Modell möglich, oder aber ein einziges nicht genügend ist (beide Fälle sind kaum zu unterscheiden), dann wird man sich zu einem Pluralismus der Modelle entschließen müssen. Er betont ihren hypothetischen und vorläufigen Charakter; das ist aber – wenn wir die große Neigung zur Überschätzung einzelner Modelle berücksichtigen – kein Nachteil. Zu einem vergleichbaren Vorgehen gelangt die Persönlichkeitspsychologie, wenn sie die Beweggründe (Motive) des menschlichen Verhaltens untersucht und zu dem Ergebnis kommt, daß auch hier ein einziges der bisher entwickelten theoretischen Modelle nicht ausreichen kann. Einen Ausdruck Freuds verwendend, kann man sagen: menschliches Verhalten ist fast immer mehrfach determiniert, zahlreiche dispositionelle und aktuelle Qualitäten, Erfahrungen, Hoffnungen, Wünsche bestimmen die Entschlüsse und Handlungen des Einzelnen.[38]

Wir können diesen Ansatz vielleicht an Shakespeares Hamlet demonstrieren. Daß man eine Untersuchung der Motivation von Ham-

---

38 Vergleiche auch die folgende Fußnote aus der „Traumdeutung": „Die Übereinanderschichtung der Bedeutungen des Traums ist eines der heikelsten, aber auch inhaltsreichsten Probleme der Traumdeutung. Wer an diese Möglichkeit vergißt, wird leicht irregehen und zur Aufstellung unhaltbarer Behauptungen über das Wesen des Traums verleitet werden" (Freud 1961, 188). Diese sind vielleicht die einzigen Sätze der „Traumdeutung", welche ohne jeden Einwand auch für den Mythos gelten; man könnte geradezu das Wort Traum durch „Mythos" ersetzen, und diese Sätze als Motto über unsere Konzeption einer pluralistischen Hermeneutik setzen.

lets Zögern über die vom Dichter entworfene hinaus für notwendig hielt, ist an sich schon eine Voraussetzung, die jeder Autor, der sich mit Hamlet befaßte, stillschweigend überging. Die Anziehungskraft, welche die Zurückhaltung des Prinzen auf ihre Deuter ausübte, ist jedoch nicht minder interessant als Hamlets Zögern selbst, das Goethe, getreu seiner Tat-Ideologie („Im Anfang war die Tat") so herb verurteilte. Hamlet, so sagt er im „Wilhelm Meister", war ein Charakter, der auf ein Schicksal traf, dessen er nicht mächtig war.

Andere Autoren sahen in Hamlets Zögern etwa die existentielle Scheu vor der Entscheidung per se; Freud interpretierte das Drama nach dem Ödipus-Schema: Hamlet konnte seinen Onkel nicht töten, weil dieser die eigenen verdrängten Wünsche des Prinzen erfüllt hatte: den Vater zu morden, und die Mutter zu heiraten. Freud knüpft daran Erwägungen über den Charakter Shakespeares, wobei er freilich (ebenso wie im Falle des Sophokles) nicht unerwähnt lassen sollte, daß der Dichter den Stoff für sein Drama nicht erfand, sondern vorfand (bei Saxo Grammaticus; siehe auch Frenzel 1963). Freuds These eines „säkularen Fortschreitens des Verdrängungsprozesses" (Freud 1900, 224) gegenüber dem Ödipus-Drama des Sophokles ist ebensowenig stichhaltig: Auch der Zeitgenosse Shakespeares W. Gager dichtete ein Ödipusdrama (siehe Kap. III, A, 2); daß es den Stoff schon gab, könnte Freud nicht geltend machen, da zu Shakespeares Zeit auch der Hamlet-Stoff schon vorlag. Wenn also unbewußte Motive im Sinn Freuds hier mitgespielt haben, können sie immer nur die Wahl eines bestimmten Stoffes, nicht aber dessen ursprüngliche Gestaltung beeinflußt haben. Trotzdem zeigt Freud auch in seiner Hamlet-Deutung einen Ansatz zum Verständnis des pluralistischen Gesichtspunktes: Er glaube, daß es auch noch andere Bedeutungsebenen gäbe, doch habe er wohl (mit der Ödipus-Analogie) die „tiefste Schicht von Regungen" in der Seele des Dichters erfaßt (Freud 1900, 236). Obschon das sehr fragwürdig ist, muß man selbst dann, wenn Freuds Deutung zu Recht bestünde, festhalten, daß es ein unbewiesenes Vorurteil ist, ohne konkrete Beweise ein Motiv für wichtiger zu halten als ein anderes, nur weil es einer „tieferen Schicht" angehört.

Wenn wir die methodisch schwerlich zu rechtfertigenden Schlüsse vom Charakter des Hamlet auf die Persönlichkeit Shakespeares fallenlassen und den Helden des Dramas betrachten wie einen konkreten Menschen, dessen Motive für sein Handeln (und Nichthandeln) wir durch eine psychologische Analyse klären sollen, dann wird der Einsichtsgewinn durch den pluralistischen Ansatz besonders deutlich. Wir sind dann nicht mehr genötigt, eine der anderen begründeten Hypothesen zu verwerfen, die uns Hamlets Zögern begreiflich machen sollen: Weder die von Shakespeare selbst geschilderten Motive noch die Ödipus-Thematik Freuds, weder die Charakterstudie Goethes noch die Deutung im Sinne Adlers, welche einfach an die Stelle von Hamlets Wunsch, die Mutter zu besitzen, sein Streben nach der Königsmacht setzt (Rattner 1963). Auch eine Erklärung, die an dem Vers einhakt „So macht Bewußtsein Feige aus uns allen", können wir noch ergänzend aufnehmen, und, wie es Freud nicht ganz richtig Goethe zuschreibt, in Hamlet einen Menschen sehen, dessen „frische Tatkraft durch die überwuchernde Gedankentätigkeit gelähmt wird" (Freud 1900, 245).

Im Sinne der von Allport (1949) aufgestellten Theorie der funktionalen Autonomie der Motive ist Hamlet, der Student aus Wittenberg, für die rasche Tat nicht mehr geeignet. Es braucht nur eine kleine Verschiebung des Standpunktes, und man erkennt, daß sich diese Motive nicht widersprechen, sondern ergänzen. Der Wunsch, die Handlungen der Menschen auf ein und nur ein (womöglich „primäres") Motiv zurückzuführen, ist ja im Grunde nur eine Denkbequemlichkeit, die wir wohl teilweise aus der Physik übernommen haben. Die „fast unübersehbare Bedeutungsfülle", welche Jung den Archetypen vorbehält (siehe Kap. II, C, 2), gilt für die Erhellung fast aller menschlichen Handlungen und notwendig auch für die urtümlichen Modelle von Schicksalen in Mythos, Märchen, Sage und Legende. Wäre es hier nicht zu verschiedenen und auf den ersten Blick sogar einander widersprechenden, ja sich ausschließenden psychologischen Deutungen gekommen, wir müßten es als Zeichen nehmen, daß die Forschung ihr Objekt noch gar nicht erkannt hat. Gerade was uns zunächst entmutigt hat, sollte uns Hoffnung geben.

Die oben vorgeschlagene Zusammenstellung möglicher Aspekte psychologischer Mythendeutung soll ein erster Schritt sein, wenn nicht zur theoretischen Synthese (die auf den allgemeinen Fortschritt der psychologischen Theorie angewiesen ist), so doch zur gegenseitigen Durchdringung und friedlichen Koexistenz von auf verschiedene Aspekte abzielenden Deutungen. In diesem Sinne: als Gleichberechtigung und gegenseitige Toleranz, nicht als Gleichgültigkeit und beziehungsloses Nebeneinander, will die hier vertretene Hermeneutik verstanden sein. Sie geht immer von der Entwicklung bzw. Entwicklungsgeschichte des Gedeuteten aus und wendet sich kritisch gegen alle Versuche, Geschichte zu leugnen und diese Verleugnung durch Projektionen unangreifbar zu machen.

E Psychologie und Geschichte

Wo ihn die Quellen im Stich lassen, ist der Historiker gezwungen, psychologische Wahrscheinlichkeiten abzuschätzen. Er wird damit nicht nur Lücken in den Quellen ergänzen, sondern auch, wenn die Quellen einander widersprechen, ihre Gültigkeit abwägen. Eine grundsätzliche Abneigung gegen die wissenschaftliche Psychologie, an methodisch unzulässigen Übergriffen dieser Wissenschaft auf sein Arbeitsgebiet entzündet und durch sie geschürt, läßt ihn hier in eben den Fehler verfallen, den er an der Psychologie kritisiert. Wie der Psychologe auf historischem Gebiet nicht selten die Kritik der Quellen sträflich vernachlässigt, so sucht der Historiker jetzt mit den vorwissenschaftlichen Mitteln einer Seelenlehre des gesunden Hausverstandes seine Probleme zu lösen.

Viel mehr als in Physik und Chemie, an deren methodischer Präzision sich die Psychologie heute auszurichten sucht, stellt sich in der Psychologie nach jedem Experiment und nach jeder Beobachtung die Frage, inwieweit man die gewonnenen Resultate verallgemeinern kann. Niemand sollte mehr Verständnis für diese Problematik haben als der Historiker. Die Frage, welche er sich immer vorlegen sollte, wenn er den Schritt von der Quellenkunde zur Geschichtsschreibung wagt, ist mit dieser Problematik der Psychologie innerlich verwandt. Sie ist nur gewissermaßen auf einen Längsschnitt des Raum-Zeit-Kontinuums projiziert, während der Psychologe dessen Querschnitt vor sich hat.

In seinem Buch über „Methode und Erfahrungen der Psychoanalyse" (1965) spricht A. Görres einmal von der „eigenartigen Strenge der Geisteswissenschaften". Tatsächlich ist die Verantwortung des Wissenschaftlers um so größer, je leichter es wäre, sich ihr zu entziehen. Der Geisteswissenschaftler muß nicht lernen, „auf krummen Linien gerade zu schreiben", das kann nur Gott, wenn auch Philosophen sich gelegentlich für Götter halten, aber er muß die Krümmung erkennen und berücksichtigen, die diese Linien seinen Zeilen aufzwingen. Und dabei kann ihm die Psychologie eine große Hilfe sein. Der Naturwissenschaftler hingegen muß sehen, daß seine Linien die Dinge oft willkürlich zerschneiden, und ihnen damit Antworten aufzwingen, die wenig mehr sagen, als daß der Gegenstand die Frage mißverstanden hat. Und auch dabei kann ihm die Psychologie helfen, vor allem innerhalb der Psychologie selbst die Phänomenologie. Diese Hilfe verscherzt sich freilich, wer die Psychologie auf das Prokrustesbett einer rein naturwissenschaftlichen Disziplin zwingen will – ebenso wie sich der Geisteswissenschaftler jede echte Hilfe der Psychologie verscherzt, wenn er ihre naturwissenschaftlichen Aspekte leugnet.

Aber auch unter den Psychologen scheint es manchen nicht gerechtfertigt, die Psychologie in den Dienst der Geisteswissenschaften zu stellen. Daß Psychologie innerhalb einer Geisteswissenschaft angewandte Psychologie wie jede andere Anwendung der Psychologie ist, mag das folgende Beispiel zeigen. Der Erziehungsberater X verwendet in der Situation Y die psychologische Kenntnis Z. Der Historiker A setzt angesichts der geschichtlichen Situation B die psychologische Kenntnis C ein. Beide ziehen Schlüsse aus mehr oder weniger verlässlichen Informationen, deren Bedeutungs-Stellenwerte für die jeweils untersuchte Situation sie sorgfältig abschätzen müssen. Beide stützen sich auf Quellen, deren Zuverlässigkeit in manchen Punkten fragwürdig sein kann. Beide ziehen ihre Folgerungen nach bestem Wissen, ohne freilich für deren Richtigkeit so bürgen zu können, wie ein Statiker für die Materialbemessungen bei einem Brückenbau, die er berechnet hat.

Natürlich gibt es auch einige wichtige Unterschiede in der Situation des psychologischen Beraters und des Historikers. Der Berater kann zusätzliche Informationen einholen (wenn er die Zeit findet), der Historiker kann es oft nicht mehr (wenn die Quellen schweigen). Der Beratungsfall kann sich gegen falsche Interpretationen zur Wehr setzen; das Objekt der historischen Studie kann es nicht. Andrerseits hat der Historiker gelegentlich auch bessere Chancen, die Wahrheit zu finden, weil ihn das Problem nicht auf den Nägeln brennt und er keine Entscheidung unter Zeitdruck treffen muß. Er will nicht helfen, nicht heilen, sondern nur erkennen und ist deshalb objektiver.

Wenn wir die konkreten Bedingungen betrachten, unter denen beide arbeiten, werden wir zugeben müssen, daß die Gemeinsamkeiten überwiegen. In der Beratung kommt es ebenso darauf an, seelische Motive und Entwicklungen zu erkennen und zu beurteilen, wie in der psychologischen Untersuchung historischer Fragen, zum Beispiel in der Biographik. Der Berater tut gut daran, die Tragweite seiner Schlüsse abzustecken; der Historiker nicht minder. Wenn wir das Unbehagen mancher Psychologen angesichts einer solchen Verwendung ihrer Wissenschaft betrachten, können wir es nur zum Teil ihrem Wunsch zuschreiben, die Psychologie von allen „spekulativen" Elementen zu reinigen. Wie wenig wir auch wissen mögen in der Psychologie – es ist besser als gar kein Wissen, sollte man meinen. Ist es „nur Spekulation", wenn wir dieses Wissen in der Geschichtsschreibung fruchtbar machen wollen? Spekulation kann nicht nur erfrischend, sondern auch wissenschaftslogisch notwendig sein. Man gewinnt gelegentlich den Eindruck, daß Goethes Abwertung des „Kerls, der spekuliert" übertrieben wird. Wir sollten nicht vergessen, daß Mephisto diesen Vers sagt, und daß die Faustdichtung selbst eine großartige Spekulation (und Ironie) ist.

Tatsächlich steht hinter diesem Unbehagen die Vermengung von zwei Wissenschaftsidealen, über die freilich nur wenige Forscher zu reflektieren pflegen. Beiden läßt sich ihre Berechtigung nicht absprechen, und beide dienen im Grunde demselben Ziel, wenngleich auf verschiedenen Wegen. Die Lieblingssprache des ersten Wissenschaftsideals ist die höchst formalisierte Logik mathematischer Gleichungen. Ihr Ziel ist die lückenlose, eindeutige und systematische Erfassung der kausalen Verknüpfungen natürlicher Abläufe. Daraus folgen dann in dem definierten System und innerhalb definierter Fehlergrenzen absolut sichere Voraussagen.

Der zweiten Auffassung wird von den Anhängern der ersten gelegentlich der Titel einer Wissenschaft abgesprochen, was etymologisch und sachlich gleich unrichtig ist. Ihre Fragestellungen sind umfassender; sie begreifen die Untersuchung der Grundlagen jener anderen Disziplinen ebenso ein wie Gedanken über die Konsequenzen ihrer Resultate, und stellen sich darüber hinaus eine Fülle von

Aufgaben, die mit den Methoden des ersten Typs nicht bearbeitet werden können. Das Darstellungsmittel der Wissenschaften des zweiten Typus ist meist eine logisch justierte Sprache; ihr Ziel ist aber weniger die Konstruktion von Gesetzen und die Ermöglichung von Voraussagen, sondern die asymptotische Annäherung an die Wirklichkeit (welche die Bestimmung der jeweiligen Entfernung von ihr einschließt). Asymptotisch heißt: Mit der Gewißheit, ihr Ziel nie ganz zu erreichen, aber mit dem Bestreben, ihm so nahe zu kommen wie nur möglich, zu erkennen, was der Mensch ist, was er war, und was er sein wird. Es ist leicht einzusehen, daß – während sich die beiden Wissenschaftstypen gerade in der Psychologie durchdringen – die Verwechselung oder Vermengung ihrer Ziele zu ungerechten Urteilen führen muß. Zu dieser Vermengung lädt der rasche Fortschritt besonders ein, den die Naturwissenschaften in den letzten Jahrhunderten erzielten. Dieser Fortschritt übt eine Art Sog auf viele geisteswissenschaftliche Disziplinen aus, von denen manche zu glauben scheinen, durch eine Änderung ihrer Metaphern auch ihren Gegenstand ändern zu können. Heute ist das Prestige der Naturwissenschaften so groß, daß es schwer möglich scheint, der Versuchung zu entgehen, das naturwissenschaftliche Ideal für die Verkörperung der einzig „richtigen" und „reinen" Wissenschaft zu halten – und zwar auch dort, wo sich aktueller Prozeß und geschichtlich-genetische Vergangenheit nicht trennen lassen, wie in der Psychologie.

Denn daß die Psychologie eine Mittelstellung zwischen Natur- und Geisteswissenschaft einnimmt, kann man zwar vergessen, aber nicht leugnen. „Die Naturwissenschaft beobachtet die zeitgebundenen Abläufe in der Natur und sucht die zeitlosen Gesetze zu erkennen, denen sie folgen", hat der deutsch-amerikanische Kunsthistoriker Erwin Panofsky einmal gesagt. Die Geisteswissenschaften aber stehen nicht vor der Aufgabe, „festzuhalten, was sonst vergehen würde, sondern zu beleben, was sonst tot bliebe. Statt sich mit zeitlichen Phänomenen zu beschäftigen und die Zeit aufzuhalten, dringen sie in eine Region vor, wo die Zeit von selbst still steht, und suchen sie wiederzubeleben" (Panofsky 1955, 24). So betrachtet, ergänzen sich beide Haltungen. Sie sollten es auch innerhalb der Psychologie tun, die an beiden Anteil hat.

Fassen wir zusammen: Lange Zeit ist der Psychologie innerhalb der Geisteswissenschaften Ähnliches widerfahren wie der Philosophie innerhalb der Naturwissenschaften. Man glaubte, sie entbehren zu können, ersetzte sie aber durch eine unreflektierte und naive Ideologie scheinbarer Selbstverständlichkeiten, die ja meist im Schatten der jeder Disziplin eigentümlichen Methoden ungestört gedeihen.

Wir dürfen aber nicht übersehen, daß vor allem manche Tiefenpsychologen viel getan haben, um sich bei den Geisteswissenschaftlern unbeliebt zu machen. Es geht nicht an, daß ein Psychoanalytiker, der ein geschichtliches oder mythologisches Thema behandelt, mit jedem Widerstand, jeder Sprödigkeit des historischen Materials umgeht wie mit dem „Widerstand" eines Patienten gegen die Bewußtmachung seiner Abwehrmechanismen und Verdrängungen in der Therapie.

Man hat einmal gesagt, Theorie und Empirie hätten innerhalb einer Wissenschaft dasselbe Verhältnis zueinander wie zwei Männer, die auf einem bestimmten Gebiet jagen dürfen, von denen aber der eine die Flinte, der andere alle Munition habe. Diese Parabel schließt, auf das Verhältnis wissenschaftlicher Disziplinen zueinander übertragen, gemeinsame Treibjagden nicht aus. Sie setzen freilich voraus, daß dann jede Partei gelegentlich darauf verzichtet, selbst Beute zu machen, und sie der anderen Partei zutreibt. Es wird eine Aufgabe der Zukunft sein, zu beweisen, daß das möglich ist.

F Metaphernanalyse und Mythendeutung

Einen Weg, wenn nicht die Mythen, so doch die so unterschiedlichen Mythendeutungen besser zu verstehen, bietet die von Donald Carveth und Donald P. Spence im angelsächsischen Sprachraum entwickelte, von Michael Buchholz (1993) in Deutschland eingeführte Metaphernanalyse. Es handelt sich um eine stark von Konstruktivismus und Dekonstruktion beeinflußte Methode, die unsystematisch, aber brilliant und in vielen Einzelheiten überzeugend darlegt, wie stark der Hintergrund unseres Handelns von den Metaphern bestimmt wird, die wir gebrauchen. Unabhängig von diesen Theoretikern habe ich in meiner Analyse der Zauberflöte (Schmidbauer 1995) anhand der Alkibiades-Anekdote ein Beispiel für die Folgerichtigkeit dieser Auffassung entwickelt. „Metaphern sind ‚Doppelgänger', ihnen eignet die Fähigkeit, heterogene Kontexte so miteinander zu verbinden, daß Bedeutungen aus dem einen in den anderen ‚übertragen' werden können – aber das wird nicht immer erkannt."(Buchholz 1993, 9). Metaphern sind nicht zu vermeiden, es sei denn, der Therapeut verzichtet auf wichtige emotionale und ästhetische Mittel; sie reflektieren aber auch höchst subjektive Phantasien, die oft unkontrolliert in die Theoriebildung eingehen – etwa in Kohuts Narzißmuslehre vom Selbst, das wie eine Porzellanvase zerbrechen (im Jargon: fragmentieren) kann. Shengold (1981) hat sogar das zentrale Gut der Psychoanalyse als Metapher enttarnt: Die Einsicht, behauptet er, kann nur auf dem Hintergrund der alteuropäischen Philosophie vom Bewußtsein als Spiegel der Außenwelt konzipiert werden; sie müßte als metaphorische Bezugnahme verstanden werden.

Die große Neigung psychologischer Begriffe, sich unter der Hand aus Metaphern in Substanzen oder Personen zu verwandeln, ist bekannt, seit es die Tiefenpsychologie gibt. Im Nachtragsband der gesammelten Werke von Sigmund Freud ist eine entsprechende Kritik Breuers am Begriff des „Unterbewußtseins" zu finden, in der Breuer sogar ausdrücklich die psychoanalytische Sprachbildung mit einer Mythologie vergleicht:

„Allzuleicht verfällt man in die Denkgewohnheit, hinter einem Substantiv eine Substanz anzunehmen (...) so bildet sich mit der Zeit wirklich eine Vorstellung aus, in der die Metapher vergessen wird und mit der man leicht manipuliert wie mit einer realen. Dann ist die Mythologie fertig. All unserem Denken drängen sich als Begleiter und Helfer räumliche Vorstellungen auf" (Breuer 1894 in S. Freud, GW Nachtragsband, 287).

Obwohl sich die dekonstruktivistische Metaphernforschung der psychoanalytischen Mythendeutung nach meiner Kenntnis der Literatur noch nicht angenommen hat, ist die Beschäftigung mit ihr auch für dieses Arbeitsgebiet wesentlich. Donald P. Spence hat 1982 darauf hingewiesen, daß die typische Erzählweise der Psychoanalyseforschung als „narrative Glättung" beschrieben werden kann; er nennt das die „Sherlock-Holmes-Tradition": wie der rätsellösende Detektiv unfehlbare Schlüsse aus winzigen Details zieht, so erzählt auch Freud seine Fallgeschichten.

Wenn wir uns Psychoanalyse als etwas Lineares vorstellen und in einem Fallbericht eine durchsichtige Kette von logisch aus einander folgenden, jetzt glücklich enträtselten Geheimnissen sehen, nähern wir uns einem positivistischen Ansatz und behaupten, durch systematisches Vorgehen die einzig richtige Lösung finden zu können. Aber entspricht das der Realität, oder drückt es den Wunsch aus, den naturwissenschaftlichen Status der Psychoanalyse zu sichern? Spence vermutet das letztere und schlägt eine ganz andere Betrachtungsweise vor: Der Dora-Fallbericht Freuds gibt ihm Anlaß, aus Freuds Erklärungen wieder Deutungen zu machen und aus abschließenden Zusammenfassungen den Beginn einer neuen Untersuchung. Wer in dieser Weise davon ausgeht, daß klinische Berichte von metaphorischem Denken bestimmt sind, wird für eine Hermeneutik aufgeschlossen, die sich vor allem als Prozeß der Entmystifizierung versteht: Die klinische Begegnung trägt eine zunächst unüberschaubare Vielzahl von Bedeutungen in sich, und ein verantwortungsbewußter Analytiker sollte versuchen, möglichst viele Alternativen zuzulassen.

Ich lernte diesen Ansatz erst während der Revision meiner Arbeit über Mythos und Psychologie kennen. Aber unabhängig davon hatte es mich von Anfang an irritiert, daß sich tiefenpsychologische Deutungen oft als Erklärungen spreizen und einander das Feld streitig machen wollen. Daher trug ich 1970 möglichst viele Überlieferungen und Deutungen des Ödipus-Mythos zusammen. Ich spielte dieses metaphorisch-hermeneutische Spiel damals, parallel zum Ödipus-Mythos, während eines langen Sommers in der Toscana auch noch mit einem bizarren, durch Mozarts geniale Musik unsterblich gemachten Text: dem Buch zur „Zauberflöte" von Emanuel Schikaneder. Diese Analyse ist erst dreißig Jahre nach ihrer ersten Formulierung als Buch erschienen (Schmidbauer 1994). Spence sieht, wie viele andere Anhänger einer „hermeneutischen" Richtung in der Psychoanalyse (Habermas 1973, Pohlen 1995, Schmidbauer 1986), das Bedürfnis der Psychoanalytiker, als Naturwissenschaftler anerkannt zu werden, an der Wurzel der narrativen Glättungen. Für einen Positivisten sind widersprüchliche Berichte über ein und dasselbe Ereignis (wie sie etwa den Leser des Alexandria-Quartets von Lawrence Durrell oder den Besuchs des japanischen Films „Rashomon" beeindrucken) einzig und allein wirrer Unsinn.

„Wenn Naturwissenschaft die herrschende Metapher ist, muß der Psychoanalytiker als Künstler einen anderen Ort für sein Wirken suchen. Uns wird nun klar, wie Freuds Bedürfnis, seine Entdeckungen zu legitimieren, unglücklicherweise den Effekt hatte, das zu bagatellisieren, was vielleicht seine größte Stärke war. Je länger die Psychoanalyse darauf besteht, Naturwissenschaft zu sein, desto mehr wird sie eine ihrer Hauptanziehungskräfte verspielen: die Suche nach unterschiedlichen Bedeutungsmöglichkeiten und die Suche nach Entscheidungsregeln, wie unter diesen auszuwählen ist." (Spence in Buchholz 1993, 115).

Ein zentraler Einwand, wenn es sozusagen darum geht, die Psychoanalyse den Hermeneuten zu überlassen, ist die drohende Beliebigkeit von Deutungen. Die Aussage, daß mehrere Deutungen „stimmen", heißt nicht, daß alle Deutungen gleichermaßen zutreffen. In kasuistischen Seminaren gibt meist die rhetorische oder autoritative Überlegenheit den Ausschlag, welche Deutung nach dem Gruppenurteil „stimmt". In Freuds Schriften wird die therapeutische Wirkung zum untrüglichen Beweis: Treffende Deutungen wirken, unzutreffende fallen beim Patienten durch, wobei Freud versichert, sie seien auch nicht schädlich, was man nach der klinischen Erfahrung mit narzißtischen Störungen nicht vertreten kann. Die meisten Praktiker würden sich darauf einigen, daß „gute" Deutungen jene sind, welche es Analytiker und Analysand erleichtern, im analytischen Prozeß zusammenzuarbeiten; damit ist aber für ein Urteil über die einzelne Deutung und für das wissenschaftliche Interesse nicht viel gewonnen. Die Behauptung, es gebe für jedes klinische Problem eine (und nur eine) richtige Lösung, hat die Psychoanalyse nur mit dem Ornat, nicht aber mit der Substanz der Wissenschaftlichkeit versehen, stellt Spence dazu fest. Er beklagt, daß die Psychoanalytiker als Theoretiker im Streben, möglichst schnell wissenschaftlich ernst genommen zu werden, die psychoanalytischen Praktiker im Stich gelassen haben, indem sie die vielschichtigen Probleme, denen sich diese jeden Tag ausgesetzt sehen, umgangen haben (Spence in Buchholz 1993, 115f).

Der Bezug dieses Ansatzes zur Mythendeutung liegt auf der Hand: Indem sich die psychoanalytische Theorie dem Mythos zuwendet und sich mythologischer Metaphern bedient, ersetzt sie den frei sprechenden Patienten durch das bereits in eine Überlieferung gebannte, heroische Modell. Während angesichts des Patienten die Vielschichtigkeit seiner Einfälle nur unter Preisgabe unersetzlicher Details in eine glatte Geschichte geordnet werden kann, ist der Mythos schon abgeschliffen; er ist ein Klischee, das einer eindeutigen Metapher keinen Widerstand mehr entgegensetzt. So ist die Bewegung der Psychoanalytiker zum Mythos hin auch die Bewegung einer Flucht vor den freien Assoziationen ihrer Patienten, ein Versuch, die narrative Glättung zu legitimieren, mit der sie nach außen als Wissenschaftler auftreten, mit der sie sich aber nach innen vor ihren eigenen Ängsten schützen (vgl. hierzu Devereux 1976 und Duerr 1987).

G Mythensuche als Methode der Institutionsanalyse

Im folgenden verwende ich den Ausdruck Institutionsanalyse für die Untersuchung von Organisationen mit den Mitteln der Psychoanalyse. Die Ausdrücke Institution und Organisation werden manchmal synonym verwendet, manchmal unterschieden. Ich schlage in Anlehnung an die gängige soziologische Terminologie vor, jede verfaßte und von anderen abgrenzbare Gruppe von Menschen mit gemeinsamen Zielen Organisation zu nennen. Institution bezeichnet dann die spezifischen Formen dieser Verfaßtheit: Das Heer als Organisation bildet Institutionen wie Ränge, einen Fahneneid, Orden, Rituale, Regimentstraditionen aus und ist in eine Hierarchie kleinerer Organisationen gegliedert (Division, Regiment, Kompanie, Zug), die ihrerseits wieder eigene Institutionen haben. Institutionsanalyse bedeutet die psychoanalytische Untersuchung einer spezifischen Institution in Organisationen, nämlich der Institution des Forschers, Beraters und Entwicklers in sozialen Systemen. Die Organisation als ganze ist der psychoanalytischen Methode nicht zugänglich, wohl aber die Erlebnisse des Beraters und die darin enthaltene, z. T. verschlüsselte bewußte und unbewußte Reaktion auf die Organisation, ihre Mythen, Rituale und Traditionen, ihre offene und heimliche Dynamik. Institutionsanalyse (IA) hilft dem Berater, angesichts einer komplexen, oft belastenden und verwirrenden Realität handlungsfähig und aufmerksam zu bleiben; sie hat ihren sozialen Ort vorwiegend in der Ausbildung von Supervisoren, Beratern und Organisationsentwicklern. Ihre Methoden sind sowohl die Einzel-IA wie die Gruppen-IA in der institutionsanalytischen Balintgruppe.

Wer die Psychoanalyse außerhalb der Therapiesituation mit ihrem klassischen Junktim aus Heilen und Forschen einsetzen will, verliert eine zentrale Qualität der Standardmethode (freie Einfälle auf der Couch): die interaktionelle Wahrheitsfindung durch die Zustimmung oder Ablehnung des Patienten. Vielleicht liegt es daran, daß sich die euphorischen Einschätzungen einer universellen Anwendbarkeit der psychoanalytischen Forschungsergebnisse auf Ethnologie, Mythologie, Geschichte und Literatur so wenig bestätigt haben. Der Widerstand des Patienten ist zunächst doppeldeutig: Er kann begründete und zutreffende Einwände gegen Deutungen des Analytikers enthalten, oder auch die Abwehr von unangenehmen Einsichten, deren Annahme das Ich festigen würde. Im Verlauf einer gelingenden Analyse wird der Patient lernen, dem Analytiker zu widersprechen, sich ihm zu widersetzen, genauer zwischen Fehlern des Analytikers und eigenen Abwehrmanövern zu unterscheiden. Deutet der Analytiker aber gesellschaftliche Produkte bzw. Stukturen, etwa einen griechischen Mythos, ein Drama, ein Bild oder eine soziale Einrichtung, dann leisten die gedeuteten Gegenstände keinen solchen Widerstand; der Analytiker wird in dem trügerischen Glauben gehalten, er fände Wahrheiten, wo er seine eigenen Gedanken spiegelt.

In der Wissenschaftsgeschichte der Psychoanalyse hat sich diese Situation so ausgewirkt, daß sie dort gut gediehen ist, wo sie Widerstände finden und differenzieren konnte, und dort an Bedeutung verlor, wo sie scheinbar mühelos das Terrain fremder Disziplinen eroberte. Es war ein Sieg, der dem Vormarsch der Eroberer in den asiatischen Steppen gleicht, den bereits Herodot anläßlich des Feldzugs von Darius gegen die Skythen beschreibt. Die wohlgerüsteten Eindringlinge finden keine Feinde, das Land ist von den Nomaden geräumt, und es nützt nichts, dort Siegeszeichen zu errichten, wo man keine Schlacht geschlagen hat. Wenn die Eindringlinge angesichts ihrer langen Nachschubwege aufgeben und sich zurückziehen, nehmen die Eingeborenen von ihrem Land wieder Besitz und wetzen ihre Dolche an den Gedenksteinen, auf denen der Großfürst vermerken ließ, daß er diese Provinz seinem Reich einverleibt hat.

Eine mögliche Lösung aus diesem Dilemma ist die Kooperation mit den Eingeborenen (das heißt z. B., einen griechischen Mythos nicht ohne die Zuhilfenahme philologischer Forschung zu deuten).

Im Fall der Wissenschaft sind das die Forscher, welche bisher ohne psychoanalytische Hilfe gearbeitet haben. Beide Seiten müssen allerdings ein Mindestmaß an Aufgeschlossenheit mitbringen. Immer tut der Analytiker sehr gut daran, Einwände nicht mit Behauptungen eines privilegierten Zugangs abzuwehren.

Eine andere Möglicheit ist die Gruppenanalyse. Wenn das untersuchte Thema, etwa ein Text, der interpretiert werden soll, einer ganzen Gruppe vorgelegt wird, dann ergibt sich aus den unterschiedlichen Identifizierungen und Stufen der Einfühlung in den Inhalt eine Möglichkeit der Deutungskontrolle, die jenen der interaktionellen Wahrheitsfindung ähnelt. Die Willkür einer mit tyrannischer Macht ausgerüsteten Intelligenz wird in diesem Fall begrenzt. Unterschiedliche Aspekte können erarbeitet werden; in Konfliktfällen ist ein ganz ähnlicher Prozeß möglich wie angesichts des Widerspruchs eines Analysanden, durch den sich der Widerstand in seinem Umfang erst erkennen läßt. Die einzelnen Mitglieder der Diskussionsgruppe ergänzen und korrigieren sich. Diese Modelle einer psychoanalytischen Arbeit an institutionellen Problemen werden gegenwärtig in der kollegialen Intervision oder – unter der Leitung eines speziell geschulten Analytikers – in Balintgruppen praktiziert, die ich institutionsanalytische Gruppen nenne, wenn sie mit Beratern, Supervisoren oder Führungskräften durchgeführt werden. Daß sie neben der Einsicht in Problemsituationen praktischer Arbeit im psychosozialen, pädagogischen oder medizinischen Feld auch Forschungsanstöße liefern können, ist bisher eher wenig beachtet worden.

Das Individuum begegnet einer Gruppe in der Regel mit ähnlichen emotionalen und zum Teil unbewußten Reaktionen wie einer Institution. Beiden Reaktionsformen liegt eine frühe, präödipale Beziehung zugrunde, in der die Grenze zwischen dem Ich und dem Nichtich unscharf bleibt. Bin ich Teil der Gruppe oder steht sie mir gegenüber? Verschlingt sie mich, oder kann ich etwas von ihr haben? Vergiftet sie mich oder nährt sie mich, oder ist beides gleichzeitig der Fall?

Ich will diese Situation an einem der ersten Beispiele einer Institutionsanalyse in unserer Arbeitsgruppe, weiterverfolgen[39] in dem eine Universtätslehrerin über die Probleme mit „ihrer" Organisation sprach. Ein Inhalt waren Scham- und Wutaffekte, als die Professorin erlebte, daß angesichts einer Feier in der religionspädagogischen Fakultät die Studenten, welche einen eigenen Gottesdienst gestalten sollten, den Professorinnen und Professoren Wasser in Plastikbechern als „Wasser des Lebens" anboten und keiner der anwesenden Erwachsenen in irgendeiner Form merken ließ, daß derlei kindische Gesten doch dem Niveau einer Hochschule nicht entsprächen. In dieser Szene kulminierte und konzentrierte sich der symbolische Gehalt einer von latenten Entwertungen und versagten narzißtischen Bedürfnissen charakterisierten Situation. Die Professorin fand die Studenten und den Lehrbetrieb niveaulos und hätte gerne an den interessanteren Aufgaben in der Forschung festgehalten, mit denen sie sich vorher beschäftigt hatte. Gleichzeitig bedeutete der Titel finanzielle Sicherheit und eine Möglichkeit, die vorher riskante und von unternehmerischen Zwängen bestimmte Position der selbständigen Forscherin durch einen beamteten Status abzulösen.

Als eine weitere Belastung ihrer Arbeit erlebte sie es, daß in dem kirchlichen Trägergremium der Hochschule überlegt wurde, diese Einrichtung abzuschaffen, weil die Studiengänge nicht genügend frequentiert seien. Viele Kollegen äußerten wie sie – vielleicht in weniger extremen Formen – Zweifel am wissenschaftlichen Niveau. Aber man sei sich allzu einig, das menschliche Klima sei gut. Es menschle sehr, ständig sehe man Dozenten in tiefen Gesprächen mit Studentinnen, einen Arm versonnen über deren Schulter gelegt.

Die Themen von Versorgung und Entwertung kehrten in allen Szenen wieder: Die Religionspädagogen versorgten die Dozenten mit wertlosem Wasser des Lebens aus Plastikbechern; diese versorg-

---

[39] Diese Arbeitsgruppe wurde 1997 in der Gesellschaft für analytische Gruppendynamik gegründet; sie umfaßte damals Annemarie Bauer, Katharina Grönig, Mechthild Grohs-Schulz, Georg Kilian, Ellen Kuhn und Wolfgang Schmidbauer; 1998 kam Michael Kindl hinzu.

ten die Studenten mit ihrer menschlichen Fürsorge, aber nicht mit ausreichendem Wissen und professionellen Kompetenzen; ein zentraler Studiengang, Pflegewissenschaften, krankte daran, daß kaum eine der Absolventinnen Chancen hatte, eine ihrer Qualifikation entsprechende Position zu finden. Alles endete wie das Hornberger Schießen; nach der Ausbildung fanden die Absolventen wieder einen Platz in ihrem vorherigen Beruf. Kein Wunder, daß sich die Kuratoriumsmitglieder überlegten, ob es nicht sinnvoll wäre, die Hochschule abzuschaffen; sie koste viel Geld und übernehme Aufgaben, die geradesogut von anderen Institutionen geleistet werden könnten.

In der Gruppendiskussion tauchte immer wieder das Unbehagen der Professorin bei der Szene mit dem Wasser des Lebens auf. Weshalb konnte sie ihren Ärger nicht formulieren? Warum wurde die theologische Seite der Institution so sehr betont, während andrerseits die Theologen im Leitungsgremium die Existenz der Hochschule in Frage stellten?

Erste Aufschlüsse lieferte eine historische Betrachtung. Die Fachhochschule wurde 1970 gegründet; zweifellos hing ihr Gründungsimpuls mit dem Reformoptimismus und dem Modernisierungsschub zusammen, den die Studenten- und Bürgerrechtsbewegungen der späten sechziger Jahre in Gang setzten. Diese Impulse haben sich heute teils an den sozialen Widerständen aufgerieben, die sie weit unterschätzt hatten, teils sind sie umgesetzt worden; viele ihrer Protagonisten sind heute selbst in Amt und Würden und müssen es sich gefallen lassen, daß sie gerade so ungerecht entwertet werden, wie sie selbst es mit der Generation ihrer Lehrer taten. In den neunziger Jahren werden in diesem Zusammenhang vor allem die Globalisierung der Konkurrenz und die mit ihr verbundenen Zwänge angeführt, soziale Errungenschaften zurückzuschrauben, um den eigenen Industriestandort zu verteidigen. Durch solche Prozesse sinkt das Prestige der sozialen Berufe und in der Folge auch derer, die in solchen Richtungen ausbilden.

Das führte in der beschriebenen Hochschule dazu, daß in allen Gremien immer wieder versucht wurde, das spezifisch Theologische der eigenen Arbeit im Gegensatz zur weltlichen Sozialarbeit herauszuheben. Warum schloß sich die Professorin durch ihre Abneigung gegen den in ihren Augen pseudoreligiösen und unkritischen Ritus aus dem Prozeß der defensiven Theologisierung der Institution aus? Ihr erster Einfall betraf ihre private Situation. Sie war froh, eine halbe Stunde Bahnfahrt von ihrem Arbeitsplatz entfernt zu wohnen. Aber dadurch war sie auch aus den sozialen Netzen ausgeschlossen, die für den großen Teil des Lehrkörpers eine wesentliche, identitätserhaltende Funktion hatten. Andere Professoren hatten Familie, saßen in Gemeinde- und Elternbeiräten, engagierten sich in Bürgerinitiativen und Wohltätigkeitsveranstaltungen. Das tat die Professorin auch, aber zusammen mit ihren alten Freunden und nicht im Kontext der Lehrenden. Sie hätte sich, hätte sie am Ort gewohnt, auch vor der sozialen Kontrolle gescheut und in ihrem Privatleben gestört gefühlt.

Weshalb mußte sich eine Hochschule, in der keine Theologen ausgebildet wurden, sondern Sozialpädagogen und Pflegedienstleistende, derart zwanghaft immer wieder auf ihren theologischen Auftrag besinnen. Dieses Ritual enthielt eine Botschaft über die Frühgeschichte der Institution. Ursprünglich war es geplant, das Spektrum der Neugründung um eine „vollakademische", theologische Fakultät zu erweitern. Der Verdacht wurde geäußert, begründet und als überzeugende Motivation akzeptiert, daß die Enttäuschung über den Prestigeverlust, welcher der Institution von den eigenen „Eltern" zugefügt wurde, durch die theologischen Lippendienste und die fromme Rhetorik in den Leitungsgremien kompensiert wurde. Dadurch gewann das Ritual mit dem Wasser des Lebens in Plastikbechern, das die „Kinder" der Institution den „Eltern" anboten, eine neue Qualität: Es drückte im symbolischen Gehorsam, der märchenhaft übersteigert wurde, mit ironischen Mitteln auch die Enttäuschung der Studierenden und der Professoren über die Institution aus, die Wein versprach, aber nur Wasser gab. Je mehr reales Prestige sie einbüßte und je unsicherer die Chancen der Ausgebildeten wurden, daß ihnen das, was sie an geistiger Nahrung erhalten hatten, für die Durchsetzung in der Welt nützte, desto stärker wurden geistliche Werte betont. Ein zeitweise als Hochschullehrer und Prüfer im Fach Psychologie tätiges Gruppenmitglied stellte dazu fest: „Ich hatte ebenfalls den Eindruck, daß die Noten im Abschlußexamen immer besser wurden, je düsterer sich die Arbeitsmarktlage für Diplom-Psychologen entwickelte."

1. Rituale, die ihren Mythos noch nicht gefunden haben

Auch in dem zweiten Beispiel läßt sich zeigen, wie entlastend und praktisch förderlich es sein kann, nach den Mythen zu suchen, die hinter auf den ersten Blick unsinnigen Ritualen einer Institution stehen können. Das Vorgehen ist zunächst dem der analytischen Bricolage ähnlich: Elemente werden aufgegriffen und so lange zusammengelegt, bis sie zu einem Bild „passen", das dann den Beteiligten eine neue Sicht der Situation erschließt, aus der sich wiederum bisher nicht wahrgenommene Entwicklungsmöglichkeiten ergeben. Die unmittelbare Handlungsrelevanz der mythologischen „Funde" wirkt dabei oft eher gering. Aber sie bewähren sich in der Beratungspraxis und in der Fortbildung von Beratern sehr, weil sie langfristige Entwicklungen anstoßen und in der unmittelbaren Auseinandersetzung erst einmal die Realitätswahrnehmung der Beteiligten schulen. Sie entlasten diese von ihrem eigenen Handlungsdruck – in diesem zweiten Beispiel dem Druck, unbedingt höchstqualifizierte therapeutische Arbeit leisten zu müssen, während die Voraussetzungen dafür gar nicht gegeben waren und die realen Möglichkeiten eher auf ein „erträgliches Miteinander" hinausliefen.

Hier das Beispiel: Ein Supervisor wird von einer Einrichtung angefragt, in der auffällige Jugendliche in Übergangswohngruppen betreut werden. Er vereinbart ein Vorgespräch, diskutiert die Arbeitssituation sowie die Inhalte der geplanten Beratung und erfährt schließlich, daß das Team die noch laufende Supervision bei einem Kollegen neben der mit ihm geplanten Supervision weiterführen will. Er regt nun an, auf diese Doppelsupervision zu verzichten, sich entweder für den bisherigen Supervisor zu entscheiden oder mit ihm einen neuen Anfang zu machen. Er wundert sich jetzt, was eine Anfrage neben der noch laufenden Supervision bei dem Kollegen zu bedeuten hat, den er für sehr qualifiziert hält; es handelt sich um einen promovierten Psychoanalytiker mit Abschluß an einem angesehenen Institut und Auslandserfahrungen bei einer hochbewerteten Koryphäe, der bereits einige Bücher über stationäre Psychotherapie verfaßt hat. Nach einem Jahr wird ihm mitgeteilt, der Kollege habe nun die Supervision von sich aus beendet; im Team sei eine Einigung, mit dem alten oder dem neuen Supervisor zu arbeiten, nicht zu erzielen gewesen.

Auch der neue Supervisor ist promoviert, Mitglied in mehreren Fachgesellschaften, ausgebildeter Psychoanalytiker mit einem zweiten Schwerpunkt in Organisationsentwicklung. Er stellt beim ersten Termin fest, daß das Team äußerlich günstige Arbeitsbedingungen hat – die Jugendlichen wohnen mit Betreuern und Therapeuten in einer Jugendstilvilla in einem idyllischen Vorort –, in sich aber heillos zerstritten ist. Die Hauptkampflinie scheint zwischen den Sozialpädagogen, welche die Jugendlichen betreuen, und den Therapeuten zu liegen, die zu festen Terminen Einzelbehandlungen durchführen.

Für den Supervisor schien sich die im Team geäußerte Auseinandersetzung um die Frage zu drehen, wer nun die „eigentliche" Arbeit leiste: die Betreuer oder die Therapeuten. Beide Gruppen hatten sich abgeschottet; sie schienen hinter Wällen zu sitzen und sich gegenseitig mit Entwertungen zu beharken; die Leiterin schien ohnmächtig, die zerstrittenen Gruppen zur Räson zu bringen. Die vier Betreuer – die Heilpädagogin und drei Sozialpädagogen – warfen den beiden Therapeuten – der Psychologin und einer Sozialpädagogin mit Kunsttherapieausbildung – vor, daß sich diese hinter ihrer Schweigepflicht verschanzten und zu keiner Auskunft bereit seien, was sie während ihrer Therapie mit den Klienten besprächen. Wenn die Betreuer einen Vorschlag machten – beispielsweise einen Jugendlichen, der stabil erscheine, zu entlassen – behaupte die Kunsttherapeutin, er sei selbstmordgefährdet und müsse unbedingt bleiben. Aber den Betreuern erscheine das als pure Willkür. Niemand wisse, wie fundiert diese Urteile seien. Man traue der Kunsttherapeutin zu, die Jugendlichen zu beeinflussen, um ihre Vorurteile zu bestätigen. Wenn sie wolle, daß einer depressiv sei, dann gebe sie ihm eben nur schwarze Farben; wenn er dann ein düsteres Bild male, behaupte sie, er sei selbstmordgefährdet, in Wirklichkeit wolle sie aber nur mit ihm weiter malen und keinen unbequemen neuen Klienten. Sie sei im Grunde auch gar keine richtige Therapeutin, sondern eine Sozialpädagogin wie die Betreuer auch. Zusatzausbildungen hätten auch die Betreuer abgeschlossen, manche bessere, als es die der Kunsttherapeutin sei.

Die Psychologin hielt sich völlig zurück; ihr schien es zu gefallen, daß ihre Rivalin angegriffen wurde. Die Heilpädagogin suchte zu schlichten: schließlich sei Maria als Therapeutin angestellt, und deshalb sei das, was sie mache, Therapie. Wenn einer von den Betreuern mit der gleichen formalen Qualifikation eine Stunde mit einem Jugendlichen rede, sei das trotzdem ein pädagogisches Gespräch. Aber leider – jetzt blickte sie hilfesuchend auf den Supervisor – geschehe es auch, daß ein Betreuer eine ganze Stunde lang mit einem Jugendlichen spreche und das Therapie nenne, worauf dieser dann nicht mehr in seine Therapiestunde gehe, er habe schließlich in dieser Woche schon eine Stunde Therapie gemacht. Außerdem würden die Betreuer behaupten, daß die Therapeuten keine wirklichen Therapeuten seien, weil keine ihrer Zusatzausbildungen anerkannt sei, das sei unsolidarisch.

Der Supervisor fühlte sich blockiert. Als Therapeut mußten ihn die Unterstellungen, welche die Kunsttherapeutin trafen, zumindest streifen. Er fragte nach einem Konzept; das Team schien aufzustöhnen und ein Betreuer behauptete, Konzeptarbeit hätten sie in den vergangenen Jahren mit seinem Vorgänger bis zum Erbrechen geleistet, er sei dafür, jetzt mit einer richtigen Supervision zu beginnen und die Fronten endlich aufzulösen. Was um Himmels willen, dachte der Supervisor, hatte sein Vorgänger hier gemacht? Das war doch ein hochqualifizierter Mann, wie konnte es geschehen, daß sich dieses Chaos aus seiner Konzeptarbeit ergab? Konnte er sagen, daß es Unsinn sei, in dieser Jugendwohngemeinschaft Therapiestunden unter Schweigepflicht durchzuführen und auf diese Weise Therapie und Pädagogik auseinanderzudividieren? War er als Therapeut nicht auch verpflichtet, Schweigepflichten zu respektieren? Warum setzte sich die Leiterin nicht durch?

In der Kontrollsupervision betrachteten wir den Gegensatz zwischen dem Wunsch dieses Teams nach zwei hochqualifizierten Therapeuten-Supervisoren – möglichst gleichzeitig – und der Konzeptlosigkeit seiner Selbstdarstellung. Eine erste Interpretation war die narzißtische Objektwahl: Der spitzenqualifizierte Therapeut ist sozusagen das professionelle Ideal der Einrichtung; wenn möglichst viel von ihm in möglichst vielen Gestalten in sie kommt, kann sie ihre Selbstgefühlsmängel ausgleichen. Die Phantasie, zwei solcher Supervisoren gleichzeitig zu haben, drückt einen Wunsch aus, die Kluft zwischen Betreuern und Therapeuten symbolisch zu schließen. Die hochidealisierten Stellvertreter müssen bewerkstelligen, was den Mitarbeitern nicht gelingt; wenn sie daran scheitern, ist es immerhin möglich, sich daran aufzuwerten, daß selbst „echte" Therapeuten nicht mit der Situation zurechtkommen.

Eine zweite Interpretation greift die Ähnlichkeit zwischen der Institution und den Familien auf, aus denen sozial auffällige Jugendliche kommen. Strukturlosigkeit und kannibalische (d.h. auf Entwertung von Liebesobjekten basierende) Formen narzißtischer Bestätigung sind in den Ursprungsfamilien entwicklungsgestörter Jugendlicher sehr häufig. Die Institution spiegelt diese Situation. Jeder scheint jeden zu entwerten, um das eigene Selbstgefühl aufzubessern. Zusätzlich fühlt sich jede Untergruppe von der anderen entwertet: Die Pädagogen fühlen sich als Kontrolleure, Aufpasser und Schließer verkannt; die Therapeuten als egoistische, unproduktive Schmarotzer. In der institutionsanalytischen Kontrollsupervision entwickelt sich ein Vergleich mit frühmittelalterlichen Städten, wo jede vornehme Familie den eigenen Palast mit Turm und Mauer befestigte. Wer schutzlos die Straße überquerte, wurde ausgeplündert; nachts gab es Scharmützel zwischen den Bewaffneten der einen oder anderen Gruppe. Eine der ersten Maßnahmen der kommunalen Organisation in diesen Städten waren Gesetze, die Geschlechtertürme zu schleifen. Während so in den fortschrittlichen Gemeinden wie Florenz und Siena nur die Türme der Stadtverwaltung erhalten blieben, überstanden in eher rückständigen Kommunen wie San Gimignano die Geschlechtertürme diese Entwicklung und blieben bis heute erhalten. Die Institution läßt sich mit einer solchen eher rückständigen Stadt vergleichen, in der professionelle Rivalitäten ausgetragen werden, die in größeren Einrichtungen mit einer entwickelteren Führung gebändigt werden. Die Suche nach dem höchstqualifizierten Supervisor stellt einen Versuch dar, diesen Mangel zu beheben, ohne sich den Disziplinierungen einer starken Führung unterwerfen zu müssen.

Eine weitere Metapher über den Umgang der hier beschriebenen Institution mit den Supervisoren bietet die Drogenabhängigkeit, die ebenfalls ein Mittel ist, narzißtische Störungen zu kompensieren. Weil alsbald deutlich wird, daß die betäubende Droge nicht genügt, um den ersehnten Zustand herzustellen, wird nicht die Frustrationstoleranz gestärkt, sondern die Dosis gesteigert, bis der Betroffene Drogen braucht, um die unerwünschten Wirkungen der Drogen zu kompensieren. Lösungsmodelle nach dem Prinzip „Mehr vom selben" führen dann zu einem Teufelskreis, wenn das Problem durch Nebenwirkungen des Lösungsprinzips verstärkt wird. Insofern spiegelt sich in der Wahl von zwei idealisierten Supervisoren die Abneigung, in der Supervision wirklich zu arbeiten und die Einrichtung zu verbessern. Der Wahlmodus setzt die kannibalischen Formen der narzißtischen Bestätigung fort, die ihrerseits nach dem Gesetz des Teufelskreises funktionieren.

Wenn ich mein Selbstgefühl als derart bedroht erlebe, daß ich es nur noch durch die Entwertung meiner Kollegen retten kann (durch die ich mich selbst aufwerte), dann werden meine so traktierten Kollegen nicht lange zögern, um durch Gegenentwertungen – meist in der Gestalt von Vorwürfen – mein wackeliges Selbstbewußtsein weiter zu schwächen. Beispiel: „Wenn die Betreuer durch ihre Inkompetenz in therapeutischen Angelegenheiten und ihre Anmaßung, darin doch mitzureden, meine Arbeit mit Charlie nicht unterminiert hätten, hätte er nicht abgebrochen!" „Ich wußte ja schon längst, daß wir den Charlie nicht halten können. Aber die Therapeuten hatten ja keine Ahnung, was mit ihm wirklich los war. Der hat die doch von hinten und vorne abgelinkt. Aber auf uns hören die ja nicht. Die sitzen auf dem Stühlchen und lassen spielen. Wir alle könnten unsere Zeit sinnvoller verbringen als damit!"

Die Schönheitskonkurrenz der Berater und die Auswahl des „richtigen" Supervisors können in solchen Situationen zu einer Art Ersatzinstitution werden, vergleichbar der Playboy-Lektüre frustrierter Männer: Keine der abgebildeten Frauen ist wirklich zu haben, keine trägt dazu bei, den Zustand der versagten Befriedigung real zu lindern. Aber zur Kompensation haben alle nicht nur einen perfekten Körper, sondern sie stellen diesen auch in aufreizenden Posen zur Verfügung, und wenn das nicht genügt, kann der Konsument immer noch umblättern zur nächsten. Freilich hinkt dieser Vergleich insofern, als es weit einfacher ist, den Unterschied zwischen dem Foto einer Frau und einer realen Frau festzustellen, als den Unterschied zwischen dem Berater als idealisierter Ikone und dem Berater als real wirksamem Helfer. Anfangs ist die Idealisierung des Helfers sehr häufig von großem Wert, um einen Prozeß einzuleiten: Nur, wenn ihm zugetraut wird, daß er die Probleme handhaben kann, die mir unlösbar erscheinen, kann ich mich schließlich entscheiden, diese überhaupt auf den Tisch zu legen. Gefährlich erscheinen Situationen, in denen diese Idealisierungsphase nicht beendet werden darf, weil sonst auch die Basis für den Veränderungswillen nicht mehr trägt. Mit der Idealisierung kann sich nichts verändern, ohne die Idealisierung darf sich nichts verändern. In dem geschilderten Team fühlten sich Betreuer und Therapeuten derart am Rande ihres professionellen Selbstgefühls, daß sie den Supervisor nur so lange in Anspruch nehmen wollten, wie dieser in der Lage war, ihnen die Illusion zu vermitteln, er gebe ihnen völlig recht und den Kollegen, von denen sie sich entwertet fühlten, völlig unrecht. Auf dieser Basis ist aber keine Kooperation und keine Entwicklung tragfähiger Beziehungen möglich.

Die betreffende Wohngemeinschaft war von einer Initiativgruppe der Reformbewegung in der Psychiatrie gegründet worden, die sich mit Modellen wie dem der „Therapeutischen Gemeinschaft" (R. Laing) gegen die etablierten Institutionen abgrenzte und beispielsweise psychiatrische Diagnosen als Etikettierung und Stigmatisierung auffälligen Verhaltens ansah, die in einer wahrhaft humanen Einrichtung nichts zu suchen hätten. Nach einigen Jahren verlangten die Geldgeber, daß die Mitarbeiter professionelle Qualifikationen vorweisen müßten. Das führte dazu, daß die von allen geschätzte und charismatisch-integrierende „zentrale Person" der Gründungsphase, eine Psychiatrieschwester und frühere Stationsleiterin, nicht mehr in leitender Funktion mitarbeiten konnte. Um kostendeckende Tagessätze zu erhalten, mußten ein therapeutischer Dienst eingerichtet und höherbezahlte Diplom-Psychologen eingestellt werden; dennoch konnte sich die Gruppe nicht von den früheren Idealen verabschieden. Die Therapeuten, in ihrem Stellenwert Nachfolger der verlorenen „zentralen Figur", sollten Übermenschen sein und sowohl die neuen Professionalisierungsbedürfnisse wie die alten Gemeinschaftswünsche erfüllen. Eine derartige Überschätzung mündet häufig in kannibalische Mechanismen. Der Supervisor begegnete einer Spätphase dieses Kompensationsversuchs, in dem die therapeutischen Mitarbeiter für das Schlechte, das in die Gemeinschaft gekommen war, verantwortlich gemacht wurden, während von dem idealisierten Supervisor erwartet wurde, die narzißtischen Mangelzustände auszugleichen. Als der neue Supervisor diese Zusammenhänge herausgearbeitet hatte, wurde auch verständlich, daß der frühere Supervisor vor allem als Leiterersatz verwendet worden war. „Wenn er da war, haben wir uns in den schwierigen Fällen einigen können, aber das hat immer nur einige Tage vorgehalten."

Nach einigen Sitzungen bat der Supervisor wieder, die beschriebene Einrichtung in der eigenen Supervision reflektieren zu können. Er verstehe manches nicht, was sich inzwischen ergeben habe, vor allem nicht, weshalb das Team, das erst so gezögert habe, sich auf ihn einzulassen, jetzt eine Art Abhängigkeit zeige und sich verhalte wie ein Kind, das vergessen hat, wie man sich die Schuhe zubindet, um die Zuwendung der Mutter zu erzwingen. Er habe den Eindruck, etwas erarbeitet und geklärt zu haben – dann komme am nächsten Tag ein Anruf mit der Bitte um einen Extratermin, weil neue Konflikte aufgebrochen seien. Auch habe er ein Stück Gründungsgeschichte herausgefunden: Eine der Gründerinnen, eine Sozialpädagogin, die damals in einem Krankenhaus arbeitete, habe mit dem Oberarzt der Klinik in S., von der viele Patienten zugewiesen wurden, ein Verhältnis gehabt. In diesem Kontext seien beide auf den Gedanken gekommen, eine solche Wohngemeinschaft zu gründen; dann hätten sie den Trägerverein gesucht.

Aus dieser Ergänzung ergeben sich neue Metaphern, um die Rolle des Supervisors zu präzisieren, in die ihn die Institution nach ihrem unbewußten Mythos bringen „will". Er soll die Nachfolge des begehrten, aber nicht verfügbaren Geliebten antreten, der immer zuwenig tut und zuwenig verfügbar ist. Das Team verhält sich wie die illegitime Geliebte, welche versuchen muß, ihre Ansprüche mit allen Mitteln durchzusetzen; es agiert sozusagen „hysterisch", d. h. setzt regressive Mittel ein, um sich zur Geltung zu bringen. Diese Metapher kann auch einen weiteren Aspekt der Dynamik von Organisationen erläutern, die sich von eher familiären Formen zu geregelten Institutionen entwickeln.

Solange freundschaftliche Beziehungen vorherrschen, sind keine Regelungen notwendig, um Interessengegensätze so zu bändigen, daß sie die Zusammenarbeit nicht lähmen. Ähnlich wie in Familien wird subjektiv „aus Liebe (zur Aufgabe)" gehandelt – und ähnlich wie in Familien sind die Enttäuschungen, die Ansprüche und die aus versagten Ansprüchen resultierenden Aggressionen sehr heftig, wenn diese Liebe die Organisation nicht mehr trägt, sondern z. B. deutlich wird, daß für gleiches Engagement ungleiche Gehälter bezahlt werden. Der Supervisor ist in solchen Situationen häufig der, an den Erwartungen gerichtet werden, „mich zu verstehen", d. h. die frustrierten Wünsche an eine familiäre Institution doch noch durchzusetzen. Wenn der Supervisor dann die regressiven Bedürfnisse analysiert und nicht erfüllt, kann es geschehen, daß durch eine Steigerung der Regression die drohende Versagung dieser Bedürfnisse aufgeschoben werden soll. Interessant ist in diesem Zusammenhang das offenkundige „schlechte Gewissen" des Supervisors gegenüber dem Kontrollsupervisor, diesen „schon wieder mit dieser Supervision zu behelligen"; hier spiegelt sich die ambivalent erlebte Bedürftigkeit des Teams. Man kann vermuten, daß der unzuverlässige, idealisierte Geliebte, bzw. der unentbehrliche, aber die Arbeit der Sozialpädagogen eigentlich eher störende Therapeut ebenso wie der nicht immer präsente, aber doch idealisierte Supervisor allesamt Gegenstand unbewußter Aggressionen sind; die überflüssige Entschuldigung des Supervisors belegt seine Identifizierung mit dieser durch latente Aggressivität geprägten Situation.

2. Vitaminmangel in Organisationen

Bleibt man im Bild der kannibalischen Form narzißtischer Bestätigung, so läßt sich eine häufige Art der Fehlentwicklung in Organisationen mit der Metapher des „Vitaminmangels" beschreiben.

Lange Zeit hat die Menschheit überlebt, Städte gebaut und Kunstwerke geschaffen, ohne überhaupt zu wissen, daß es Vitamine gibt. Das „Lebenseiweiß" nahmen alle dadurch zu sich, daß sie sich normal verhielten und die Speisen aßen, die es gab; da Konservierung teuer war, fanden sich fast immer genügend frische pflanzliche und tierische Produkte darunter. Erst im Zeitalter der Entdeckungen wurden auf den monatelangen Schiffsreisen die gefürchteten Skorbuterkrankungen beschrieben.[40]

Die Metapher des Vitaminmangels liegt nahe, wenn eine leidende Institution sozusagen den Berater verzehren möchte, um sich dessen

---

40 Fauler Atem und belegte Zunge sind die ersten Symptome; später blutet das Zahnfleisch, die Zähne lockern sich und fallen aus, überall am Körper entstehen Blutergüsse, die Stimmung ist gedrückt, die Kraft schwindet. – Noch im 18. Jahrhundert wurde Skorbut in der britischen Marine praktisch ausgerottet, weil alle Seeleute täglich Zitronensaft erhielten. Sehr viel später wurden die ersten Vitamine entdeckt; in der Encyclopedia Britannica von 1911 wird noch diskutiert, ob der Gemüsemangel oder ein Gift in gesalzenem Fleisch für Skorbut (scurvy) verantwortlich sei.

Qualitäten zuzuführen. Weshalb lebt die Institution schon so lange von Pökelfleisch und Schiffszwieback? Warum unternimmt sie keine Versuche, ihre Ernährungsgewohnheiten umzustellen, um auf diese Weise erst gar nicht in Gefahr zu kommen, einen ungesunden Appetit auf den Verzehr von Beratern zu entwickeln? Die Metapher hilft vielleicht noch einen Schritt weiter, ehe sie uns wieder im Stich läßt: Es mag daran liegen, daß die Menschen in dieser Institution in einer ähnlichen Lage sind wie Gefängnisinsassen, Belagerte oder Matrosen, die wegen widriger Winde oder Flaute keinen Hafen erreichen. Sie kommen nicht an, sie können keinen Austausch mit ihrer Umwelt finden, aus dem ihnen frische Impulse zuwachsen, sie leben von Konserven.

Die „Nahrung" der Mitarbeiter einer Institution sind Erfolgserlebnisse, kollegiale Bestätigung, Anerkennung. Ähnlich wie gesunde, junge Menschen mit guten Kraftreserven erheblich später an Skorbut leiden als bereits geschwächte Personen, kann auch der Mitarbeiter oft lange auf frische Nahrung verzichten und trotzdem funktionieren. Aber gerade diese Fähigkeit des Organismus, Mängel zu kompensieren, führt zu destruktiven Umgangsformen. Niemandem würde es einfallen, die Matrosen nicht nur der Vitamine, sondern auch des Sauerstoffs in der Atemluft zu berauben: Wenn alle binnen weniger Minuten zu ersticken drohen, ist die Institution alarmiert und schafft Abhilfe. Aber wenn die Hälfte der Mannschaft an Skorbut stirbt, ist das ein Preis, den die berühmten Kapitäne der großen Entdeckungsreisen durchaus zu zahlen bereit waren. Bei solchen Verlusten glauben die meisten Menschen noch, sie seien mit größerer Wahrscheinlichkeit unter den Überlebenden, und gehen das Risiko ein, wenn nur die Prämie genügend lockt.

Viele therapeutische und pflegerische Arbeitsfelder haben diese Qualität; auch wer mit schwer gestörten Jugendlichen arbeitet, die in Familie, Schule, Heim, Lehrstelle und Klinik nicht Fuß fassen und sich entwickeln konnten, kann seinen gesellschaftlichen Auftrag, diese Gescheiterten zu rehabilitieren und zu resozialisieren, nur selten erfüllen. Die Ursachen der institutionellen Mangelzustände in solchen Fällen sind also:

1. Überhöhte Erwartungen: „Eigentlich müßten wir allen helfen können."
2. Hohe Bedürftigkeit: „Eigentlich müßte es den Klienten doch nach jeder Therapiestunde besser gehen."
3. Unüberwindliche Grenzen: „Weiter als bis BAT 3b werde ich es hier nie bringen."

Dadurch steigen die Ansprüche, von den Kollegen bzw. den Vorgesetzten anerkannt zu werden. Wenn schon die positiven Aussichten im Beruf und die Erfolgserlebnisse soviel dürftiger sind als es die eigenen Erwartungen vorhersagen wollten, dann müssen mindestens die Kollegen sehr viel Verständnis haben, wenn wieder etwas schief gegangen ist; sie müssen mir entgegenkommen, wenn ich während der Weihnachts- und Neujahrsferien in Urlaub fahre, weil ich schließlich den Wintersport mit meiner Familie unbedingt brauche, um nicht alle Motivation zu verlieren. In solchen Situationen wird es unerträglich, wenn die Kollegen, statt in dieser Weise Verständnis für mich zu haben, nun von mir erwarten, daß ich es bin, der sie tröstet und für sie auf seinen wohlverdienten Urlaub verzichtet. Vielleicht habe ich schon vorher daran gezweifelt, ob sie es wirklich mit der Arbeit so ernst und gut meinen wie ich; jetzt vertieft sich dieser Zweifel und immer häufiger drängen sich erlösende Vorstellungen auf, daß Mißerfolge und Enttäuschungen eigentlich gar nichts mit mir zu tun haben, daß die Arbeit glatt und erfolgreich laufen könnte, wenn nicht die Kollegen durch Fehler, Gleichgültigkeit und Selbstbezogenheit immer wieder die aufbauenden Wirkungen meiner Arbeit zunichte machen würden.

An dieser Stelle setzen dann die narzißtischen Rituale ein, die wir als kannibalisch beschrieben haben. Sie lassen sich mit dem sogenannten Not-Kannibalismus der Ausgesetzten und Schiffbrüchigen vergleichen, die ihren Hunger nur noch aneinander stillen können. Der narzißtische Kannibalismus unterscheidet sich vom oralen jedoch dadurch, daß das Objekt überlebt, aber seine „nährenden" Qualitäten für mich allmählich vernichtet werden. In allen ausgeprägten Fällen schlagen sie in zehrende um. Wenn meine Kollegin mich nicht genügend bestätigt und verwöhnt, kann ich in einer Art Autophagie anfangen, mich selbst zu verzehren, mich zu tadeln, daß ich sie nicht dazu bringe, liebevoller zu sein. Sie wird zunächst nichts gegen mich unternehmen; ich kann allerdings auch recht sicher sein, daß sie nichts mehr für mich tun wird; sie wird sich wie bisher vorwiegend an den eigenen Interessen orientieren. Ich kann mich nun weiter selbst verzehren, oder irgendwann, direkt oder indirekt (z. B. durch Tratsch, Anschwärzen) nicht nur die ursprüngliche Frustration, sondern auch die Tatsache, daß ich mich, um sie zu schützen, so lange selbst verzehrt habe, an sie herantragen. Die Reaktion wird meinen narzißtischen Mangelzustand nicht beheben, sondern vertiefen: ich habe keine andere Kollegin, die mich bestätigen könnte, gewonnen, wohl aber den kleinen Rest, den ich von ihr bisher bekam, auch noch verloren. Wer anders kann daran schuld sein als sie?

Die Frage liegt nahe, weshalb es Menschen oft sehr schwer fällt, sich aus solchen kannibalischen Verstrickungen zu befreien, in denen ihr Selbstgefühl mehr und mehr zermürbt wird. Ähnliche Fragen drängen sich z. B. auch dem Eheberater angesichts zerstrittener Paare oder dem Theaterbesucher auf, der Edward Albees Stück „Wer hat Angst vor Virginia Woolf" betrachtet. Die Antwort ist zunächst einmal, daß eben jener Mut, der zu einem Neuanfang gehört, ein weniger zerstörtes Selbstgefühl erfordert. Psychodynamisch kommt hinzu, daß der entwertete Kollege, gerade wenn er mich schlecht behandelt und selbst schlechter arbeitet als ich, ein nützlicher Sündenbock ist, der Aggressionen bindet und mich vor Selbstzweifeln schützen kann, die unter unbelasteten Verhältnissen auftreten könnten. Das Anwachsen der Mobbing-Diskussion in den Medien zeigt, wie sehr solche kannibalischen Rituale im Zusammenhang mit einem sinkenden Angebot und wachsenden Ansprüchen an narzißtische Befriedigung zu einem Thema für ein Massenpublikum werden. Die gesellschaftliche Macht der Ideale von Selbstdisziplin, Leidensbereitschaft und Pflichterfüllung schwindet; Opferrollen und Anspruchshaltungen haben Konjunktur.

Diese Schlußbeispiele gingen deshalb etwas ins Detail, weil die ungebrochene Fruchtbarkeit einer Auseinandersetzung mit Mythen dokumentiert werden sollte. Sie scheint besonders im Feld der Metaphern- und Institutionenanalyse aktuell. Hier erschließen sich Arbeitsfelder für die psychoanalytische Beobachtungs- und Deutungskunst, die eine reflektierte und sensible Abkehr von klassischen klinischen Mustern ebenso erfordern wie fördern. Jedem Berater wird es darum gehen, herauszufinden, wie Organisationen funktionieren und was er tun kann, um sie in ihren Leistungen zu verbessern. Aber nur der Psychoanalytiker ist geschult, das Irrationale in Institutionen wahrzunehmen und sich geduldig darum zu bemühen, es zu verstehen. Und hier scheint das Modell vom Ritual, zu dem noch kein Mythos gefunden ist, außerordentlich brauchbar. Denn wie der Mythos das Ritual erklärt, so bietet er auch Ansätze, es zu verändern, oft schon allein deshalb, weil das Benannte andere Umgangsformen erschließt als das Unbenannte. Wer den alten Geschichten zuhört und sie Geschichten sein läßt, sie nicht zu Allegorien macht und keine Moral, keinen Nutzen in ihnen sucht, der findet schließlich Bedeutungen, mit denen er etwas anfangen kann.

Literatur

Abraham, K.: Clinical Papers, London 1955.
- Traum und Mythos. Eine Studie zur Völkerpsychologie (1909) in: Psychoanalytische Studien zur Charakterbildung und andere Schriften, hrsg. v. Cremerius, J., Frankfurt 1969.

Ach, N.: Über die Begriffsbildung, Bamberg 1921.
Allport, F. H. u. Lepkin, M.: Wartime Rumors of Waste and Special Privilege: Why some People Believe them, J. Abnorm. and Soc. Psychol., 40 (1945), 3–36.
Allport, G. W.: Persönlichkeit, Stuttgart 1949.
- u. Postman, L. J.: The Basic Psychology of Rumor, in Newcomb and Hartley: Readings in Social Psychology, New York 1947, 547ff.

Ancorville, P. de: Recherches sur l'origine, l'esprit et le progrès des arts de la Grèce, London 1785.
Argyris, C.: Wissen in Aktion, Stuttgart 1997.

Bachofen, J.: Das Mutterrecht, Basel 1861.
Badcock, Ch.: Oedipus in Evolution. A New Theory of Sex, Oxford 1990.
Balint, M.: Der␣regredierte Patient und sein Analytiker, Psyche, 15 (1961), 253ff.
Barnouw, V.: A Psychological Interpretation of a Chippewa Origin Legend, J. of Am. Folklore, 68 (1955), 341ff.
Bartlett, F. C.: Remembering, Cambridge 1932.
- Social Factors in Recall, in Newcomb and Hartley: Readings in Social Psychology, New York 1947, 69ff.

Bauer, A., Gröning, K. (Hg.): Institutionsgeschichten, Institutionsanalyse, Tübingen 1995.
Baumann, H.: Mythos in ethnologischer Sicht, Stud. gen. 12 (1959), 1ff.
Benz, R. (Übers.): Legenda aurea des Jacopo da Voragine, Heidelberg 1964 4.
Bergmann, M. S.: The Impact of Ego Psychology on the Study of the Myths, American Imago, 23 (1966), 257ff.
Bergson: The two Sources of Morality and Religion, New York 1954.
Bernhard, Th.: Interview in Die Zeit, 33 (1979).
Bethe: Thebanische Heldenlieder, Berlin 1891.

Bidney, D.: Myth, Symbolism, and Truth, in Seboek 1958 (s. d.).
Bischof, N.: Das Rätsel Ödipus. Die biologischen Wurzeln des Urkonflikts von Intimität und Autonomie, München 1985.
– Gescheiter als alle die Laffen. Ein Psychogramm von Konrad Lorenz, München 1991.
– Das Kraftfeld der Mythen. Signale aus der Zeit, in der wir die Welt erschaffen haben, München 1996.
Bitter, W. (Hg.): Abendländische Therapie und östliche Weisheit, Stuttgart 1968.
Blumenberg, H.: Wirklichkeitsbegriff und Wirkungspotential des Mythos, in Manfred Fuhrmann (Hg.), Terror und Spiel. Probleme der Mythenrezeption, München 1971.
– Arbeit am Mythos. Frankfurt 1990 5.
Boas, G.: The Hieroglyphics of Horapollo, New York 1950.
Bonaparte, M.: Mythes de Guerre, Paris 1950.
Boor, C. de u. Moersch, E.: Emmy von N. – Eine Hysterie? Versuch einer Re-Evaluierung. Psyche 34 (1980), 265–279.
Borkenau, F.: Zwei Abhandlungen zur griechischen Mythologie, Psyche, 11 (1957/8), 1ff.
Bram, F. M.: Das Geschenk der Anna O. Psyche 27 (1973), 449–459.
Briffault, R.: The Mothers, New York 1927.
Brockhaus G.: Schauder und Idylle. München 1997.
Brunner, E.: Die Anima als Schicksalsproblem des Mannes, Zürich 1963.
Buchholz, M. B. (Hg.): Metaphernanalyse, Göttingen 1993.
Bühler, K.: Die Krise der Psychologie, Jena 1927.
Buess, E.: Geschichte des mythischen Erkennens, München 1953.

Camp, Sp. de: Die Ingenieure der Antike, Düsseldorf 1965.
Campbell, J.: The Hero with a Thousand Faces, New York 1956.
Cassirer, E.: Die Begriffsform im mythischen Denken, Leipzig 1922.
– Essay on Man, New Haven 1944.
– Myth of the State, New Haven 1946.
– Philosophie der symbolischen Formen, 3 Bde., Darmstadt 1953.
– Was ist der Mensch?, Stuttgart 1960.
Clauser, G.: Psychotherapie-Fibel, Stuttgart 1967 3.
Comes, N.: Mythologia, Venedig 1581.
Comparetti: Edipo e la mitologia comparata, Siracusa 1880.
Constans, L.: La Légende d'Œdipe, Paris 1881.

Cox, G. W.: An Introduction to the Science of Comparative Mythology and Folklore, London 1881.

Cremerius, J.: Vom Handwerk des Psychoanalytikers: Das Werkzeug der psychoanalytischen Technik. Bd. II., Stuttgart 1984.

Creuzer, F.: Symbolik und Mythologie der alten Völker, besonders der Griechen, Leipzig u. Darmstadt 1836–42 (4 Bände).

Croesius, G.: Homeros Hebraikos, Dordrecht 1709.

Daniélou, I.: Phenomenology of Religions and Philosophy of Religion, in: Eliade u. Kitagawa 1959 (s. d.).

Delcourt, M.: Œdipe ou la légende du conquérant, Liège 1944.

Dement, W.: The Physiology of Dreaming, Ph. D. Thesis, Chicago 1958.

Deubner, L.: Oedipusprobleme, Abh. d. preuß. Akad. d. Wiss., phil. hist. Klasse 1942, Berlin 1942.

Devereux, Georges: Normal und anormal. Aufsätze zur allgemeinen Ethnopsychiatrie, Frankfurt 1974.

– Angst und Methode in den Verhaltenswissenschaften, München 1976.

– Ethnopsychoanalyse. Die komplementaristische Methode in den Wissenschaften vom Menschen, Frankfurt 1978.

Diel, P.: Le symbolisme dans la mythologie Grecque, Paris 1952.

Dilthey, W.: Ideen zu einer beschreibenden und zergliedernden Psychologie, S. Ber. d. Preuß. Akad. d. Wiss., Berlin 1894.

– Einleitung in die Geisteswissenschaften, Ges. Schr., 1. Band, Leipzig 1923.

Dirlmeier, F.: Der Mythos von König Ödipus, Mainz 1964.

Dorsch, F.: Psychologisches Wörterbuch, Hamburg-Bern 1959 6.

Dorson, R. M.: The Eclipse of Solar Mythology, in Seboek 1958 (s. d.).

– Theories of Myth and the Folklorist, in Murray 1960 (s. d.).

Douglas, M.: Die Bedeutung des Mythos, in: Leach, E. (Hg.), Mythos und Totemismus, Frankfurt 1973.

Duerr, H. P. (Hg.): Die wilde Seele. Zur Ethnopsychoanalyse von Georges Devereux, Frankfurt 1987.

Duncker, K.: Zur Psychologie des produktiven Denkens, Berlin 1935.

Durkheim, E.: Die Methode der Soziologie, Leipzig 1908.

– Les formes élémentaires de la vie religieuse, Paris 1912.

– u. Mauss, M.: De quelques formes primitives de classification, Année sociologique, 6, Paris 1901-2.

Ebbinghaus, H.: Über das Gedächtnis, Leipzig 1885.

Edelson, J. T.: Freud's Use of Metaphor, Psychoanal. Stud. Child 38 (1983), 17–60.
Edmunds, L.: The Body of Oedipus, Psychoanalytical Review 75 (1988), 51–66.
Edmunds, L.: The Ancient Legend of Oedipus and Its Later Analogies, Baltimore 1985.
Eggan, D.: The Personal Use of Myths in Dreams, in Seboek 1958 (s. d.).
Ehrenburg, I.: Menschen, Jahre, Leben, München 1962.
Eliade, M.: Mythen, Träume und Mysterien, Salzburg 1961.
– Das Mysterium der Wiedergeburt, Zürich 1961 (nicht im Text zitiert).
– Schöpfungsmythos und Heilsgeschichte, Antaios, 9 (1967), 329ff.
– Kitagawa, J. M. (Hg.): The History of Religions – Essays in Methodology, Chicago 1959.
Erdheim, M.: Die gesellschaftliche Produktion von Unbewußtheit, Frankfurt 1983.

Feix, J.: Herodot – Historien. Griechisch-deutsch ed., München 1963.
Ferenczi, S.: Beitrag zur Diskussion über Onanie, 1992 in: Bausteine zur Psychoanalyse Bd. III, Berlin 1984.
Flugel, J. C.: Probleme und Ergebnisse der Psychologie, Stuttgart 1950.
Fortes, M.: Oedipus and Job in West African Religion, Cambridge 1959.
Fox, W. Sh.: Greek and Roman Mythology (Mythology of all Races, I. Band), New York 1944 2.
Frazer, J. G.: The Golden Bough, Part III: The Dying God, London 1912.
– The Golden Bough, Part VI: The Scapegoat, London 1913.
– The Golden Bough, abridged edition, London 1922, (zit. nach der Taschenbuch-Ausgabe, London 1963).
– Folklore in the Old Testament, London 1924 (3 Bde.).
Frenzel, E.: Stoffe der Weltliteratur, Stuttgart 1963 2.
Freud, S.: Über „wilde" Psychoanalyse, Wien 1910.
– Ges. Werke (18 Bände), London 1940ff.
– Bemerkungen über einen Fall von Zwangsneurose, Wien 1909. zit. n. Ges. Werke VIII, London 1940
– Neue Folge der Vorlesungen zur Einführung in die Psychoanalyse, Leipzig-Wien-Zürich 1933, zit. n. GW XV, London 1940.
– Aus den Anfängen der Psychoanalyse – Briefe an W. Fliess, London 1950.
– Die Traumdeutung, Wien 1900, zit. n. der Taschenbuch-Ausgabe, Frankfurt 1961.

- Drei Abhandlungen zur Sexualtheorie, Wien 1904-5, zit. nach der Taschenbuch-Ausgabe, Frankfurt 1961.
- Vorlesungen zur Einführung in die Psychoanalyse, Wien 1917, Studienausgabe Bd. I, Frankfurt 1969.

Fromm, E.: Märchen, Mythen, Träume, Zürich 1957.

Gadamer, H.-G.: Wahrheit und Methode, Tübingen 1975 4.

Gallas, H.: Der Blick aus der Ferne. Die mythische Ordnung der Welt und der Strukturalismus, in Kemper, P. (Hg.), Macht des Mythos – Ohnmacht der Vernunft? Frankfurt 1989.

Gauld, A. u. Stephenson, G. M.: Some Experiments relating to Bartletts Theory of Remembering, Br. J. Psychology, 58 (1967), 39ff.

Gebser, J: Ursprung und Gegenwart, Stuttgart 1966 2.

Ghéon, H.: Œdipe ou le crépuscule des dieux, Paris 1952.

Göring, M. H.(Hg.): Deutsche Seelenheilkunde, Leipzig 1934.

Görres, A.: Methode und Erfahrungen der Psychoanalyse, München 1965 2.

Groult, Benoite: Oedipus' Schwester, München 1985.

Grant, M.: Mythen der Griechen und Römer, Zürich 1964.

Graves, R. (v. Ranke): Griechische Mythologie, Bd. I u. II, Hamburg 1960.
- The White Goddess, London 1962 3.
- Steps, London 1964.
- Patai, R.: Hebrew Myths – The Book of Genesis, London 1964.

Grimm, J.: Deutsche Mythologie, Berlin 1934.

Grünbaum, A.: Die Grundlagen der Psychoanalyse. Eine philosophische Kritik. Stuttgart 1988.

Gruppe, O.: Griech. Mythologie und Religionsgeschichte, in Müller 1906 (s. d.).
- Geschichte der klassischen Mythologie und Religionsgeschichte, Leipzig 1921.

Günter, H.: Psychologie der Legende, Freiburg 1949.

Habermas, J.: Erkenntnis und Interesse, Frankfurt 1973.

Hamann, B.: Hitlers Wien, München 1996.

Harrison, J. E.: Prolegomena to the Study of Greek Religion, Cambridge 1903.
- Themis. A Study of the Social Origin of Greek Religion, Cambridge 1927 2.

Hartmann, H.: Ich-Psychologie und Anpassungsproblem, Stuttgart 1960 2.

Haverkamp, A.(Hg.): Theorie der Metapher. Darmstadt 1983.

Heinz, R.: Oedipus complex. Zur Genealogie von Gedächtnis. Wien 1991.
Heiss, R.: Allgemeine Tiefenpsychologie, Bern 1956.
Herodot, Historien Bde. I. u. II, Zit. n.d. Ausgabe ed. J. Feix, München 1963.
Herskovits, M. J. u. F. S.: Dahomean Narrative, Evanston 1958.
Heusch, L. de: Essais sur le symbolisme de l'inceste royal en Afrique, Bruxelles 1958.
Hocart, A. M.: The Live-Giving Myth, London 1952.
Höfer: Oedipus, Stichwort in Roscher, W. H.: Ausführliches Lexikon der griech. u. röm. Mythologie, Band III, Leipzig 1897.
Hofstätter, P. R.: Einführung in die Tiefenpsychologie, Wien 1950 2.
– Psychologie. Fischer-Lexikon 6, Frankfurt 1957.
– Einführung in die Sozialpsychologie, Stuttgart 1959
Hook, S.: Psychoanalysis, Scientific Method and Philosophy, A Symposion, New York/London 1960.
Hooke, S. H. (Hg.): The Labyrinth, London 1935.
Horkheimer, M. u. Adorno, Th. W.: Dialektik der Aufklärung, Frankfurt/M. 1969.
Hübner, K.: Die Wahrheit des Mythos, München 1985.
Huggler, M.: Mythologie der altchristlichen Kunst, Straßburg 1929.
Hunger, H.: Lexikon der griech. u. röm. Mythologie, Wien 1954 2.
Hyman, St. E.: The Ritual View of Myth and the Mythic, in Seboek 1958.

Jacobi, J.: Die Psychologie von C. G. Jung, Zürich 1949 3.
– Der Weg zur Individuation, Zürich/Stuttgart 1965.
Jaffé, A. (Hg.): Erinnerungen, Träume, Gedanken von C. G. Jung, Zürich 1962.
Jamme, Ch.: Einführung in die Philosophie des Mythos, in Die Philosophie Bd. II, Neuzeit und Gegenwart, Darmstadt 1991.
– „Gott an hat ein Gewand". Grenzen und Perspektiven philosophischer Mythos-Theorien der Gegenwart, Frankfurt 1991
Jaspers, K.: Psychologie der Weltanschauungen, Berlin 1925 3.
Jensen, A. E.: Mythos und Kult bei Naturvölkern, Wiesbaden 1951 (im Text zitiert nach der 2. Auflage, Wiesbaden 1962).
– Die getötete Gottheit, Stuttgart 1966 2.
Jobes, G.: Dictionary of Mythology, New York 1961.
Jones, E.: Leben und Werk von Sigmund Freud, Bd. I, Bern/Stuttgart 1962.
– Die Theorie der Symbolik und andere Aufsätze, Frankfurt 1978.

Jünger, F. G.: Griechische Mythen, Frankfurt 1957 3.
Jung, C. G.: Seelenprobleme der Gegenwart, Zürich 1931.
– Die Beziehungen der Psychotherapie zur Seelsorge, Zürich 1932.
– Wirklichkeit der Seele, Zürich 1934.
– Aufsätze zur Zeitgeschichte, Zürich 1946.
– Psychologie und Alchemie, Zürich 1952.
– Von den Wurzeln des Bewußtseins, Zürich 1954.
– Bewußtes und Unbewußtes, Frankfurt 1957 (Taschenbuch).
– Psychologische Typen, Zürich 1960 9.

Kainz, F.: Psychologie der Sprache, 5 Bände, Stuttgart 1941–57.
Kaiser, J. (Hg.): Sueton, München 1965.
Kaminski-Knorr, K.: Zur Problematik der psychoanalytischen Symbol- und Mythentheorie. Eine Auseinandersetzung mit dem Narziß-Mythus, Berlin 1990.
Kemper, W.: Der Traum und seine Be-Deutung, Hamburg 1955.
Kerényi, K.: Die Mythologie der Griechen. Die Götter- und Menschheitsgeschichten, Zürich 1951.
– Die Mythologie der Griechen. Die Heroen-Geschichten, Zürich 1958.
– Umgang mit Göttlichem, Göttingen 1961 2.
– Jung, C. G.: Einführung in das Wesen der Mythologie, Zürich 1951 4.
– Vorwort zur 2. deutschen Auflage von Der goldene Zweig (gekürzte Ausgabe), Frankfurt 1968.
Kernberg, O. F.: Borderline-Störungen und pathologischer Narzißmus, Frankfurt 1987.
Kleitman, N.: Sleep and Wakefulness, Chicago 1963 3.
Kluckhohn, C.: Myths and Rituals. A General Theory, Harvard Theological Review, (1942), 45ff.
– Recurrent Themes in Myths and Mythmaking, in Murray 1960 (s. d.).
Knapp, R. H.: A Psychology of Rumor, Pub. Op. Quart., 8 (1944), 22ff.
Köhler, W.: Gestalt Pschology, New York 1947.
Koffka, K.: Principles of Gestalt Psychology, New York 1935.
Kolers, P. A.: Bilingualism and Information Processing, Scientific American, 218 (1968), Nr. 3, 78ff.
Kranefeldt, M. M.: „Komplex" und Mythos, in C. G. Jung 1931 (s. d.), 336ff.
Krüll, M.: Freud und sein Vater, München 1979.
Külpe, O.: Vorlesungen über Psychologie, Leipzig 1922.

La Barre, W. de: Die kulturellen Grundlagen von Emotionen und Gesten, in Mühlmann u. Müller 1966 (s. d.), 264ff.
Land, A.: Myth, Ritual and Religion, Bd. I–II, London 1901.
Langer, S.: Philosophie auf neuem Wege, Frankfurt 1984.
Lavedan, P.: Dictionnaire illustré de la Mythologie des Antiquités Grecques et Romaines, Paris 1952 3.
Lazarsfeld, S.: Had Oedipus an Oedipus Complex? In: Essays in Individual Psychology, New York 1959.
Lersch, Ph.: Aufbau der Person, München 1956 7.
Lessa, W.: Oedipus-Type Tales in Oceania, J. of Am. Folklore, 66 (1955), 428ff.
Leuner, H.: Die experimentelle Psychose, Berlin 1963.
Lévi-Strauss, C.: Les formes elementaires de la parenté Paris 1949 (Deutsch: Die elementaren Strukturen der Verwandtschaft, Frankfurt 1981).
- Das Ende des Totemismus, Frankfurt 1965.
- Strukturelle Anthropologie, Frankfurt 1967.
- The structural Study of Myth, J. of Am. Folklore, 1968 (1955), 248ff.
- Mythologia Bde. I–IV, Frankfurt 1971–1975.
- Traurige Tropen, Köln 1958, Frankfurt 1978.
- Das wilde Denken, Frankfurt 1979.
- Die eifersüchtige Töpferin, Nördlingen 1987.
Levin, H.: Some Meanings of Myth, in Murray 1960 (s. d.), 103ff.
Lewin, K.: Gesetz und Experiment in der Psychologie, Symposion 5, 1927.
Lidz, Th.: Hamlets Enemy. Madness and Myth in Hamlet. New York 1975.
- The riddle of the riddle of the Sphinx. Psychoanal. Rev., 75 (1988), 35–49.
- u. Lidz, R. W.: Oediups in the Stone Age. A Psychoanalytic Study of Masculinization in Papua Neu Guinea, Madison 1989.
Loisy, A.: Les mystères payens et le mystère chrétien, Paris 1930.
Lorenz, K.: Das sogenannte Böse, Wien 1963.
Lorenzer, A.: Kritik des psychoanalytischen Symbolbegriffs, Frankfurt 1970.

Malinowski, B.: Komplex und Mythos unter dem Mutterrecht. Psyche, Januar 1925, zit. n. Malinowski 1962 (s. d.).
- Myth in Primitive Psychology, London 1926.
- Moers et coutumes des Melanesiens, Paris 1933.
- A Scientific Theory of Culture, Chapel Hill 1944.
- Geschlechtstrieb und Verdrängung bei den Primitiven. Ges. Aufsätze, Hamburg 1962.

- Sex, Culture, Myth, London 1963.
- Argonauten des westlichen Pazifik, Frakfurt 1979.
- Aus den Tagebüchern und Aufsätzen, Frankfurt 1981.

McCulloch, J. A.: The Childhood of Fiction. A Study of Folktales and Primitive Thought, London 1905.

McLuhan, M.: Understanding Media. The Extensions of Man, New York 1964.

Mead, M.: Mann und Weib. Das Verhältnis der Geschlechter in einer sich wandelnden Welt, Hamburg 1958.

Meili, R.: Lehrbuch der psychologischen Diagnostik, Bern/Stuttgart 1955 3.

Metzger, W.: Gesetze des Sehens, Frankfurt 1954 2.

Morgan, L. H.: Ancient Society, New York 1877.

Mühlmann, W. E. u. Müller, E. W. (Hg.): Kulturanthropologie, Berlin/Köln 1966.

Müller, J. (Hg.): Handbuch der klass. Altertumswissenschaften, Band V, 2. Abteilung, München 1906.

Müller-Eckhard, H.: Besprechung von P. Diel 1952 (s.d.), Psyche, 7 (1953), 185 f.

Murray, H. A. (Hg.): Myth and Mythmaking, New York 1960.

Murphy, Y. u. Murphy, R.: Women of the Forest. New York 1974.

Muschg, W.: Freud als Schriftsteller, München 1973.

Neschke-Hentschke, A.: Griechischer Mythos und strukturale Anthropologie. Kritische Bemerkungen zu Claude Lévi-Strauss' Methode der Mythendeutung, in: Poetica 10 (1978), 135-153.

Neumann, E.: Ursprungsgeschichte des Bewußtseins, Zürich 1949.
- Die große Mutter. Zürich 1956.

Neussell, O.: Über die altfranzösischen, mittelhochdeutschen und mittelenglischen Bearbeitungen der Sage von Gregorius, Halle 1886.

Newcomb, Th. M. u. Hartley, E. L. (Hg.): Readings in Social Psychology, New York 1947.

Nieden, B. zur: Mythos und Literaturkritik, Münster u. a. 1993.

Nilsson, M. P.: The Mycenaean Origin of Greek Mythology, Berkeley 1932.
- The Minoan-Mycenaean Religion and its Survival in Greek Religion, Lund 1950.
- Moderne mythologische Forschung, Scientia, 51 (1932).
- Der Oedipusmythos, in Opuscula selecta, Lund 1951, 335ff.

- Griechische Feste von religiöser Bedeutung, Darmstadt 1957 (Nachdruck d. Ausgabe von 1906).

Otto, W. F.: Das Wort der Antike, Stuttgart 1962.
Panofsky, E.: Meaning in the Visual Arts, New York 1955.
Pellegrino, H.: Versuch einer Neuinterpretierung der Ödipussage, Psyche, 15 (1961), 475ff.
Peukert, W. E.: Ehe, Hamburg 1955.
Pohlen, M. et al.: Psychoanalyse – Das Ende einer Deutungsmacht, Reinbek 1995.
Poser, H.(Hg.): Philosophie und Mythos. Ein Kolloquium. Berlin 1979.
Preller, L.: Griechische Mythologie, Berlin 1954 5.
Preuss, K. Th.: Der religiöse Gehalt der Mythen, Tübingen 1933.
Prümm, K.: Der christliche Glaube und die altheidnische Welt, Leipzig 1935.
- Das antike Heidentum nach seinen Grundströmungen, München 1942.

Radin, P.: Gott und Mensch in der primitiven Welt, Zürich 1954.
Raglan, L.: Le tabou de l'inceste, Paris 1935.
- The Hero. A Study in Tradition, Myth and Drama, London 1939.
- Myth and Ritual, in Seboek 1958 (s. d.), 76ff.
Rahner, K.: Griechische Mythen in christlicher Deutung, Zürich, 1945.
Rank, O.: Der Mythos von der Geburt des Helden, Leipzig/Wien 1909.
- Das Inzestmotiv in Dichtung und Sage, Leipzig/Wien 1912.
- Psychoanalytische Beiträge zur Mythenforschung, Wien 1917.
- Das Trauma der Geburt und seine Bedeutung für die Psychoanalyse, Frankfurt 1988 (1924 Erstaufl.).
- u. Sachs, H.: Die Bedeutung der Psychoanalyse für die Geisteswissenschaften, in Loewenfeld und Kurella, Grenzfragen, 1913/14.
Rattner, J.: Individualpsychologie, München/Basel 1963.
Reik, Th.: Zwei Träume Flauberts, Zentralbl. f. Psychoanalyse, 3 (1912/3), 223ff.
- Wie man Psychologe wird. Aufsätze, Leipzig/Wien/Zürich 1927.
Reitzenstein, R.: Die hellenistischen Mysterien nach ihren Grundgedanken und Wirkungen, Leipzig 1927 3.
Richter, H. E.: Eltern, Kind und Neurose, Stuttgart 1963.
Roazen, P.: Brudertier. Sigmund Freud und Viktor Tausk. Die Geschichte eines tragischen Konflikts, Hamburg 1973.

– Sigmund Freud und sein Kreis, Herrsching 1976.
Robert, C.: Oedipus. Geschichte eines poetischen Stoffes im Altertum, 2 Bände, Berlin 1915.
– Die griechische Heldensage. Drittes Buch, I. Abteilung (Argonauten – Der Thebanische Kreis), Berlin 1921.
Rohde, Psyche. Seelenkult und Unsterblichkeitsglaube der Griechen, Tübingen 1910.
Róheim, G.: Mondmythologie und Mondreligion, Leipzig 1927.
– The Riddle of the Sphinx, London 1934.– The Oedipus Complex, Magic and Culture. In: Psychoanalysis and Social Sciences, Band II (Hg.: Róheim), London 1950.
Roscher, W. H. (Hg.): Ausführliches Lexikon der Griechischen und Römischen Mythologie, Leipzig 1884–1937.
Rose, H. J.: Modern Methods in Classical Mythology, St. Andrews 1930.
– Griechische Mythologie, München 1955.
Rosen, J. N.: Psychotherapie der Psychosen, Stuttgart 1964.
Rubey, D.: The Troubled House of Oedipus and Chretiéns Néo-Tristan, in Psychoanalytical Review 75 (1988), 68–94.
Rudnytsky, P. L.(Ed.): Freud and Oedipus, New York 1987.
– The Persistence of Myth. Psychoanalytic and Structural Perspectives, New York 1988.

Sachs, H.: Ein Traum Bismarcks, Internat. Zschr. f. Psychoanalyse, 1 (1913), Heft 1.
Sadger, J.: Über das Unbewußte und die Träume bei Hebbel, Imago, Juni 1913.
Sander, F.: Experimentelle Ergebnisse der Gestaltpsychologie, Ber. 10. Kongr. Ges. Exp. Psychologie, 1927.
– Gestaltwerden und Gestaltzerfall, Athen 1939.
Sarró, R.: L'interprétation d'Œdipe chez Freud et chez Heidegger, Acta psychother. psychosomat., 8 (1960), 266ff.
Saussure, F.: Grundfragen der allgemeinen Sprachwissenschaft, Berlin/Leipzig 1931.
Schafer, R.: A new Language for Psychoanalysis, New Haven 1976.
– Action Language and the Psychology of the Self. Annu. Psychoanal. 8 (1982), 83–92.
Schlesier, R. (Hg.): Faszination des Mythos. Studien zu antiken und modernen Interpretationen, Basel/Frankfurt 1985.

Schirmeisen, K.: Mythos und Prähistorie, Landskron 1931.
Schmid: Bespr. von E. Neumann 1949 (s.d.), Psyche, 6 (1952), 189f.
Schmid, W.: Geschichte der klassischen Literatur, in Handbuch der Altertumswissenschaften, hrsg. v. W. Otto, München 1934.
Schmid-Noerr,G.: Psychoanalytische Mythendeutung, in: Psyche, Bd. 36 (1982), 577–608.
Schmidbauer, W.: Psychotherapie – Ihr Weg von der Magie zur Wissenschaft. München 1971.
- Vom Es zum Ich. Evolutionstheorie und Psychoanalyse, München 1975.
- Die Ohnmacht des Helden. Unser alltäglicher Narzißmus. Reinbek 1982.
- Die subjektive Krankheit. Kritik der Psychosomatik, Reinbek 1986.
- Das Geheimnis der Zauberflöte. Freiburg 1995.
- Die Kentaurin. Erzählung. Reinbek 1996.
- Vom Umgang mit der Seele. München 1998.
Schmidt, B.: Griechische Märchen, Sagen und Volkslieder, Berlin 1877.
Schmidt, P. W.: Der Ursprung der Gottesidee, 9 Bde., Wien 1912.
Schneidewin: Die Sage vom Oedipus, Abh. d. Gött. Ges. d. Wiss., 5 (1851/52), 759ff.
Schon, D., Argyris, Ch.: Organizational Learning, Cambridge 1978.
Schrötter, K.: Experimentelle Träume, Zentralblatt f. Psychoanalyse, 2 (1912), 638ff.
Seboek, Th. A. (Hg.): Myth – A Symposion, Bloomington 1958.
Seemann, O.: Mythologie der Griechen und Römer, Leipzig 1910.
Selz, O.: Über die Gesetze des geordneten Denkablaufs, Stuttgart 1913.
- Gestalten und Steigerungsphänomene, Ar. Ges. Ps. 91, 1939.
Senge, P.: Die fünfte Disziplin, Stuttgart 1996.
Shengold, L.: Insight as metaphor. Psychoanal. Stud. 36 (1981) 289–306.
Silberer, H.: Phantasie und Mythos, in Jahrbuch f. Psychoanalyse, Wien 1910.
Smith, H.: The Religions of Man, New York 1964.
Smith, W. C.: The Meaning and the End of Religion, New York 1964.
Sophokles: Tragödien und Fragmente. Ed. W. Willige, München 1966.
Speer, E.: Die Liebesfähigkeit, München 1953 4.
Spence, D.P.: Narrative Truth and Historical Truth. Meaning and Interpretation in Psychoanalysis, New York 1982.
- The Freudian Metaphor. Toward Paradigm Change in Psychoanalysis, New York 1987. Daraus: Die Sherlock Holmes-Tradition: Die narrative Metapher, in Buchholz 1993 (s. d.).

Spitz, R. A.: Vom Säugling zum Kleinkind, Stuttgart 1967.
Steinthal, H.: Allgemeine Einleitung in die Mythologie, Archiv f. Relig. Wissensch., 3 (1900), 249ff.
Stephens, W. N.: The Oedipus Complex, New York 1962.
Strech, H.: Psychohistorie oder Kulturhistorie? Psyche, 11 (1957/8), 887ff.
Szonn, G.: Ödipus und Minos. Grenzen des Ödipuskomplexes, Berlin 1992.

Taylor, J. C. u. Crowther, S.: The Gospel on the Banks of the Niger, London 1859.
Thompson, S.: Myth and Folktales, J. of Am. Folklore, 68 (1955), 482.
Thurnwald, R.: Psychologie des primitiven Menschen, Handbuch der vergleichenden Psychologie, Band 1, München 1922.
Toman, W.: Dynamik der Motive, Frankfurt/Wien 1954.
Turkle, S.: Leben im Netz. Identität in Zeiten des Internet, Reinbek 1998.

Urban, W. M.: Language and Reality, London 1939.

Vasavada, A. U.: Jungs analytische Psychologie und indische Weisheit, in W. Bitter 1968 (s. d.), 236ff.
Velikovsky, J.: Oedipus and Aknaton, London 1960.
Veszy-Wagner, L.: Orestes the Delinquent. The Inevitability of Parricide, Am. Imago, 17 (1961), 371ff.
Vogt, R.: Psychoanalyse zwischen Mythos und Aufklärung oder Das Rätsel der Sphinx. Frankfurt 1989.
Volkmann, L.: Bilderschriften der Renaissance, Leipzig 1923.
Voss, G. J.: De Theologia Gentili sive de origine et progressu idololatriae, Amsterdam 1642.

Watzlawick, P.: Wie wirklich ist die Wirklichkeit? München 1976.
Wellisch, E.: Isaak and Oedipus, London 1954.
Wertheimer, M.: Produktives Denken, Frankfurt 1957.
Wilamowitz-Moellendorf, U. v.: Der Glaube der Hellenen, Berlin 1931–32.
Willige, W.: Sophokles. Griech.-Deutsch, München 1966.
Worbs, M.: Nervenkunst, Literatur und Psychoanalyse im Wien der Jahrhundertwende, Frankfurt/M 1983.
Wundt, W.: Völkerpsychologie, Bde. 4–6 (Mythos und Religion), Leipzig 1910.
– Grundriß der Psychologie, Leipzig 1913, zit. nach der 15. Auflage, Leipzig 1922.

Namenregister

Abderos 198
Abraham, K. 103, 230
Achaios 175
Achilles 199f
Adler, A. 145f
Admetos 183
Adonis 198
Adorno, Th. W. 47
Aigisthos 206
Aischylos 164
Albee, E. 276
Alkestis 183
Allport, G. W. 138, 215ff, 248
Amphias 206
Anguillara, G. A. 182
Antigone 150, 170f, 207, 237
Apollodor 164, 165, 198, 207, 211
Apuleius 44
Ares (Horus) 189
Argyris, C. 20
Ariadne 244
Arlow 230
Artemidor 184f, 207
Artus 194
Astyages 186
Astymedusa 171
Attis 206

Bachofen, J. 150, 195
Barnouw, V. 212f
Bartlett, F. C. 215, 218
Bauer, A. 20
Baumann, H. 25
Bergmann, M. S. 191, 230
Bergson 221f
Bethe 166
Bidney 221f
Bischof, N. 160f.
Blumenberg, H. 240

Boccaccio, G. 52
Bonaparte, M. 215
Borkenau, F. 108, 155, 191, 195ff
Breuer, J. 255
Brevio, G. 180
Briffault 151
Brockhaus, G. 27
Buchholz, M. 109, 255f
Bühler, K. 66, 228ff

Caesar, G. J. 175, 185
Campbell 194
Carveth, D. 255f
Cassirer, E. 110, 111, 221f, 231
Cheiron 200
Chenier, M. J. 183
Chimaira 168
Cholevius 177
Chrysippos 164
Clemens von Alexandrien 45, 46, 47
Cocteau, J. 184
Comes, N. 54
Comparetti 176
Constans, L. 178, 180, 182
Corneille 182
Cox 195
Cremerius, F. 86f
Creuzer, F. 60
Croeses, G. 58
Croiset, M. 184

Daphne 51
Dante 52
Dareios 242
Delcourt, M. 188, 196, 203
Delphi (Orakel) 165
Dement, W. 100
Devereux, P. 258

Diel, P. 139, 157f
Dilthey, W. 21
Diogenes 175
Don Carlos 170
Dorsch, F. 99
Dorson, R. M. 36, 195, 213
Douglas, M. 240
Duerr, H. P. 63, 258
Durrell, L. 257

Echidna 168
Edmonds, L. 207
Eggan, D. 214
Ehrenburg, I. 76
Eliade, M. 105, 106f, 109, 194, 232, 239
Epikaste 204
Epimenides 170
Eteokles 170f, 237
Euphorbos 165
Euripides 172
Europa 237
Eurygameia 170

Ferenczi, S. 195, 206
Firdusi 179
Folrad, M. de 182
Fox, W. 29
Fray Bartolomeo de las Casas 240f
Frazer, J. 31, 63, 105, 198, 200f, 224
Frenzel, I. 175, 177f, 182, 216, 247
Fréret, N. 59
Freud, Sigmund 11, 51, 73, 75ff, 92, 93, 94, 100, 101, 104, 147, 177, 188, 195, 206, 211, 214, 224, 240f, 246f, 256
Fromm, E. 95, 142, 146f
Frost, R. 235

Gager, W. 182, 247
Gauld, A. 219
Gide, A. 184

Giraldi (Gyraldus) 54
Gleichen, Graf v. 216
Göring, M. 127, 132
Görres, A. 13, 14, 211f, 223, 230, 250
Goethe, J. W. v. 247f
Gorgo Medusa 203
Grant, W. 43
Graves, R. 26, 97, 136, 151, 155, 163f, 166, 188, 195ff, 209ff, 216
Gregor 177
Grimm, Gebrüder 32, 61
Groddeck, G. 11
Gröning, K. 20
Gropius Becanus 55
Gruppe, O. 49, 50, 51, 53
Günther, H. 95
Guillard, N. 183

Habermas 109, 257
Hamann (Magus des Nordens) 59
Hamann, B. 116
Hamlet 246f
Hartmann, H. 230
Hektor 198
Hera 171, 204f
Herakles 200, 211
Herder 60
Hermes 165
Herodot 28, 35, 154, 186, 188f, 241f
Herskovits 192
Hippias 186
Hippolytos 198
Hippothoos 206
Hitler, A. 161
Hobbes, J. 100
Höfer, R. 163f
Hoffmansthal, H. v. 183
Hofstätter, P. R. 140f, 228, 245
Homer 45, 165, 171
Hopi 214f
Houdar, A. de la Motte 182

Hübner 240
Hugues d'Ancorville, P. F. 58
Hydra, lernaische 168, 203, 211
Hyginus 182, 198, 211

Ilias 202
Io 204
Iokaste 165f, 204f
Isidor von Sevilla 49
Ismene 170f

Jacopo da Voragine 177
Jara 200
Jensen, A. Ed. 26, 29, 31, 63, 71, 95, 126, 155, 194, 215, 224, 233
Johannes von Salisbury 50
Jones, E. 76, 110, 242
Judas 177
Jung, C. G. 59, 60, 96, 118ff, 135ff, 213, 224, 239, 248

Kadmos 116, 237
Kaiser, J. 184, 185
Kaminski-Knorr, K. 110
Karkinos 175
Kemper, W. 98, 135
Kerényi, K. 33, 135, 198
Kohut, H. 255
Kolers 235
Köstlin, K. 223
Kircher, A. 56
Klein, M. 112, 113
Kleitman, N. 100
Kleist, H. v. 221
Klingemann, A. 183
Kluckhohn, C. 30, 126, 190f, 212
Knapp 215
Knight, P. 58
Koffka 218
Kranefeldt, W. M. 130ff
Kraus, K. 93
Krauss, S. 184

Kreon 142, 150, 170f, 207
Krishna 200
Kronos 206
Krüll, M. 78, 156
Kyros 186, 196, 206

Laander 29, 32
Labdakiden 144
Labdakos 237
Lafiteau, J. F. 58
Laing, R. 271
Laios 140, 144, 150, 164f, 197, 237f
Laistner 203
Langer, S. 110, 111
Lanzkowski, G. 220
Las Casas, Fray B. de 240
Lauraguais, Comte de 182
Lazarsfeld, R. 142, 145, 156
Leach 240
Lepkin, M. 215
Lessa, W. 191
Leuner, H. 101
Levin 225
Lévi-Strauss, C. 11, 15, 18, 63, 109, 126, 134, 194, 213, 222f, 234ff
Lévy-Bruhl, F. 63
Lockot, R. 127
Lorenzer, A. 109, 110, 129f
Luhmann, N. 225
Lukian 175
Lykophron 175
Lysimachos 170, 173

Makrobios 175
Malinowski, B. 18, 63, 105, 134, 136, 151, 222, 224, 230f
Malraux, A. 87
Mann, Thomas 10, 177
Marguerite de Navarre 180
Marx, K. 161
Masson, J. M. 78
McLuhan, M. 216

Mead, M. 211
Medea 200
Medusa 165
Mekisteus 202
Merope 165
Mesmer, A. 15
Moses 196, 206
Mounet-Sully 76
Müller, K. O. 44
Müller, M. 35, 62, 243
Musil, R. 87
Murray 232
Myrrha 177

Naumann, H. 238
Navaho 213
Nemi 200
Nereide 166
Nero 175
Neumann, E. 132ff, 138f, 224
Neussell, O. 178
Niccoloni, G. B. 183
Nikomachos 175
Nilsson, M. P. 40, 42, 153, 203f, 209
Noah 172

Ödipus 14, 15, 75f, 115f, 163ff
Odysseus 47, 164
Oinomaos 198
Onasias 170
Orestes 173, 210
Orsilochos 165
Orthros 168
Otto, W. F. 215, 220ff
Oviedo, F. G. de 241

Pallas Athene 114
Pan 203
Panofsky, E. 32, 194, 253
Paredros 198f
Pareto 224
Parin, P. 63

Paris 200
Patai, R. 172
Pausanias 170, 174, 197
Pazzi, A. dei 182
Pelias 206
Pellegrino, H. 112, 115, 142
Pelops 164
Periboia 165, 166
Perseus 166, 206
Petrarca 52
Peukert, W. 134, 182
Phaeton 198
Philo Judäus 118
Philokles 175
Philoktet 200
Pholos 200
Pindar 169
Platen, A. v. 183
Platon 43
Plotin 43
Plutarch 210
Pohlen, M. 12, 257
Poias 200
Polybos 165
Polyneikes 170, 237
Postman, L. J. 215
Prellwitz, G. 183
Prévorst, J. 182
Prometheus 211

Raglan 206
Rahner, H. 44, 45
Rank, O. 110, 170, 190
Rashomon 257
Rattner, J. 142, 145, 156, 248
Reik, Th. 98
Roazen, P. 156
Robert, C. 152, 163f, 197
Roheim, G. 146, 190
Romulus 196, 206
Rose, H. J. 37
Ruby, D. 194

Rudnytsky, P. L. 14, 78, 79
Sacchini, A. 183
Sachs, H. 98, 110
Sadger, O. 98
Sander, O. 99
Saussure 234
Schmidbauer, W. 17, 255, 257
Schmidt, B. 176
Schrötter, K. 97
Seneca 175
Shakespeare, W. 247f
Shengold 255
Sol invictus 44
Solger, K. W. F. 60
Sophokles 22, 77, 78, 141, 145, 153, 166f, 207, 247
Sorel 224
Spartoi 237
Speer, E. 142
Spence, D. P. 255f
Spitz, R .A. 102
Stenchus, A. 55
Stephenson, G. M. 219
Strech, H. 133f
Sueton 174, 185
Szonn, G. 156

Talos 200
Taylor, J. C. 199, 224

Teiresias 175
Tertullian 44
Theodektes 175
Thompson 195
Thyestes 205
Tolkien, J. R. R. 10
Toman, W. 146
Torquato Tasso 55
Tournemine, R. J. 57
Turkle, S. 20
Typhon 169

Uranos 206
Urban, M. W. 225

Vasavada, A. U. 227
Velikowski, J. 182
Veszy-Wagner, L. 210
Vogt, R. 111f, 175, 191, 203
Voss, G. J. 56

Wellisch 192
Wilde, O. 93
Worbs, M. 93
Wundt, W. 65ff, 224

Xenokles 175

Zenobius 173

Sachregister

Aberglaube 221
Abraham-Komplex 192
Alchemie 128f
Allegorie 11, 55, 56
Allegorische Analyse 11
Allegorische Mythendeutung 37, 43, 55
Amor und Psyche 53
Anale Geburt 104
Angleichung 217
Archetypen 103, 110, 118f

Balintgruppe 259
Bastler 20
Berater 259
Blendung 206f
Bricolage 15, 20
Bruderkampf 172f, 202
Bürgerkrieg 202

Dekonstruktion der Mythendeutung 241ff
Determination, mehrfache 246
Deutung 79ff
– als Vermittlung 81
– als Wahrheitssuche 84
– als Widerspruch 80
Deutungsvielfalt 84
Dolchstoßlegende 28
Drogenabhängigkeit 269

Einbettungsprozeß 218
Erkenntnistheorie, therapiespezifische 19

Fetischismus 59
Fortschritt 253
Führerrolle 140

Geisteswissenschaften u. Psychologie 250f
Gerüchtepsychologie 215f
Geschwisterehe 181
Gruppenanalyse 260f

Head-Shrinker 243
Hexenprobe 92
Hippopotamos-Komplex 210
Historiker u. Psychologe 252f
Hölle 149
Homo faber 220

Idealisierung 270
Indikation zur Psychotherapie 93
Institutionsanalyse 20, 259f
Inzest 129, 133, 160f, 181
– der Sphinxgeburt 168
–, fiktiver 204f
– -tabu 160
– -typen, häufigste 190

Jibaro-Indianer 243
Junktim 259

Kannibalismus, narzißtischer 275f
Kentaurin 13
Kernkomplex der Neurose 77
Komplex 75
Konstruktion 86
Konstruktion und Wahrheit 87, 90
Krise der Psychologie 66, 228f
Kulturabhängigkeit des Symbols 149
Kulturarbeit 242
Kunst 91
Kunstkritik 93
Kunstwissenschaft 93

Labyrinth 104, 244
Laios-Komplex 193
Lebende Mythen 212

Machtausübung, geistige 12
Magna Mater 204f
Matriarchat 134f, 150f
Metapher 10
Metaphernanalyse 255f
Mobbing 276
Modelle in der Psychologie 246
Mondgöttin 204
Muttermörder 204
Mythendeuter als Religionsstifter 27
Mythendeutung
–, Geschichte 41
–, Methoden 35
–, mittelalterliche 48
–, Zukunft 208
Mythen, Überlieferung 29
Mythologie, griechische 32
Mythos
– als Stammesgeschichte 60
– als Urmodell 10
–, Definition 25, 27, 28
–, häufige Themen 190
–, Sehnsucht nach dem 17
– und Psychotherapie 19
– und Ritus 29, 32
Mythos – Logos – Epos 27

Nachtmahr 203
Naturalistische Mythendeutung 35
Natursymbolik 62
Naturwissenschaft 253
Neuauflage, zur 9
Nivellierung 217
Numinosum 220f

Ödipus
– als Eroberer 196f.

–, Begräbnis d. 173
–, Blendung d. 171f
–, Flüche d. 172
–, Führertypus u. 141
–, Leichnam d. 173
–, Märchenmotive z. 179
–, Satyrspiel d. 175
Ödipus-Motiv, Fortleben d. 176
Ödipus-Mythos 22, 75ff, 111ff, 133f, 163ff, 195ff
–, rituelle Aspekte 197f
–, Quellen 163ff
Orakel 166f
Organisation 259
Ovid moralisé 138

Pan-Psychologie 157
Patristische Mythendeutung 44
Penis-Symbole 211
Phase, mythenschöpfende 9
Philologische Mythendeutung 39
Priapos-Kult 58
Professionelles Handeln 19
Psychotherapie als Kunst 91

Rätselmotiv 169f
Reformoptimismus 263
Regressionstheorie 99
Regression
–, Beispiele 102
–, temporale 102
–, topische 102
Religionswandel 203
Religionswissenschaft 105
Rituale ohne Mythos 265f
Ritualistische Mythendeutung 38
Rituelle Tötung 199
Romantische Mythendeutung 60

Sanskrit 62
Schauplatz der Träume 99
Schwellfuß 199

Skorbut 273
Sphinx 113f, 133f, 142f, 153, 167f, 203f
Sophokles-Drama 76
Sündenbockriten 199
Supervisor 259, 265f
Symboldeutung 11, 38, 97
Symbole
–, diskursive 110
–, präsentative 110
Symbolsprache 148, 154

Tesmophorien von Athen 30
Theben 202
Theoriebildung 245f
Totem und Tabu 243
Tragödiendichter und Mythologie 42
Traumarbeit 97
Traumdeutung 96
Traumgedanken, latente 97
Traum und Mythos 102
Traurige Tropen 242
Trickster 161

Überich 212
Urhorde 16
Urindogermanische Mythen 61

Urkonflikte im Mythos 160
Uroboros 134
Uroffenbarung 56f
Ursprungsmythos (Chippewa) 212

Vater-Tochter-Inzest 190
Vedische Mythologie 62
Vergewaltigung 203
Vergleichende Anthropologie 190
Verschärfung 217
Verteufelung 203
Vitaminmangel in Organisationen 273f
Völkerpsychologie 65
Volkskunde 223
Vorgriechische Kultur 199

Wasser des Lebens 262
Wegkreuzung 168
Weinen 149
Weltanschauung 90
Widerstand 260
Wissenschaftsglaube 90
Wissenschaft und Kunst 91

Zauberflöte 257
Zentrale Figur 271

Sonderausgabe 100 Jahre Ernst Reinhardt Verlag

Fritz Riemann

Grundformen der Angst

Eine tiefenpsychologische Studie
Mit einer Kurzbiographie von Ruth Riemann

31. Aufl. 1999 (650. Tsd.). 259 Seiten. Leinen mit Schutzumschlag (ISBN 3-497-01749-3)

Wer kennt sie nicht, die Angst vor zu enger Bindung, aber auch die Angst vor dem Verlassenwerden? Wer hat nicht schon die Angst vor Unsicherheit und Risiko, aber auch die Angst vor dem Endgültigen durchlebt?

Riemann nennt sie die vier Grundformen der Angst, welchen vier zentrale Konfliktfelder menschlicher Entwicklung – die Anatomien des Lebens – zugrundeliegen: Individualität und Gemeinschaft, Beständigkeit und Wandel des Daseins.

Vor diesem Hintergrund entwirft Riemann eine Charakterkunde schizoider, depressiver, zwanghafter und hysterischer Persönlichkeiten, die den fachgebundenen Rahmen sprengt und allen interessierten Lesern Einsicht in die psychoanalytische Praxis gewährt.

Ernst Reinhardt Verlag München Basel

Sonderausgabe 100 Jahre Ernst Reinhardt Verlag

Führende Frauen Europas

Elga Kerns Standardwerk von 1928/1930

Neu herausgegeben und bearbeitet
von Bettina Conrad und Ulrike Leuschner

Mit einem Vorwort von Edda Ziegler

1999. 288 Seiten. 21 Portraits und 3 Dokumente. Leinen mit Schutzumschlag (ISBN 3-497-01480-X)

Colette, Else Lasker-Schüler, Alice Salomon und viele weitere prominente Frauen wagten um die Jahrhundertwende den Aufbruch in eine unkonventionelle, aber auch ungewisse Zukunft. Sie schildern ihre Hoffnungen und Ängste, die Erfolge und die Widerstände im Kampf um eine führende Rolle im Europa der zwanziger Jahre.

Elga Kerns „Führende Frauen Europas", eine erfolgreiche verlegerische Pionierleistung aus den Jahren 1928/30, wurde 1934 von den Nationalsozialisten verboten. Anläßlich seines 100jährigen Bestehens macht der Ernst Reinhardt Verlag wichtige Teile dieses Dokuments erneut zugänglich.

Ernst Reinhardt Verlag München Basel

Psychologie im Ernst Reinhardt Verlag

Brigitte Boothe, Annelise Heigl-Evers
Psychoanalyse der frühen weiblichen Entwicklung
1996, 379 Seiten, 41 Abbildungen. (3-497-01393-5) gb

Viktor E. Frankl
Theorie und Therapie der Neurosen
Einführung in Logotherapie und Existenzanalyse
7. Auflage 1993. 215 Seiten. UTB (3-8252-0457-X) kt

Lucien Israel
Die unerhörte Botschaft der Hysterie
Aus dem Französischen von Peter Müller und Peter Posch
3. Auflage 1993, 270 Seiten. (3-497-01142-8) kt

Wolfgang Kleespies
Vom Sinn der Depression
Selbstwertstörungen im Blickwinkel der Analytischen Psychologie
Mit einem Vorwort von Hans Dieckmann
1998. 232 Seiten. (3-497-01455-9) gb

Ernst Reinhardt Verlag München Basel

Psychologie im Ernst Reinhardt Verlag

André Michels, Peter Müller, Achim Perner (Hrsg.)
Psychoanalyse nach 100 Jahren
Zehn Versuche, eine kritische Bilanz zu ziehen
1997. 256 Seiten. (3-497-01431-1) gb

Gerald von Minden
Der Bruchstück-Mensch
Psychoanalyse des frühgestört neurotischen Menschen der technokratischen Gesellschaft
1988. 165 Seiten (3-497-01144-4) gb

Monika Miklautz
Hysterisch oder liebeskrank?
Die Übertragungsliebe bei Hysterikerinnen
1998. 232 Seiten. 30 Abbildungen. (3-497-01453-2) gb

Tilo Naatz
Psychoanalyse und wissenschaftliche Erkenntnis
Probleme und Lösungsversuche
1997. 172 Seiten. (3-497-01432-X) gb

Ernst Reinhardt Verlag München Basel